高等职业教育学前教育专业系列

幼儿园艺术教育活动设计与指导（上）

杨云舒　张丽妍　迟　佳　主　编

卢文婷　车祉娆　于　乐　副主编

化学工业出版社

·北京·

内容简介

《幼儿园艺术教育活动设计与指导》（上）依据《幼儿园教师专业标准（试行）》《3~6岁儿童学习与发展指南》《幼儿园教育指导纲要（试行）》中对艺术领域的要求而编写。本书包括8章，每章由导学、学习目标、思维导图、案例导入、知识讲解、学习总结等构成，理论知识以阐述基本问题为主，以够用、实用为度；专业技能根据实际需要，尽量做到内容全面、要求明确、指导具体、便于操作，方便学生在学习过程中理论联系实际，融"教、学、做"为一体。

本教材为高等职业教育学前教育专业教材，也可作为幼儿园教师继续教育和进修的参考教材。

图书在版编目（CIP）数据

幼儿园艺术教育活动设计与指导．上／杨云舒，张丽妍，迟佳主编．-- 北京：化学工业出版社，2025．2．
ISBN 978-7-122-46890-1

Ⅰ．G613.5

中国国家版本馆 CIP 数据核字第 2025HL0950 号

责任编辑：王　可　石　磊　　　文字编辑：张瑞霞　沙　静
责任校对：李露洁　　　　　　　　装帧设计：张　辉

出版发行：化学工业出版社
　　　　　（北京市东城区青年湖南街13号　邮政编码100011）
印　　装：河北延风印务有限公司
787mm×1092mm　1/16　印张13¼　字数316千字
2024年12月北京第1版第1次印刷

购书咨询：010-64518888　　　　售后服务：010-64518899
网　　址：http://www.cip.com.cn

定　　价：42.00元

前　言

　　幼儿教育是基础教育的基础，幼儿时期是人终身发展的奠基时期，对人一生的发展至关重要。国家将提高保教质量作为学前教育改革的重要任务，出台了一系列政策文件，旨在从办园行为规范、保育教育和教师素质提高等方面提升学前教育质量。高职高专学前教育专业的培养目标是具有优品质、强技能、好习惯的应用型人才，幼儿园五大领域教学活动课程是实现专业培养目标的核心课程，也是保证学生能够快速适应岗位技能，实现"零距离"上岗的关键课程。本书为幼儿园艺术教育活动课程教材，依据《幼儿园教师专业标准（试行）》《3~6岁儿童学习与发展指南》《幼儿园教育指导纲要（试行）》中对艺术领域的要求而编写，致力于满足学前教育专业学生的需求，也可作为幼儿园教师继续教育和进修的参考教材。

　　本书与时俱进、立足当下，融"教、学、做"于一体，力求内容新颖、全面实用、结构合理。本书理论部分注重体现幼儿园艺术教育活动的基础知识和基本技能，以够用、实用为度；案例部分邀请长期从事教学及管理工作的幼儿园老师参与编写，每个项目针对学生在实际工作中将会遇到的问题和困惑设计典型活动案例，并附有案例评析，具有很强的指导性，让学生能够学以致用。

　　本书由大连职业技术学院杨云舒、盘锦职业技术学院张丽妍、盘锦职业技术学院迟佳担任主编，盘锦职业技术学院卢文婷、盘锦职业技术学院车祉娆、盘锦恒远大地泰山幼儿园于乐担任副主编。具体编写分工如下：车祉娆编写第一章，杨云舒编写第二章、第三章、第四章，张丽妍编写第五章，卢文婷编写第六章，迟佳编写第七章、第八章，于乐提供部分案例。全书由杨云舒统稿，卢云峰审稿。

　　本书编写过程中参考和引用了部分文献资料、研究成果和其他同类教材观点，在此一并表示衷心的感谢！由于编写时间、编写人员能力及水平有限，书中难免有不足之处，我们诚挚地邀请各位读者在使用本书时提出宝贵意见，以便于今后进一步修订和完善。

编者

2024 年 8 月

目　录

第四章 幼儿园韵律教学活动的设计与指导　089

第五章 幼儿园打击乐器演奏教学活动的设计与指导　122

第一章
认识幼儿园音乐教育

🌱 导学

在本章中，你会学习到幼儿园音乐教育的含义和特点，以及幼儿园音乐教育的价值和幼儿音乐能力发展的特点。

📋 学习目标

（1）掌握幼儿园音乐教育的本质。

（2）能够理解幼儿园音乐教育的特点和幼儿园音乐教育的价值。

（3）热爱音乐教育，树立正确的音乐教育观。

🔗 思维导图

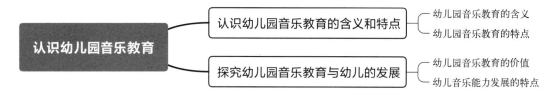

第一节
认识幼儿园音乐教育的含义和特点

✈ 案例导入

新入职的幼儿园教师小林担任中一班教师，近期，幼儿园组织教师学习如何对幼儿进行音乐教育。小林在学习之前，和同事聊天的过程中说道："音乐教育不就是教孩子唱歌吗？能学会几首歌就可以了。这还需要组织咱们专门学习吗？"

要求：根据案例分析以下问题。

（1）你认为材料中小林的想法正确吗？为什么？

（2）如何理解幼儿园音乐教育的含义？

❋ 知识讲解

音乐教育是指以音乐活动为手段，对受教育者实施影响，以达到特定目标的社会实践活动。幼儿园音乐教育是通过音乐促进幼儿音乐能力的发展，同时也是促进幼儿的全面和谐发展的教育活动。本节主要概述幼儿园音乐教育的含义、幼儿园音乐教育的特点、幼儿园音乐教育的价值、幼儿音乐能力发展的特点等。

一、幼儿园音乐教育的含义

音乐是人类社会生活的重要组成部分，是幼儿生活、学习和成长不可缺少的领域。音乐教育不仅能促进幼儿的身心健康，培养和提高幼儿的音乐能力，增强幼儿对音乐美的敏感性，而且是促使幼儿和谐发展、健康成长的重要手段。从本质上说，幼儿园音乐教育就是一种通过音乐活动的审美过程，有目的、有计划地对幼儿施加影响的基本素质教育。

因此，对于幼儿园音乐教育的理解，应重点把握以下三个要点：

（1）音乐教育的特殊性决定了音乐教育的过程首先是一个审美的过程；

（2）音乐既是教育的手段，也是教育的基本内容；

（3）幼儿园音乐教育的基本目标是促使幼儿的身心全面和谐地发展。

二、幼儿园音乐教育的特点

（一）审美性

音乐作为一种有效的教育手段，其特殊性就在于，它是通过审美感染的过程来塑造完美人格的。从这个意义上讲，音乐教育的过程首先是一种审美感染的过程。只有充满审美感染过程的音乐活动，才有可能使幼儿参与音乐活动、享受音乐活动，同时在音乐活动中获得发展。所以，理想的音乐教育活动应该是以审美感染为基础的。这种审美感染具体体现在：第一，音乐作品本身富有情意特点，能迅速唤起幼儿愉快的生活经验；第二，教师在具体的教学设计与实施过程中，能迅速地将幼儿带入审美享受状态，从而使幼儿通过流畅的学习过程，产生对音乐和活动的喜爱之情。

（二）整体性

音乐活动作为一种审美活动，其重要的特性还在于它的整体性，主要体现在两个方面。

1.学习对象的整体性

学习对象的整体性是指供幼儿学习的材料以及学习材料的提供方式等都应该具有审美整体性。

以"音乐要素"（如节奏、节拍、力度、速度、音色及旋律进行等）的感知来说，虽然良好的音乐教育可以培养幼儿的音乐能力，但目前并不提倡让儿童过多地进行单纯的音乐要素的认知活动，或者将音乐要素从具有整体审美情境的音乐作品中抽取出来，单独作为学习与反应的材料。因为音乐要素仅仅是构成音乐的整体审美形象的基本语汇，不等于音乐的整体审美形象本身，因而不具备激活人的审美心理动机系统的功能，也不可能真正调动儿童参与活动的积极性和主动性。

在现实的幼儿园音乐教学实践活动中，很多教师难以把握这种整体审美特点，导致组织的音乐活动缺乏审美感染力。

📚 案例与评析

《在农场里》中休止符的教学设计

镜头一：教师让孩子听到高音就双手上举，听到低音就快快蹲下。

镜头二：教师在黑板上出示两张节奏卡片：×× ×× |×　×|，边指卡片边问幼

儿："这个是几分音符？那个是几分音符？"接着教师要求幼儿看着黑板，边拍手边朗诵节
奏 ×× ×× | × × | 。
哒哒 哒哒 哒 哒

镜头三：教师带领幼儿演唱歌曲《在农场里》。为了让幼儿感知休止处的时值，教师
要求幼儿在休止处停下来，同时拍一下手或点一下头。

分析：歌曲《在农场里》中休止符的三种教学设计其实更类似于科学活动和数学活
动。在这样的活动中，幼儿面对一个个孤立的音乐要素理智地、抽象地给予反应，显得十
分枯燥和机械。可以想象，这样的音乐活动是不可能让幼儿感受到乐趣的，这样的理性训
练也无法达到促进幼儿全面和谐发展的目的。

正确的做法应该是将音乐要素放在有整体审美情境的音乐作品中去感知，使幼儿更多
地体会音乐要素在作品中的情感表达功能。歌曲《在农场里》中的"休止"，是为了表现
各种动物欢迎客人时快活、俏皮的心情。幼儿在学习和享受这一作品的过程中，会自然而
然地感知音乐要素。

因此，为了保证学习材料的审美整体性，教师为幼儿提供音乐舞蹈作品时，至少要提
供一种具备独立意义、能够独立引发幼儿情绪反应的内容，而不是让幼儿较多地去面对种
种孤立的节奏、音程、技巧或练习曲之类的学习材料。

同时要让幼儿有更多机会在学习作品之前或之后完整欣赏他人的表演，直接表演音乐
舞蹈艺术作品。

2. 学习氛围的整体性

为了保证学习氛围的审美整体性，教师通常应创造出某种与作品的内容、意境、情感
相协调的环境或氛围，以更好地帮助幼儿理解、体验、把握和感受作品。

（三）游戏性

游戏是幼儿一种基本的、重要的活动形式，它是由幼儿的内在需要引发的愉快的活
动，对幼儿的发展具有特殊的价值。幼儿的游戏也是一种无拘无束、自由自在，有兴趣和
愿望相随的学习活动。在幼儿音乐教育中，游戏不仅是活动的重要形式和手段，而且也是
活动的内容。

幼儿音乐教育呈现游戏性的特点取决于幼儿身心发展的特点。6岁前，幼儿的意志力
发展还很薄弱，他们还不能清晰地意识到自己行动的目的和意义，也不可能很好地主动设
计、支配和调整自己的行动。因此，如果活动过程本身不能激起他们的兴趣并使他们产生
快乐的体验，他人是很难说服和强制他们真正全身心地投入活动中去的。因此，在目前的
幼儿音乐教育实践中，不仅强调必须选用一定比例的音乐游戏作为教学内容，而且更加强
调所有的音乐教学活动都要具有一定的游戏性。这里的游戏性，实质就是指具有游戏性质
的音乐活动。因为，具有游戏性质的音乐活动能够很好地吸引幼儿自觉自愿、快乐而不知
疲倦地投身于其中。

以下就以小班歌唱活动"懒惰虫"为例，来看看教师游戏化的教学设计在调动幼儿的
学习情绪及创设学习气氛方面所取得的效果。

案例与评析

懒惰虫（小班歌唱活动）

（1）教师："谁知道懒惰虫是什么东西？"

教师此处提问的目的是启发幼儿在自己原有经验的基础上讲述他们对"懒惰虫"的理解。

（2）教师："你们愿不愿意做懒惰虫？现在我们来玩一个'点兵点将'的游戏，看看我们班上是不是真的没有懒惰虫！"

教师边清唱歌曲《懒惰虫》边用手指点儿童：1～6拍，每两拍指点一次；7～8拍，做一种滑稽的样子并快速扭动身体表示假装浑身疼痛。第一拍先从幼儿开始指点，在倒数第二拍上正好指着自己。教师提问："老师是不是懒惰虫啊？"无论幼儿怎样回答，教师都应该立即面对幼儿表现出一种夸张的体态，表明不赞同，并假装生气，着急进行抗议："我不是懒惰虫！我才不是懒惰虫呢！我就不是懒惰虫！"然后，鼓励幼儿模仿教师的语言和体态进行表现。此时，幼儿大多会被教师那幽默夸张的动作和音色音调，以及独特的抗议声所逗乐。

（3）教师："现在我来和你们一起玩这个游戏。像刚才一样，我一边唱歌一边用手指你们。等我唱完了，手指着谁，我就会问问他，看他是不是懒惰虫。"

教师用同样的方式组织幼儿玩游戏。当歌声和点数的动作最后停在某位幼儿面前时，教师便提问："你是不是懒惰虫啊？"无论该幼儿如何回答，教师都应该想办法鼓励和帮助他做出一种夸张的体态，并发出独特的抗议声，夸张地假装生气、假装着急。随后教师还应根据该幼儿的具体反应，组织全体幼儿对其做出恰当的强化，或模仿其语言或体态，或鼓掌为其叫好等。

游戏反复进行4～5次。教师可用动作和表情鼓励幼儿主动参与唱歌和做指点动作。可以想象，这么好玩的活动每个幼儿都会乐此不疲的。

（4）教师请幼儿两两结伴边唱边玩游戏，并让幼儿问问身边的小朋友是不是懒惰虫。

教师提供给每位幼儿用否定的语音、语调、表情和动作来表达自身感情的机会。

分析：从以上案例可以看出，该活动过程自始至终充满欢乐，时时处处让幼儿感到好玩，因而幼儿自然会出于对游戏情境的迷恋，不厌其烦地唱歌，而且唱得投入、唱得愉快，很快就学会这首歌曲，其游戏过程本身就成为学习过程。教师将这首歌曲选作教材的目的，不仅仅是让幼儿觉得有趣、好玩，而是让幼儿在感受诙谐幽默所带来的快乐情感的同时，自然地领悟到在快乐中所隐含的对懒惰行为的否定态度。因为对于小班幼儿来说，对懒惰行为的批判态度应该是自然获得的，而无须解释、说教。

由此看来，提高音乐教育活动的游戏性需要教师有较高的创造性。为此，教师应努力选择和挖掘音乐作品中的游戏成分，努力把自己对音乐的感受及音乐中可挖掘的游戏快乐因素添加到音乐教学设计之中，使幼儿在自然快乐的状态下学习音乐，进而获得积极愉快的情绪体验。当然，强调幼儿园音乐教育的游戏性，并不是说要放弃教育的目的性、计划性、科学性、系统性，而是要把教育的目的和要求渗透在快乐的活动中，寓教于乐。

（四）综合性

幼儿园音乐教育具有综合性的特点，具体表现在以下三个方面。

1. 形式的综合性

幼儿园音乐教育中强调形式上的综合性是指幼儿的音乐活动是唱歌、跳舞、奏乐、游戏、玩耍综合于一体的，这和人类早期的音乐活动是很相似的。当幼儿处在真正愉快的状态时，他们必定是又唱又跳、手舞足蹈的，且年龄越小的幼儿越是喜爱这种综合的音乐活动形式。因此，教师应该针对幼儿这一特点，有意识地给幼儿提供边唱边跳、边唱边奏和边跳边奏的机会；或者组织幼儿分组担任唱歌、跳舞或奏乐的任务，体验合作的快乐；也可以在一次活动中，安排全体幼儿交替进行唱歌、跳舞、奏乐三种活动。

2. 过程的综合性

幼儿园音乐教育强调过程的综合性是指音乐活动是集创作、表演、欣赏等活动于一体的。在真正属于幼儿自己的"自发性音乐活动"中，我们可以看到每一个幼儿既是"天才"的创作家，又是"天才"的演员和鉴赏家。他们没有人会嘲笑谁做得不好，也没有人会因为自己做得不好而羞于参与，他们沉浸在自己的音乐世界里，享受着音乐给他们带来的乐趣。因此，在目前比较成熟的幼儿音乐教育课程体系中和经验丰富的教师的教学实践中，创作、表演和欣赏过程总是相互融合、相辅相成的。

3. 目的的综合性

幼儿园音乐教育的目的是综合的，即集娱乐、学习、工作于一体。幼儿音乐学习的主要目的是从活动中直接获得快乐体验。从幼儿角度来看，最好的音乐学习就是以一种快乐自由之心参与其中，并自由地从学习音乐的过程中去体验它带来的快乐。

（五）技能性

幼儿音乐教育还具有技能性的特点。因为在音乐教育领域中，教育的主要手段是幼儿亲身参与音乐实践，而幼儿亲身参与音乐实践是以掌握必要的音乐知识技能为前提的。如果幼儿不具备必要的音乐知识技能，就不可能更好地参与音乐实践，与音乐材料发生积极有效的相互作用，因此也不可能在音乐实践过程中获得发展。因此，教师指导幼儿学习一些必要的音乐知识技能是很重要的。

当然，教师指导幼儿学习音乐知识技能的根本目的还是为了更好地通过音乐审美活动促进幼儿发展。为此，教师在重视音乐教育的技能性的同时，切不可忽略了音乐教育的其他特点。

第二节
探究幼儿园音乐教育与幼儿的发展

案例导入

新入职的幼儿园教师小林正在参与幼儿园组织的音乐教育的培训，在培训的过程中，她逐渐认识到了幼儿园音乐教育的含义和特点。同时，她认为幼儿园音乐教育的意义一定是促进幼儿音乐能力的发展。

要求：根据案例分析以下问题。

（1）你认为材料中小林对于幼儿园音乐教育的价值和意义的观点是否正确？

（2）幼儿园音乐教育的价值和意义包括哪些方面？

✖ 知识讲解

一、幼儿园音乐教育的价值

幼儿园音乐教育不仅是"为了音乐的教育"，同时还是"通过音乐的教育"。为了音乐的教育突出了音乐教育在促进幼儿音乐能力发展中的价值，而通过音乐的教育则强调音乐教育对幼儿全面发展的价值。

（一）对幼儿音乐能力发展的价值

幼儿园音乐教育的主要价值是培养幼儿的音乐素质。音乐素质包括幼儿对音乐的兴趣、爱好，幼儿的音乐能力，以及对音乐语汇和音乐文化的背景知识。其中音乐能力包括对音乐的感受力、表现力和创造力三个方面。音乐能力是个体在从事表演、创编等音乐实践活动时表现出来的操作水平。这里的操作水平主要表现在对节拍、节奏、旋律、音色、力度、速度、和声、结构等音乐形式元素及对情绪情感、风格等音乐文化的表现能力上。

幼儿阶段的音乐能力发展需要通过多种类型的音乐活动来进行。这里的多种音乐活动类型是指歌唱活动、韵律活动、打击乐器演奏活动和欣赏活动。不同类型的音乐活动可以发展幼儿不同的音乐能力。幼儿阶段的音乐能力集中体现在节奏、旋律和辨别音乐性质三种能力上。这三种能力在不同类型的音乐活动中均会涉及。

1. 促进幼儿节拍、节奏能力的发展

幼儿园不同类型的音乐活动，如欣赏、韵律、歌唱等活动在培养幼儿的节拍和节奏感中有非常重要的作用。通过观察，我们可以发现，幼儿在倾听音乐时调动的不仅是听觉，还有运动细胞，他们会情不自禁地扭动身体、挥舞手臂，随音乐做动作，也就是用动作参与的方式感知音乐的节拍和节奏。不同类型的音乐活动均可以发展幼儿的节拍、节奏能力。

2. 促进幼儿旋律能力的发展

学前阶段是幼儿听力发展的关键时期，音乐对促进幼儿听觉的发展具有非常重要的作用。丰富的音乐环境、适宜的音乐作品和多样的音乐实践活动，可以发展幼儿的旋律能力。

3. 促进幼儿辨别音乐性质能力的发展

声音的高低、强弱、快慢的排列组合营造了不同特征的音乐，幼儿通过动作参与在游戏中，感知不同的音乐性质，如舒缓的摇篮曲所营造的缓慢、抒情的氛围等。

（二）对幼儿全面发展的价值

幼儿音乐教育除了能促进音乐能力的发展外，还对幼儿的全面发展具有重要的促进

作用。

1. 促进身体的发展

幼儿阶段是儿童身体发育和动作技能发展极为迅速的时期，幼儿园各种类型的音乐活动均需要幼儿通过动作来参与、欣赏、感知和体验。韵律活动中，幼儿通过动作来表达对音乐的感受和理解；打击乐器演奏活动中，幼儿通过操作、敲击乐器来感受音乐……总之，幼儿在参与各种音乐活动中，使身体各个部分大小肌肉的协调性、灵活性、平衡和控制能力得到了发展；同时音乐活动也促进了其骨骼的生长，锻炼了韧带，增强了心肺的能力等。

2. 促进语言的发展

音乐活动中，当幼儿注意到音乐的节奏和声调的改变，并随着音乐拍手或做舞蹈动作时，幼儿的听力也就获得了发展。音乐活动中，一首好听的歌曲同时也是一首具有韵律感和节奏感的优美诗歌，幼儿在音乐活动中通过感知、理解和记忆歌词，既学会了歌曲，同时也积累了词汇，发展了语言的理解和表达能力。同时，音乐活动中，幼儿需要唱清歌词，这对幼儿的发音、吐字也有一定的挑战和练习作用。除此之外，音乐活动中，幼儿需要听清、听明白教师的音乐指令，需要表达自己对音乐作品的理解，这里既有理解与倾听，又有表达。总之，我们需要用整体、整合的眼光来看待任何学科教学活动的价值，不存在割裂的、只发展幼儿某一方面能力的学科教学活动，音乐活动也如此。

3. 促进认知的发展

在音乐活动中，包括幼儿对音乐作品的认知，对音乐中歌词的认知，对乐器、舞蹈等音乐的文化背景的认知。如幼儿在学唱《小蚂蚱》时，知道蚂蚱是会跳的，知道蚂蚱有六条腿……在学唱歌曲《国旗红红的哩》时，幼儿认识到国旗是红色的，有五颗五角星……幼儿已有的认知经验会参与到音乐活动中来，音乐活动也具有促进幼儿认知发展的作用。幼儿在音乐活动中学青蛙跳、小鱼游，都是在做表征性的思考；在唱《数字歌》时就是在学数的概念，发展数学认知等。

4. 促进情感和意志的发展

好的音乐作品，好的音乐教学活动设计，可以激发幼儿参与音乐活动的兴趣，使幼儿在投入音乐活动中产生积极的情感体验。不同的音乐作品具有不同的情感基调，幼儿在感受不同的音乐作品时，也在发展不同的情绪和情感。如听到《喜洋洋》的音乐时，幼儿能够产生共鸣，觉得很高兴、很欢乐，这就是对作品的情绪感知。再如听到抒情的《摇篮曲》时，有的幼儿会感动得想哭，或说想妈妈……

很多音乐游戏需要幼儿的控制，幼儿在音乐的情境和游戏中学习控制自己的身体动作，控制自己的情绪，发展意志力。音乐活动也是有规则的，对规则的遵守和执行也需要幼儿进行自我控制，调动意志参与。

5. 促进社会性的发展

音乐活动中有很多合作和交往的机会，幼儿正是在合作和交往的过程中发展社会性。如许多集体舞的活动中，幼儿需要学习和同伴共同参与游戏；再如《找朋友》的音乐活动中，幼儿需要学习邀请同伴或接受邀请，过程中要观察同伴并和同伴合作游戏，歌唱时和同伴面对面，眼睛看着同伴等。中大班的幼儿在集体舞或结伴进行的音乐活动中，还会用自己的方式提醒没有找到舞伴的幼儿自己旁边有空位，从而帮助同伴快速找到同伴。

音乐活动有其特有的学习规则，如乐器的拿放规则、演奏的规则、音乐游戏的规则等，幼儿在理解和遵守规则的同时也在发展其社会性。

6. 促进学习品质的发展

《3～6岁儿童学习与发展指南》中指出："重视幼儿的学习品质。幼儿在活动过程中表现出的积极态度和良好的行为倾向是终身学习与发展所必需的宝贵品质。要充分尊重和保护幼儿的好奇心和学习兴趣，帮助幼儿逐步养成积极主动、认真专注、不怕困难、敢于探究和尝试、乐于想象和创造等良好的学习品质。"音乐活动也是促进幼儿学习品质发展的重要途径之一。在优秀的音乐活动设计和实施中，需要关注并有意识地培养幼儿良好的学习品质。

二、幼儿音乐能力发展的特点

在不同类型的音乐活动中幼儿音乐能力的发展有所不同，以下主要从歌唱活动能力、韵律活动能力、打击乐器演奏能力及音乐欣赏能力四个方面来展开论述。

（一）歌唱活动能力的发展

人的歌声由呼吸器官、发声器官、共鸣器官、咬字器官及监听器官在大脑中枢神经系统的控制下共同配合、协调完成。人们歌唱还需要理解、想象、记忆、再现及情感的体验和表达等复杂心理活动的参与，需要动作、表情、体态的配合。因此，尽管人天生具有一套歌唱器官，但歌唱能力的发展主要是在后天的学习中逐渐发展和完善的。

幼儿阶段歌唱能力的发展主要体现在以下几个方面。

1. 歌词

研究发现，2岁前的幼儿已经能对熟悉的歌曲或片段进行再现或哼唱，但2岁前幼儿对歌词意义的理解还非常有限，往往只能将歌词作为一种声音加以重复和游戏。而且2岁前的幼儿发音还不清晰，对一些较难发的音会出现口齿不清晰、说不清楚、唱不清楚的现象。

2～3岁是幼儿口语发展的关键期，这一时期幼儿的口语得到了快速的发展，语言发展能力强的幼儿到3岁左右已经能够较为清楚地表达一些短小的歌曲或一些完整歌曲中的片段。但是3岁的幼儿对于歌词的理解能力仍然有限，仍会发错一些音或发不出不熟悉的声音，或者把一些有困难的字词省略掉。

4～6岁幼儿掌握歌词的能力有了进一步的发展，他们可以较为完整地演唱熟悉的歌曲中的歌词，对于一些比较复杂的歌曲或者篇幅较长的歌曲，在动作或图片等的帮助下也能听懂、理解和记忆。该年龄段唱错歌词、唱不清楚或省略唱的现象已经减少了，但仍会出现。

2. 音域

幼儿声带短小、柔嫩，喉头的体积还不及成人的一半，发声器官正处于发育过程中。因此，幼儿的音域较窄。2岁以前的婴幼儿还处于嗓音游戏的阶段，歌唱和说话还未从嗓音游戏中分化出来，存在唱歌音域窄、像说话一样的现象。2 岁以后幼儿已经能唱出 3～4 个音域在 c^1～g^1 范围的音。3～4 岁幼儿能唱出 5～6 个音域，但存在个体差异，有个别幼儿音域可能稍宽或高一点，也有的幼儿稍窄一点。4～6 岁幼儿的音域有所扩展，能唱一个八度，但如果高音或低音时值较长，或者处于强拍或多次出现，幼儿仍会存在困难或走音的现象。

3. 节奏

3 岁前幼儿已经有初步的节奏意识，如果歌曲的节奏能够和幼儿自身的生理活动的节奏相适应，如与心跳、呼吸的节奏同步，或者与幼儿身体动作的节奏相一致，如与走路的动作相一致，则比较容易掌握。因此，幼儿较容易掌握由二分音符、四分音符和八分音符构成的歌曲节奏，而较难掌握由十六分音符构成的节奏。

3～4 岁的小班幼儿合拍地歌唱存在一定的困难，在良好的教育影响之下，小班末期大部分幼儿都可以合拍地歌唱。

4～6 岁的中大班幼儿已经能较好地掌握二分、四分和八分音符的节奏，也能较为合拍地歌唱，但对于一些切分和附点的节奏、三拍子的节奏类型及弱起的乐句和段落则存在困难。

4. 音准

音准是学前幼儿较难掌握的歌唱技能。要唱准音的高低，除了要具备听辨音高的能力之外，还需要具备较好的控制自己的发声器官并能敏感地监听自己所唱出来的声音的能力。3 岁前幼儿的音准感较差，只能接近原曲调歌唱，在没有伴奏的情况下很难唱准。4～6 岁幼儿有一定的进步，在琴声的帮助下，对于熟悉的或简单的歌曲能基本唱准。

5. 呼吸

3 岁前幼儿的肺活量较小，呼吸较浅，对气息的控制能力较弱，在歌唱中换气比较多，常常将一个乐句分几次唱或一字一顿地唱。3 岁后幼儿的换气能力有一定的提高，可以唱简单的乐句后再换气。4～6 岁的幼儿在良好的音乐教育影响下，能初步学会自然地换气，不耸肩，不发出很大的换气声。幼儿歌唱中呼吸和换气的能力会随着年龄的增长，随着歌唱活动经验的增多而逐渐发展。

6. 表情

歌唱中的表情主要是指歌唱中的声音表情，而和声音表情有关的歌唱技能主要是指歌唱的速度、力度及音色的变化，吐字，咬字及气息的运用。

3 岁前的幼儿更多是在做声音的游戏，缺乏歌唱表情的意识和表现技能。

3 岁以后的幼儿在成年人的引导和教育下开始初步学习并尝试表现。如小班末期在教师的引导下，幼儿可以表现出大猫的强和小猫的弱，表现出大雨的重和小雨的轻，表现出大木马的欢快和秋天的渐慢等。

4～6 岁的幼儿在教师的引导下可以表现出声音的速度、力度，能唱出跳音、顿音及连音等，并用自己的声音表达不同的情绪。

7. 独立歌唱

3 岁前幼儿独立歌唱完整的歌曲比较困难，大都是即兴地自发歌唱。进入幼儿园后，幼儿会与大家一起唱。个性开朗、自信的或者喜欢歌唱的幼儿可能会在集体中独立演唱。一般到中班左右，在较为宽松的氛围中，幼儿愿意独立歌唱。

8. 合作协调

幼儿在集体中歌唱时，使自己的声音和同伴的声音保持协调一致也是一种重要的歌唱能力。合作协调的歌唱需要幼儿在歌唱中不仅要倾听自己的歌声，还要注意倾听同伴的歌声，从而做到与同伴的声音保持协调。3 岁以前的幼儿还缺乏合作协调的意识和能力。在教育的影响下，3 岁末期的幼儿在音色、音量、音高和速度上与集体基本一致。4～6 岁的幼儿积累了一定的歌唱经验，也发展了一定的合作协调意识和能力。

9. 创造性表现

3 岁以前的儿童对于熟悉的歌曲已经会变花样唱了。如一个 3 岁的幼儿会将自己熟悉的"一闪一闪亮晶晶，满天都是小星星"改编为"一闪一闪好爸爸，满天都是小星星"；会替换歌词中的部分词语，如将"我的好妈妈，下班回到家"替换成"我的好爸爸，下班回到家"。3 岁幼儿的创编有时可能是无厘头的，没有逻辑关联的，如前面所述的"一闪一闪好爸爸"。

3 岁以后进入集体生活，在教师的引导下，幼儿开始逐步形成创编的意识，积累创编的经验。

4～6 岁的幼儿已经积累了一定的歌唱作品和创造性表达的经验，具备了一定的创造性表达的意识和技能。在创编中能够根据现有的线索进行创编，对于熟悉的歌曲，也能进行创造性的表达。

（二）韵律活动能力的发展

韵律活动是伴随音乐进行并与音乐相协调的身体动作表现活动。韵律活动需要幼儿有一定的动作发展水平和对音乐的感知和理解水平，还需要幼儿能够运用动作来表现音乐。幼儿韵律活动能力的发展主要包括以下几个方面。

1. 动作

人的动作可以分为非位移动作和位移动作，还可以分为单纯动作和复合动作。非位移动作即不需要移动身体位置的动作，位移动作则是需要移动身体位置的动作。单纯动作是指身体某一个部位的动作，如手部的动作、腿的动作；复合动作是指身体不同部位动作的结合，如手脚并用的动作等。

幼儿动作的发展遵循动作发展的规律，即先上肢再下肢，先大肌肉动作的发展再到小肌肉动作的发展等。由于位移动作对幼儿的平衡能力要求较高，因此幼儿先发展非位移动作。在非位移动作中先发展上肢，再到躯干和下肢动作。位移动作中的腾空动作对幼儿来说较难，如跳跃等。幼儿先发展单纯动作，因为复合动作对幼儿的协调能力要求比较高。

3 岁的幼儿已经掌握了基本的走、跑、跳、钻、爬等简单的位移动作，也能做出较为自如的拍手、拍身体其他部位，点头、挥动手臂等非位移动作和单纯动作。对于一些复杂的位移联合动作，幼儿则较难掌握。

4～6 岁的幼儿在教育的影响下，可以做出较为复杂的联合动作，积累的动作语汇也逐渐丰富，能做一些连续的位移动作和复合动作，如跑跳步、新疆舞步等。

2. 随乐能力

随乐能力是指在进行韵律活动中，幼儿动作与音乐协调一致的能力，它是建立在自由地运动身体和敏锐地感知音乐的基础之上的。随乐能力也是在教育的过程中逐步发展起来的。

3 岁以前的幼儿能够跟随音乐做简单的肢体扭动动作，较多的是一些即兴、痉挛式的动作，也有的幼儿会跟随音乐做扭屁股、拍手、弯腰等动作，但随乐能力还不够。

3 岁以后，幼儿渐渐地开始注意到音乐的节奏，也开始具有使自己的动作和音乐节奏相一致的意愿。如此阶段的幼儿能够逐渐跟随较为稳定的音乐做拍手的动作。在教育的影响下，3 岁末期的幼儿能够跟随音乐的结构等待前奏，做不同段落和结束的动作。

4～6 岁的幼儿开始对音乐节奏、强弱、力度的特点有所关注，能主动调整自己的动作速度或频率，使之与音乐相匹配，对相对复杂的节奏也能做出自己的反应，如对切分音、附点音节奏等。

3. 合作协调

合作协调主要是指幼儿在韵律活动中能够运用动作与其他人配合、沟通或共享游戏空间。合作协调的前提是幼儿需要判断韵律活动中的动作关系、情感关系、空间关系，并具有相应的协调能力。

3 岁前的幼儿尚未具备合作协调的意识和能力。

3 岁以后在教师的引导下，幼儿开始学会寻找朋友一起跳舞。3 岁末期，幼儿还会和多个朋友一起表演动作。

4～6 岁的幼儿已经具备更多的合作表演经验，他们合作协调的意识和能力得到了一定的发展。在成人的提醒下，他们能快速地找到舞伴，还能和舞伴合作变成各种造型，也能和舞伴共享舞蹈空间。

4. 创造性表达

创造性表达需要幼儿具备一定的动作语汇和动作表达的经验，并能运用动作表达客观世界。

3 岁以前的幼儿运用动作创造性地表达客观世界的意识还很薄弱。

3～4 岁的幼儿能够用动作表现自己熟悉的事物，如用动作表现各种常见的小动物，表达高兴、不高兴等情绪。在集体音乐活动中，在教师的带动下，他们可以用动作表现小鱼游、军人走、小鸟飞等动作。

4～6 岁的幼儿已经具备一定的创造性表达经验，也积累了一定的动作语汇和创编动作的基本方法，对周围事物的观察和体验能力也有所发展，如同样是走路，他们可以表现出企鹅走、鸭子走、大象走等不同的走法。

（三）打击乐器演奏能力的发展

打击乐器的演奏能力主要是指幼儿运用打击乐器表达对音乐的感知、理解和创造性表现的能力。幼儿打击乐器演奏能力的发展主要包括以下几个方面。

1. 乐器操作

乐器操作是指幼儿正确拿握乐器的方法及正确演奏乐器的方法。这里的操作能力包括对特定乐器、演奏方法、特定音响之间关系的认知、操作和探究能力及一定的乐器知识。

1岁左右的小婴儿会摆弄各种可以发出声音的玩具，如拨浪鼓、小摇铃、拍拍鼓、小沙锤等，他们对这些在自己动手操作下可以发出声响的玩具特别感兴趣，会反复地操作和摆弄。

2～3岁的幼儿随着行动能力的增强和活动范围的扩大，开始对厨房里的锅碗瓢盆、卫生间里的各种盆及各种生活物品感兴趣。他们会拍击、摇动、扔、敲击各种玩具或生活物品，并乐此不疲。如该年龄段的幼儿会将芸豆装进瓶子里，反复摇动，倒进倒出；会用勺子敲打锅盖；会推着塑料的大盆来回跑，等等。幼儿会摆弄各种物品并使其发出声音。在摆弄和游戏的过程中，幼儿感知和体验了最初的关于音色、高低、长短、轻重等不同的声音经验，为后期的打击乐器演奏活动打下了基础。

3岁以后，进入幼儿园，幼儿会接触到一些专门为幼儿设计和制造的乐器，如铃鼓、碰铃、串铃、圆弧板、大鼓等。3岁的幼儿容易掌握的乐器是铃鼓和碰铃，幼儿可以一只手拿着乐器，另一只手去拍击乐器，或者用双手抓住乐器，摇动的动作使乐器发出声音。碰铃接触面积比较小，对幼儿的手眼协调和双手配合能力要求较高。3岁的幼儿可以掌握铃鼓的不同演奏方式，如拍奏和摇奏。

4～6岁的幼儿随着精细动作和手眼协调能力的发展，可以使用的乐器更多，可以掌握的乐器演奏方式也更多。他们可以有控制地拍击铃鼓，使其发出更好听的声音；演奏碰铃时使用手腕的力量，使其声音更柔和；还会使用三角铁、木鱼等乐器。此阶段的幼儿也开始探索同一乐器的不同演奏方式，并学习控制和调整乐器发出的声音，使其与音乐相匹配。

2. 随乐能力

打击乐器演奏中的随乐能力是指幼儿在演奏打击乐器时，使其演奏出来的音响与音乐相互协调一致的能力。这里不仅需要幼儿具备熟练操作乐器的能力，还需要具备感知音乐的能力。

3岁以前的幼儿具备零散的自发性的随乐打击乐器的经验，但随乐能力还非常有限。

3岁以后的幼儿开始获得一些集体有组织的打击乐器演奏的经验，但此阶段的幼儿合乐的意识和能力还不够，到3岁末期可以获得初步的合乐意识和合乐能力。

4～6岁的幼儿随着打击乐器演奏经验的丰富和音乐能力的发展，合乐能力得到了明显的提高，能够在看指挥的情况下合乐地演奏乐器，也能注意和不同乐器演奏的配合和分工。

3. 合作协调

打击乐器演奏中的合作协调主要是指幼儿和同伴的协调一致。如幼儿能够看指挥、听音乐，明确自己演奏的部分与同伴演奏的部分，并能倾听、判断并进行调节。

3岁以前的幼儿尚未具备合作协调的能力。

3岁以后的幼儿在教师的带动、指挥和帮助下，能初步掌握和大家一起随音乐同时演奏和结束的方法。

4～6岁的幼儿在教育的影响下，能够关注不同的声部，努力使自己的声部与其他人的协调一致，理解指挥的手势并做出反应，还能自己担任指挥等。

4. 创造性表现

打击乐器演奏中的创造性表现主要是指幼儿能够自己设计配器方案并进行相应的演奏活动，需要幼儿对乐器的声音特质及音乐具有理解和表达能力。

3 岁以前的幼儿更多是自发性的想象和联想。3 岁以后，在教师的引导下，对于熟悉的、特征鲜明的形象可以进行适当的配器。4～6 岁的幼儿积累了打击乐器演奏的经验，学会了基本的节奏和不同的配器方案，能根据乐器和音乐的特点进行配器和演奏，还会进行多套配器方案的设计。

（四）音乐欣赏能力的发展

音乐欣赏是指喜欢反复倾听音乐的能力。幼儿音乐欣赏能力的发展主要包括以下几个方面。

1. 倾听

倾听是指有意注意并参与的、有意识的听。倾听的态度、习惯和能力是音乐活动的基础，也是幼儿参与所有活动的基础，是良好的学习品质之一。

音乐欣赏中的倾听不仅指倾听音乐，还包括倾听自然界和周围环境中的各种声音，感受寂静。

3 岁以前的幼儿倾听的经验是十分丰富的，他们能够听辨出家庭成员的声音，听出妈妈经常唱的《摇篮曲》，听出自己熟悉的歌曲。听到下雨时雨水落在屋檐上的"啪啪"声，听到爸爸手机响起时熟悉的音乐声等，他们会主动模仿。

3 岁以后，在教育的影响下，幼儿能够听辨不同的声响，如小班幼儿在教师的引导下，能够听辨出铃鼓不同速度的演奏所代表的大狼快快喝粥的"哗啦哗啦"声，大狼慢慢喝粥的"砸砸"声及大狼不快不慢喝粥的声音等。小班幼儿还能分辨出不同性质的音乐，如摇篮曲的轻柔、打雷的沉重及小碎步跑回家的轻快等。

4～6 岁的幼儿倾听的意识和能力均有所发展，他们能听辨不同的声音，并能用语言进行描述。他们能听出音区、速度、力度、节奏的变化以及音乐中的不同情绪和风格差异。

2. 理解

理解是音乐欣赏的重要组成部分。音乐欣赏中的理解包括对音乐中所表达的情绪、情感的理解，对音乐所引起的想象、联想内容的理解，对音乐所传达的思想内容的理解以及对音乐形式结构本身的理解。

2～3 岁的幼儿在氛围宽松、情绪愉悦的情况下，能对熟悉的、节奏鲜明、旋律优美、音响柔和的音乐产生好感并做出积极的反应。如该年龄段的幼儿听到欢快的圣诞歌曲《铃儿响叮当》时，会愉快且快速地扭动身体、挥舞手臂；听到优美的《摇篮曲》时会缓慢地摇动身体等。2～3 岁的幼儿对周围人所表达的情绪和情感有初步的感知和理解能力，如 2 岁多的宝宝听到熟悉的、每次妈妈哄睡时的《摇篮曲》时表情专注，眼含泪光。

3 岁以后的幼儿能够理解熟悉的歌曲中的歌词内容，感受音乐中的情绪。如幼儿听到进行曲能精神抖擞地走路，听到抒情的《秋天》能够趴在桌上休息，听到高音区和低音区不同的音响能做高人走和矮人走的动作等。

4～6岁的幼儿对音乐的理解能力有了进一步的发展，能够理解较为复杂的歌词，并为自己的联想和想象寻找合适的理由。

3. 创造性表现

3岁以前的幼儿能够逐步用嗓音、动作和表情对音乐做出反应，但大都是一种直觉的未分化的反应，创造性的意识还比较薄弱。

3岁以后，幼儿开始逐渐学习用身体动作来表现音乐，在教师的引导下，能够创编不同的动作。

4～6岁的幼儿能用各种手段进行创造性表现，如动作、绘画、语言等。

4. 兴趣与爱好

幼儿对音乐的兴趣和爱好受周围成人的影响，如成人的喜好；还和自己的音乐经验、积累及对音乐的感知和理解能力有关。

有研究表明，胎儿期母亲常听的音乐在婴儿出生后具有很好的抚慰作用，如能让哭闹的小婴儿安静下来。

3岁以前的幼儿喜欢听熟悉的歌曲。3～6岁的幼儿仍喜欢听一些熟悉的及一些容易感知和理解的音乐，如幼儿园学过的歌曲，早操音乐，睡前、起床时常听的音乐等。

✿ 拓展训练

（1）幼儿园音乐教育的本质是什么？
（2）幼儿园音乐教育的特点有哪些？
（3）举例说明，幼儿园音乐教育与幼儿发展的某一方面的关系。

📄 学习总结

本章系统阐述了幼儿园音乐教育的含义和特点以及幼儿园音乐教育与幼儿的发展。其中重点是了解幼儿园音乐教育的含义和价值，掌握幼儿歌唱活动能力、韵律活动能力、打击乐器演奏活动能力以及音乐欣赏活动能力的特点。

第二章
探究幼儿园音乐教育的目标和内容

🌱 导学

在本章中你会学习到幼儿园音乐教育的目标、幼儿园音乐教育活动的内容、幼儿园音乐教育活动的基本结构以及幼儿园音乐教育的评价。

📑 学习目标

（1）理解幼儿园音乐教育的目标。
（2）能够正确地设计幼儿园音乐教育的目标和内容。
（3）热爱音乐教育，体验不同音乐教育内容带来的乐趣。

🔗 思维导图

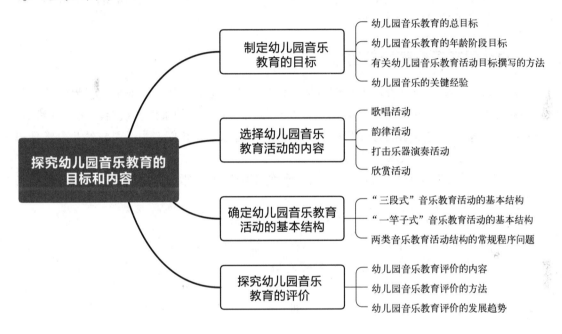

第一节

制定幼儿园音乐教育的目标

✈ 案例导入

小红是某师范院校的学前教育专业学生，在学习音乐教育活动设计的过程中，她发现，自己只会写浅显的认知目标和情感目标，能力目标实在写不好，每次只能写"会唱×××歌曲"或是"能够跟唱×××歌曲"。

要求：根据案例分析以下问题。

（1）你认为幼儿园音乐教育的目标应该从几个方面来书写？

（2）幼儿园音乐教育的目标分别包含哪些具体内容？

❋ 知识讲解

幼儿园音乐教育目标的制定要考虑幼儿身心发展的实际水平、需要、可能性及幼儿身心发展的规律，同时还要考虑音乐学科本身的特点和规律，考虑幼儿学习的特点及社会的需求等。幼儿园音乐教育的目标可以分为幼儿园音乐教育的总目标、年龄阶段目标、主题目标和活动目标等。幼儿园音乐教育的总目标是幼儿园音乐教育的出发点和归宿，它贯穿于音乐活动的始终。

音乐活动的关键经验是指音乐学科中幼儿需要掌握的最基本、最核心的学习经验，这里强调的是音乐学科的关键经验。

一、幼儿园音乐教育的总目标

音乐是人类感受美、表现美和创造美的重要形式，也是表达自己对周围世界的认知和情感的独特方式。幼儿园音乐教育的关键在于为幼儿创造各种条件和机会，在大自然中、在生活中激发幼儿对音乐的感受和体验，丰富幼儿的想象力和创造力，引导幼儿去感受和发现美，并用自己的方式表现和创造美。

《幼儿园教育指导纲要（试行）》（以下简称《纲要》）中指出音乐教育的总目标包括三个方面，分别是：

（1）能初步感受并喜欢环境、生活和音乐中的美；

（2）喜欢参加音乐活动，并能大胆地表现自己的情感和体验；

（3）能用自己喜欢的方式进行艺术表现活动。

上述《纲要》中的目标和《3～6岁儿童学习与发展指南》（以下简称《指南》）艺术领域的发展目标均从感受与欣赏、表现与创造两方面展开。后者指出的目标分别如下：

感受与欣赏：

目标1：喜欢自然界与生活中美的事物。

目标2：喜欢欣赏多种多样的艺术形式和作品。

表现与创造：

目标1：喜欢进行艺术活动并大胆表现。

目标2：具有初步的艺术表现与创造能力。

在每一个子领域中，《指南》也对3～6岁不同年龄段提出了概况性的目标。音乐感知目标和音乐表现目标的主要内容包括节奏、旋律、音色、速度、织体、力度、结构和风格。

幼儿园音乐教育的总目标从不同的活动类型来看，可以分为歌唱活动目标、韵律活动目标、打击乐器演奏活动目标和音乐欣赏活动目标。每种类型的活动目标又可以分为认知目标、情感态度目标和操作技能目标，如表2-1所示。

表2-1 幼儿园音乐教育的总目标

	认知目标	情感态度目标	操作技能目标
歌唱教学活动	（1）能够感知、理解歌曲的歌词和曲调所表现的内容、情感和意义，并知道如何进行创造性的歌唱表现 （2）知道要保护嗓音，应用适度的、美的声音歌唱 （3）知道如何用歌唱的方式与他人交往 （4）能够理解各种集体歌唱表演形式所需的合作协调要求，知道如何在集体歌唱活动中与他人协调	（1）能够体验并努力追求参与各种歌唱活动的快乐 （2）能够体验并努力追求唱出美好声音的快乐 （3）能够体验并努力追求与他人用歌唱的方式进行交往的快乐 （4）能够体验并努力追求集体歌唱活动中的声音和谐与情感默契的快乐	（1）能够基本正确地再现歌曲的歌词和曲调，能够较正确地咬字、吐字和呼吸 （2）能较自然地运用声音表情，能够唱出适度、美好的声音 （3）能够运用带有一定创造性的歌唱表现方式 （4）能够用歌唱的方式与他人交往时自然地运用脸部表情和身体动作表情 （5）能够在集体歌唱活动中控制和调节自己唱出的声音，使之与他人协调
韵律教学活动	（1）能够感知、理解韵律动作所表现的内容、情感和意义，知道如何进行创造性的动作表现 （2）能够感知、理解韵律动作音乐的关系，知道如何使自己的动作与音乐相协调 （3）能够感知、理解道具在韵律动作表现活动中的意义，知道如何运用简单的道具 （4）能够理解与韵律活动有关的空间知识，知道如何运用空间因素进行创造性的动作表现 （5）能够理解各种韵律活动形式所需的交往、合作要求，知道如何在韵律活动中与他人交往、合作	（1）能够体验并努力追求参与各种韵律活动的快乐 （2）能够体验并努力追求做出与音乐相协调的韵律动作的快乐 （3）能够主动注意各种动作表演中道具的用法，喜欢探索和运用道具，并为这种探索和创造性的运用感到满足 （4）能够主动注意身体造型和身体移动过程中的空间因素，喜欢探索和运用空间知识，并为这种探索和带有创造性的运用感到满足 （5）能够体验并努力追求在与他人合作的动作表演活动中获得交往、合作的快乐	（1）能够比较有效地控制自己的身体，及时按自己的意愿发动和停止动作，能够比较协调地做出各种韵律动作 （2）能够比较自如地运用自己的身体动作进行再现性和创造性表现，能够做出比较好的姿态和动作 （3）能够在韵律活动中运用简单的道具，并能够带有一定创造性地选择、制作和使用道具 （4）能够较熟练地运用简单的空间知识、技能进行动作表现 （5）能够在合作的韵律活动中比较自然地运用动作、表情与他人交往、合作
打击乐器演奏教学活动	（1）能够初步辨别各种常见打击器的音色，知道如何运用各种乐器音色变化的简单规律进行带有创造性的表现 （2）能够掌握一些常见的简单节奏型，知道如何运用各种节奏型的简单变化规律进行创造性的表现 （3）知道要用适度、美好的音色演奏 （4）能够感知、理解集体奏乐活动中的协调需要，知道如何使自己的演奏与集体相协调，与音乐相协调 （5）能够理解集体奏乐活动所需的交往、合作要求，能够理解指挥手势含义，知道应该如何与指挥者配合 （6）知道有关保护乐器的意义和简单知识	（1）能够体验并努力追求参与打击乐器演奏的方法 （2）喜欢探索乐器的演奏方法和音色变化的关系，喜欢运用已掌握的节奏型进行带有创造性的表现 （3）能够注意和努力追求演奏出美好的有表现力的音响 （4）能够注意并努力追求与音乐相协调的演奏 （5）能够注意并努力追求集体奏乐活动中的声音和谐与情感默契 （6）爱护乐器，并能自觉遵守有关保护乐器的要求	（1）能够比较自如地演奏一些常见的打击乐器 （2）能够比较熟练地运用乐器进行再现性和创造性表现，能够演奏出和谐、美好、有表现力的音响 （3）能够比较迅速、准确地根据指挥手势进行演奏 （4）能够在集体奏乐活动中有意识地控制、调节奏出的声音，使自己的演奏与集体相协调，与音乐相协调 （5）能够在发放、使用、收藏乐器的活动中正确执行有关保护乐器的要求
音乐欣赏教学活动	（1）能够形成一些初步的音乐舞蹈概念，掌握一些简单的音乐舞蹈知识，知道如何运用各种概念、知识进行感知、理解和表现 （2）初步了解应该如何从音乐、舞蹈活动中获取各种艺术和非艺术的经验	（1）能够体验并努力追求倾听、观赏音乐、舞蹈作品中的快乐 （2）对各种不同的音乐、舞蹈形式、内容有比较广泛的爱好 （3）喜欢与他人分享倾听、观赏及谈论音乐舞蹈表演的快乐	（1）初步积累一定的音乐、舞蹈语汇 （2）能够在欣赏音乐、舞蹈表演的过程中注意运用有关的概念和知识，加强、深化自己的感知和理解 （3）初步学习运用语言文学、美术造型、动作表演等各种不同的艺术表现手段来表达自己对音乐、舞蹈作品的理解、认知、想象和情感体验 （4）初步养成有助于情感参与的安静倾听、观赏的习惯

二、幼儿园音乐教育的年龄阶段目标

幼儿园音乐教育的年龄阶段目标是幼儿园音乐教育总目标在幼儿园各年龄班的具体分解和落实。在年龄阶段目标中，对各年龄班幼儿的音乐教育提出了不同层次的要求。

在多年研究和实践的基础上，本书尝试对幼儿园小、中、大班的音乐教育提出如表2-2所列的目标要求，以供参考。

表2-2　幼儿园音乐教育的年龄阶段目标

小班音乐教育目标

（1）学习运用正确的姿势、自然的声音歌唱，理解和表现简单儿童歌曲的形象、内容和情感，学习短小、工整、简单、多重复的歌曲。编填新歌词和表演动作，体验创造性地参加歌唱活动的快乐。

（2）学习按照音乐的基本拍子自然、均匀地做上肢和下肢的简单基本动作和模仿动作，跳简单的集体舞蹈；运用眼神、表情、姿态、动作与同伴交流，体验在随音乐运动的过程中表达、创造和交流的快乐。

（3）学习几种打击乐器的基本演奏方法，在集体中随熟悉的歌曲或乐曲有节奏地演奏；看指挥开始和停止演奏，在不演奏时不随便玩弄乐器，按要求取放、交换和收拾乐器，体验操作乐器、管理乐器的快乐。

（4）学习感受性质鲜明单纯、结构短小明晰的歌曲和有标题的器乐曲的形象、内容和情感，在感受的同时进行多种方式的创造性表达，体验比较典型的摇篮曲、舞曲、进行曲和劳动音乐的不同情趣

中班音乐教育目标

（1）学习使用不同速度、力度、音色变化表现歌曲的不同形象、内容和情感；感受和表现二拍子歌曲与三拍子歌曲的不同节拍感觉和不同的情趣，感受和表现歌曲的前奏、间奏和尾奏；学习自然地与他人接唱和对唱，体验在歌唱活动中进行交流、合作的快乐。

（2）学习按音乐的节奏做简单的上、下肢联合的基本动作、模仿动作和舞蹈动作；随音乐的变化，改变动作的速度、力度和难度，学习利用已经掌握的动作、知识和技能，进一步学习或创造新的动作；在不按规定队形运动的情况下，注意与他人的协调、交流与合作；体验运用有效方法进行动作学习和交流的快乐。

（3）使用固定节奏型，随熟悉的歌曲或乐器演奏；在集体中学会与音乐、与他人保持协调一致；为歌曲或乐曲选择合适的节奏型和音色，进一步养成集中注意看指挥，并对指挥的要求作出积极反应的习惯；体验创造性参与演奏活动的快乐。

（4）学习分辨音乐中比较明显的高低、快慢、强弱、音色变化，体验这些变化所表达的情感；学习使用大肌肉动作来感受和表现二拍子音乐和三拍子音乐的不同情趣，在初步掌握前奏、间奏、尾奏的基础上，进一步感受和表现乐句、乐段的开始和结束，初步了解音乐结构中的重复与变化的规律；体验倾听和观赏活动的快乐

大班音乐教育目标

（1）根据不同的合作歌唱的要求，控制、调节自己的歌声；学习领唱、齐唱以及简单的两声部轮唱、合唱；学习使用不同咬字、吐字及气息断连方法表现歌曲的不同意境；在集体歌唱活动中建立默契感，体验配合默契的快乐。

（2）能比较准确地按照音乐的节奏，做各种较复杂的基本动作、模仿动作和舞蹈动作组合；进一步学习如何更有效地丰富自己的动作表达语汇；能使用已经掌握的空间知识进行创造性的独立动作表现和人际动作交流与配合；能为不同的舞蹈表演选择不同的道具和服装。

（3）学习使用更多种类的打击乐器的基本演奏方法；为求得新颖的音色而探索熟悉乐器的不同演奏方法；学习制造简单的打击乐器，并按照音乐的性质提出配乐的建议；学习即兴指挥，并按照他人即兴指挥的手势迅速、准确、积极热情地作出演奏反应。

（4）进一步学习使用其他各种非音乐的艺术手段，提高体验和表达音乐情趣的能力；更加细致地感知和体验音乐舞蹈作品的独特风格和情趣；逐步养成比较自觉地从音乐舞蹈欣赏活动中获取认知满足和情感体验满足的习惯

三、有关幼儿园音乐教育活动目标撰写的方法

幼儿园音乐教育的活动目标是指某一个具体的音乐活动的目标。活动目标要与音乐教育的总目标和年龄阶段目标保持一致，而且相对于总目标和年龄目标来说，活动目标必须具有可操作性和可实现性。一般来说，活动目标包含音乐学习本身、幼儿学习素质的提高，以及幼儿情感、个性和社会性发展方面的内容。歌唱活动《懒惰虫》的活动目标就是从这几个方面撰写的。

中、大班歌唱活动"懒惰虫"的目标

（1）初步学习演唱歌曲《懒惰虫》，能较自然地唱出"弱起节奏"，以表现歌曲的幽默感。（侧重于让幼儿获得歌曲演唱的知识和技能。）

（2）在教师和同伴的启发引导下，探索出与众不同的体态表情、声音与动作，以此表明："我不是懒惰虫！"（激发幼儿的创造兴趣和创造能力。）

（3）用带有幽默感的方式体验对"懒惰虫"的否定情感。（领悟对"懒惰"行为的否定态度。）

为了切实保证幼儿在教师设计和组织的集体音乐教育活动中获得有效的全面和谐发展，教师可以按照以下顺序和内容来确定和撰写每一个集体音乐教育活动的目标。

（一）撰写活动目标的顺序

第一，提出音乐知识技能的获得与音乐感发展的目标（即音乐素质的发展）；

第二，确定学习技能、策略的获得与学习能力发展的目标（即学习素质的发展）；

第三，描述价值观念的获得和个性、社会性发展的目标（即做人素质的发展）。

情感方面的目标因为与音乐素质和学习素质方面的问题相交叉，因而在撰写时融入上述三条目标之中。

（二）"行为化"活动目标的表述方式

教育活动目标所期望的结果应基本上是可以观察到的，在表述方式上，通常应该采用"行为化"的目标表述方式。这里的"行为化"具体体现在以下三个方面：

第一，统一使用幼儿作为行为发出的主体，陈述时主语可以不出现；

第二，必须陈述可见的行为，必要时也可以补充说明该行为隶属于哪一类发展总目标；

第三，需要时还可以补充该行为发生的附加条件，以及行为反应水平等方面的限定语。

如前述的歌唱教育活动"懒惰虫"中的三条活动目标就是以幼儿作为行为发出的主体。"学习""演唱""表现""探索""体验"等行动，都是幼儿发起的，尽管作为主语的"幼儿"两字在文中并未出现，但三条目标所用的主语是统一的，而且是一目了然的。此外，目标陈述中也清楚地表明了要求幼儿学习演唱的是歌曲《懒惰虫》，而且在演唱时还要能较自然地唱出"弱起节奏"，以表现歌曲中暗含的幽默感；要求幼儿探索的是怎样用体态表情、声音与动作来声明"我不是懒惰虫"；要求幼儿体验的是对"懒惰虫"的否定情感。而"初步""较自然""在教师和同伴的启发引导下"等词语，则是表明幼儿在活动中的表现很可能是缺乏自信心、独立性和技巧性的，因而幼儿在尝试和探索过程中发生错误也是允许的。"用带有幽默感的方式"这样的附加条件语则表明：教师在帮助幼儿体验"懒惰虫"的否定情感时不是采用教诲的方式，而是希望幼儿在体验幽默所带来的快乐的同时，自然积淀下对懒惰行为的批评态度。

以上我们对集体音乐教育活动目标的提出以及撰写的顺序和内容进行了分析和总结，并归纳为一种模式，其目的是帮助最初接触这种技术的教师快捷有效地掌握目标设计和撰写的新方法，同时能理解蕴藏其中的新观念。刚开始学习使用这种技术的教师可以按照上述顺序和内容来提出和撰写教育活动目标。

（三）撰写活动目标的具体指导

1. 音乐知识技能获得与音乐感发展目标的撰写

下面以中班歌唱教育活动"在农场里"为例，来比较、分析说明该发展目标的撰写方法，见表2-3。

表2-3 "在农场里"活动音乐知识技能获得与音乐感发展目标

原目标	修改后的目标
唱好歌曲中的休止符	通过演唱《在农场里》这首歌曲，初步理解休止符在音乐中的含义，并能在教师的引导下，学会用较短促、稍跳跃的声音表现出歌曲中各种动物欢迎客人时快活、俏皮的语气和心情
分析：教师通过研究歌曲，很敏感地捕捉到该首歌曲中所蕴含的一个非常典型的音乐知识技能，即休止符的演唱。但是此处的休止符在歌曲中具有何种审美意义，目标中并未提及。即便幼儿通过一些辅助的手段（如在休止处点头、闭嘴、摊手等）唱准了休止符，其仍然属于一种单纯的认知反应，因而不符合音乐活动审美性的特点	分析：此目标同样将"休止符的演唱"作为亟待幼儿掌握的音乐知识技能，但与原目标不同的是，教师关注到休止符在该作品中的审美含义，即含有快活或俏皮的意思。而且，教师通过慎重推敲，明晰了要想表现出小动物快活、俏皮的心情，除了要唱准休止符，还必须在整首歌曲的演唱过程中采用较短促、稍跳跃的声音，而这种演唱方法，并非依靠教师直接告知，而是应该通过教师的引导而获得并掌握

由以上分析可知：当我们在撰写音乐教育活动第一方面的目标"音乐知识技能的获得与音乐感的发展"时，应该首先审视音乐教材中所蕴含的音乐、舞蹈知识技能；其次应该思考、体验这些知识技能在该作品中的审美含义；最后，还需要慎重推敲在何种程度上操作，才能使得这些富有审美含义的知识技能对本班幼儿产生真实意义上的挑战。

2. 学习技能、策略获得与学习能力发展目标的撰写

仍以中班歌唱教育活动"在农场里"为例，来比较、分析说明该发展目标的撰写方法，见表2-4。

表2-4 "在农场里"活动学习技能、策略获得与学习能力发展目标

原目标	修改后的目标
学习创编新歌词	在教师的引导下，根据生活经验，用替换词的方法创编歌词中的动物名称及其叫声部分，并能尝试唱出
分析：此目标强调了幼儿创造能力的培养，但目标过于简单，要求也比较模糊。如：需要幼儿创编的内容究竟是什么？幼儿应该按照何种线索进行创编？这些均在目标中给予明确	分析：此目标依然属于创造性发展的目标。但与原目标不同的是，教师给幼儿提供了较为清晰的创编思路，即明确了创编的内容（动物名称及其叫声）和创编的结构（采用"替换词"的方法对歌曲的部分歌词进行符合逻辑的替换）。而"在教师的引导下"和"根据生活经验"这样的限定语，则明确了新歌词的编创任务不是通过教师示范、幼儿简单模仿而完成的，而是幼儿通过教师的引导，主动获得此创造性学习的机会，同时与创编有关的知识经验也是基于幼儿的生活基础

由以上分析可知：当我们在撰写音乐教育活动第二方面的目标"学习技能、策略的获得与学习能力的发展"时，首先应该审视音乐材料，该材料的学习可以使幼儿获得哪些能力的发展？幼儿在学习该音乐材料的过程中有可能会遇到哪些困难？其次，教师应该努力

寻找有效的"教的策略"来帮助幼儿解决学习过程中的困难问题；最后，教师应从"学"的角度来撰写目标，且努力使目标的表述行为化和可操作，从而使教师教的策略转化为幼儿学的策略，并使幼儿获得相应的学习能力的提升。

需要特别注意的是：音乐学习也是一种学习。因此，一般的学习态度是必须建立的，学习规律是必须遵循的，常用的学习技能或策略也是必须学习的。诸如集中注意、观察、模仿、练习、思考、创造性表达，以及探索、研究和解决问题等能力，都是应该也是可以在不同的音乐学习中不断积累和相互迁移的。所以，当我们在撰写"学习技能、策略的获得与学习能力的发展"目标时，不要仅限于考虑幼儿的创编能力（创编歌词、创编动作、创编配器方案等），也不要仅限于发展幼儿的记忆、模仿等学习能力，而是应该将其他各种学习都纳入我们的培养方向之中。

如大班歌唱教育活动"数羊群"的第二条目标：借助教师的动作及图片的提示，记忆相关歌词内容；知道动作或图片对自己的学习有一定的帮助。该目标关注的便是幼儿注意并能有意识地利用教师提供的动作和图片来支持自己的记忆活动，从中体验该策略的有效性，并且认识到，当学习过程中遇到困难时，可以尝试使用不同的策略来帮助自己解决问题。显然，幼儿获得这样的认识远比仅仅学会唱一首歌曲更具有长远的发展价值。

3. 价值观念获得和积极的个性、社会性发展目标的撰写

下面以小班韵律教育活动"小鸟飞"为例，来比较、分析说明该发展目标的撰写方法，见表2-5。

表2-5 "小鸟飞"活动价值观念获得和积极的个性、社会性发展目标

原目标	修改后的目标
努力与同伴保持协调	初步学习找空地方做动作，做鸟飞动作时尽量不让别人碰到自己，自己也不碰到别人
分析：此目标提出了社会性发展的要求，但目标陈述过于笼统，使人看后不知如何实施教育活动，落实教育目标	分析：此目标依然属于社会性发展的目标。但与原目标不同的是，教师清楚地说明了幼儿在活动过程中将要做什么和应该做到何种程度，从而使幼儿获得了在空间运动中与他人保持和谐人际关系的初步观念与技能

由以上分析可知：当我们在撰写音乐教育活动第三方面的目标，即"价值观念的获得与积极的个性与社会性的发展"目标时，教师首先要将"音乐教育活动是促进幼儿全面和谐发展的重要媒介"这个核心问题放在心上，不能在设计音乐教育活动时，只关注传授音乐的知识技能，而忽略了情感体验与表达、自我认识与管理、社会交往与协作，以及社会责任感、道德感等诸多与"做人"有关的问题。其次，教师应该分析本次教育活动的设计与实施可以引发幼儿哪些有关对自己、他人、集体、环境、生活的态度，获得哪些处理各种关系的适宜技能与方法。最后，依然是提出和撰写行为化的目标。如此，幼儿在一个具体的音乐活动中所获得的经验便能够真正成为一个和谐的整体。

仍以中班歌唱教育活动"在农场里"为例，如果我们打算在某次复习活动中进行一次结伴歌表演活动，就可以在第三条目标中这样写："在双人结伴演唱《在农场里》时，能够做到在每一段的前奏中重新结伴，而且在结伴时能基本做到迅速、安静、不争抢或拒绝同伴，并学会自然地接纳临时未找到同伴的第三人。"

四、幼儿园音乐的关键经验

（一）幼儿园音乐关键经验的分类

幼儿园音乐的关键经验分为节奏关键经验、旋律关键经验与描述关键经验。节奏关键经验包括合拍做动作和合音乐结构做动作，它们统称为合音乐做动作。旋律关键经验主要是指有旋律轮廓线地歌唱。描述关键经验包括用语言描述音乐的内容与形式，用动作描述音乐的内容和形式。

（二）幼儿园音乐关键经验的含义

1. 节奏关键经验

幼儿园节奏关键经验主要指节拍经验，是指对音乐中拍子稳定性的感受和反应。节拍经验的获得有利于幼儿对所有其他音乐经验的迁移以及对音乐的深层理解。

（1）合拍做动作　幼儿合拍做动作的能力是在不断的练习和动作模仿中逐渐习得的。仅仅通过语言指令，幼儿很难理解什么是节拍。合拍做动作需要根据拍子的节律，一拍一下地做身体动作，拍子还需要稳定。

（2）合音乐结构做动作　合音乐结构做动作是指幼儿能够伴随音乐的句子和段落变化做出相应的动作。身体动作要体现音乐句子结构的起和落，动作性质符合音乐每一段的性质。

旋律关键经验即能准确地歌唱的能力，它需要幼儿建立音准的概念。人们建立音准的概念需要经历 4 个步骤：

第一步：耳朵辨别出音的高低。

第二步：能准确模拟歌唱。

第三步：唱准音程。

第四步：能移调歌唱音阶。

幼儿音准的建立需要幼儿身边存在有音准概念的榜样人物和随时可以操作的高音乐器。幼儿做到有旋律的歌唱需要具备第一步和第二步的能力，即能听辨并能唱出音的高低。

2. 描述关键经验

描述关键经验是指幼儿能够用语言或身体动作去描述音乐的内容、形式或情绪特征。音乐的内容包括音乐所表达的人物、事件、情境等，音乐的形式包括音乐的力度、旋律、音色等音乐元素；音乐的情绪集中体现在摇篮曲、舞曲和进行曲等。

第二节

选择幼儿园音乐教育活动的内容

✈ 案例导入

小林是某师范大学学前教育专业的学生，她在去幼儿园实习期间，主班老师准备让她组织一次音乐教育活动，这可把小林难为坏了。在小林看来，音乐教育活动只有歌唱活动最好组织，只需要教孩子会唱某首歌就可以了。主班老师提醒她，音乐教育活动还包含其他种类和内容。

要求：根据案例分析以下问题。

（1）除了歌唱活动，音乐教育活动还包含哪些内容？

（2）不同的音乐教育活动分别有何特点？

✖ 知识讲解

幼儿园音乐教育的内容包括歌唱、欣赏、打击乐器演奏、韵律活动。需要强调的是，没有将音乐游戏列为音乐教育的内容之一的原因是目前整个学前教育阶段都倡导课程游戏化改革。课程游戏化是符合学前幼儿身心发展特点和发展规律的，因此，我们倡导所有的学科教学、所有的音乐活动的内容都应具有游戏化的特点。

一、歌唱活动

歌唱活动是使用嗓音进行的一种音乐表现活动。歌唱活动能力是幼儿在后天的学习中逐步发展起来的，它包括对歌词的听辨和理解能力，音域的把握、节奏的意识和能力，对歌曲音准的把握能力，歌唱时呼吸的运用和歌唱时声音的表情、独唱能力，歌唱中自己的声音与同伴声音的合作协调一致以及对歌曲的创造性表现能力等。

（一）歌唱活动的内容

幼儿歌唱学习的内容包括学唱歌曲，学习歌唱的表演形式，学习歌唱的简单知识和技能，学习简单的保护嗓音的方法等。

（二）歌唱活动的形式

歌唱的表演形式有很多种，具体如下。

1. 独唱

一个人独立地歌唱或者表演唱。

2. 齐唱

多人一起唱同一首歌。

3. 接唱

接唱的形式有很多种，包括个人对个人的接唱、个人对小组的接唱，以及小组对小组的接唱。在一首歌曲中，常见的接唱是半句或一句的接唱。

4. 对唱

形式上与接唱类似，内容上更强调问答式的呼应，包括个人对个人、个人对小组（或集体）、小组与小组之间的问答式的歌唱。

5. 领唱、齐唱

一个人或几个人唱歌曲中的主要部分，集体演唱歌曲中配合的部分。

6. 轮唱

两个小组（声部）、按一定的间隔先后开始唱同一首歌。《闪烁的小星》就是幼儿园中经常选用的、适合轮唱的歌曲。

7. 合唱

合唱的组合形式有多种，包括一个声部用哼鸣的方式演唱旋律，另一个声部按相同的节奏朗诵歌词；一个声部唱歌词，另一个声部用相同旋律唱衬词；一个声部唱歌词，另一个声部在第一个声部休止或延长处用拟音演唱填充式的词曲；一个声部唱歌词，另一个声部演唱固定音型的词曲；两个声部同时演唱两首相互和谐的歌曲等。

8. 歌表演

一边歌唱一边做身体动作表演的歌唱形式称为歌表演。这些身体动作表演可以是有明确节奏的，也可以是没有明确节奏的；可以是表现歌词内容的，也可以是表现歌曲情绪或仅仅表现某种与歌曲相配合的节奏的；可以是有空间移动的，也可以是在原地站着或坐着做的；可以是手、脚配合或全身配合来做的，也可以只用手或脚甚至其他某个身体部位来做的。

（三）歌唱活动的要点

歌唱，需要幼儿用自己的嗓音来唱，用歌声把歌曲的思想感情表达出来。歌唱是一种需要学习的技能。在幼儿园歌唱活动中，幼儿应逐步掌握以下最基本、最简单的知识技能。

1. 正确的歌唱姿势

歌唱时，无论是站着或坐着都应保持身体和头部的正直、放松，不紧张。坐着歌唱时不将椅子坐满，不靠在椅背上；两眼平视；两臂自然下垂或自然放在腿上，不要背在背后；口型保持圆形，根据准确咬字、吐字及发音的需要，正确、适当、自然地张嘴，不做作。

2. 正确的发声方法

下巴自然放松，嘴巴自然张开；合理使用嗓音，自然地向前发音，既不肆意叫喊，也不刻意控制音量，用不伤害自己发声器官并且获得良好音色的方式歌唱。

3. 正确的呼吸方法

自然呼吸，均匀用气；呼吸时不抬头、不耸肩，不发出吸气声；在歌词的停顿处呼吸，一般不在句子中间换气等。

4. 正确的演唱技能

先准确地辨别、理解和形成清晰的印象（音响表象），然后再在熟练掌握的基础上轻松自如地演唱。

5. 自然、恰当的表达技能

自然舒适、有理解、有感情地歌唱。自然、恰当地运用声音表情、面部表情及身体动作表情，不故意做作等。

6. 正确、默契的合作技能

注意倾听自己和他人的歌声，不超前也不拖后；共同歌唱时不使自己的歌声突出，应与他人整齐一致；轮流歌唱时准确地与其他人或其他声部和谐衔接；配合歌唱时努力保持各个声部之间在音量、音色、节奏上的协调性；注意保持内心情感体验、声音表情、面部表情（包括目光交流）、体态动作表情交流与配合方面的协调性等。

7. 嗓音运用和保护的知识技能

不长时间大喊大叫和歌唱；不在剧烈运动时大声叫喊和歌唱；不在剧烈运动后马上歌唱；不在空气污浊的环境中歌唱；不迎着风歌唱；不在伤风感冒、咽喉发炎的时候歌唱；在歌唱时注意保持身体、心情、表情、嗓音的舒适状态，感到不舒服时会暂停休息、自我调整等。

二、韵律活动

韵律活动是指伴随音乐进行，并运用与音乐相协调的身体动作进行艺术表现的活动。

幼儿园韵律活动的主要教育内容有：韵律动作及其组合、韵律活动的表演形式、韵律活动的简单知识和技能、韵律活动的常规等。

（一）韵律动作及其组合

1. 韵律动作

在幼儿园音乐教育活动中，韵律动作一般可分为：基本动作、模仿动作和舞蹈动作，见表2-6。

表2-6 韵律动作类型

动作类型	含义及具体动作表现	动作练习要求
基本动作	在反射动作基础上发展起来的生活动作，如走、跑、跳、摇头、点头、弯腰、屈膝、击掌、招手、抓握等	这些动作是幼儿的自然动作，需要在平日生活中不断使用和锻炼才能使幼儿正常生活和成长
模仿动作	幼儿自己观察、表现他们周围的自然现象、事物、社会生活、人物的各种创造性艺术活动，如鸟飞、鱼游、刮风、下雨、花开、树长等；幼儿模仿日常活动的动作，如洗脸、刷牙、拍球、打气等；幼儿模仿成人活动的动作，如锄地、撒种、骑马、打枪、织网、采茶、开飞机、开火车等	这些动作是幼儿在日常生活中观察、积累的，提供丰富的刺激和多种多样的生活场景有助于幼儿动作的发展
舞蹈动作	幼儿学习的舞蹈动作主要是一些基本舞步，如小碎步、小跑步、蹦跳步、垫步、踵趾小跑步、侧点步、进退步、溜冰步、交替步、跑跳步、跑马步、秧歌十字步等。此外，还包括一些简单的上肢动作，如两臂的摆动和划圈等。在中班安排学习"手腕转动"等，在大班安排学习"提压腕"等	这些动作是人类在从事舞蹈活动的几千年中积累下来的文化遗产，幼儿需要通过模仿来掌握

在三类韵律动作中，基本动作是幼儿最先开始发展的动作，模仿动作是幼儿最感兴趣的动作。这两种动作，一般在没有成人进行专门性教育的条件之下，幼儿也有可能通过自己的探索活动来获得。而舞蹈动作如果不通过教育来传递，幼儿是不可能通过创造性的探索活动来自行获得的。所以，舞蹈动作是最晚开始被幼儿关注和学习的动作。

2. 韵律动作组合

韵律动作组合指按一首完整音乐的结构组织起来的一组韵律动作。

在幼儿园音乐教育活动中采用的韵律动作组合一般可分为：身体节奏动作组合、律动模仿动作组合、表演舞、集体舞、自娱舞等。

（1）身体节奏动作组合　这是一种近年来从国外引进的韵律活动。组合中的动作均为简单的击打、顿踏动作，而且这些动作通常都是能够发出声音的，如击掌、拍击身体的某个部位、捻指、用不同的方法踏脚等。这些动作不同于"歌表演"一类的表现性动作，而是更多地体现出音乐的节奏和组织结构等。

（2）律动模仿动作组合　律动模仿动作组合中的动作多为模仿动作。这种组合一般也注意动作的组织结构，但更注意对模仿对象的表现。

（3）表演舞组合　表演舞组合中的动作以舞蹈动作为主，其教育重点在于发展幼儿的表现欲望和表现能力。这种组合比较讲究动作的组织结构，其中有的含有一定的简单故事情节，有的仅表现一种情绪。

（4）集体舞（含邀请舞）组合　集体舞（含邀请舞）组合中的动作以舞蹈动作为主。这种组合比较讲究动作的组织结构，其教育重点在于适应空间变化和人际交流合作。因此，这种组合中的动作一般比较简单，也比较少，同一动作反复进行是比较常见的结构手法。

（5）自娱舞组合　自娱舞蹈重在感受身体运动的舒适感，目的在于自娱自乐。因此，自娱舞组合在结构类型和结构方式上都比较自由。可以一个人跳，也可以几个人一起跳，舞伴之间的交流配合方式也十分自由和即兴。

以上各种组合及舞蹈，除"表演舞"较适宜大班幼儿学习外，其余各种组合及舞蹈均适合各年龄班幼儿学习。

（二）韵律活动的表演形式

韵律活动的表演形式主要与参与人数和参加者的合作方式有关。在幼儿阶段儿童可以掌握的韵律活动的表演形式主要有：独舞、双人舞、三人舞、群舞和领舞群舞。

在幼儿园音乐教育活动的内容中，韵律活动形式的实际含义与我们通常所讲的舞蹈表演中的形式是不完全相同的。

1. 独舞

独舞是指一个人独立地做韵律动作，其中包括独立表演，也包括许多人一起表演，但各自独立活动，相互间不产生交流或配合关系。

2. 双人舞和三人舞

在幼儿园，双人舞和三人舞主要是指一种小型的结伴舞，这种结伴舞通常是两个人自由结伴，相互配合地做韵律动作，有时也指三个或三个人以上的小型组合形式。

3. 群舞

群舞是指许多人按比较严格的队形和动作规定一起跳舞。在幼儿园，大部分的表演舞蹈和集体舞蹈都采用这种形式。

4. 领舞群舞

领舞群舞是指以单独舞者为主，以集体舞者为辅的一种合作表演方式。其中的主导、辅助关系是规定好的，必须遵照执行。在幼儿园中只有少数的表演舞和集体舞采用这种形式。

（三）韵律活动的简单知识和技能

在韵律活动教学中，教师需要帮助幼儿形成基本的动作经验，需要引导幼儿将基本的动作构成具有完整艺术形象的艺术作品，并逐步形成动作组合的艺术思维方式。为此，教师需要帮助幼儿掌握以下知识和技能。

1. 掌握动作的知识和技能

韵律动作运动方式见表2-7。

表2-7　韵律动作运动方式

运动方式	具体动作举例
身体部位运动的方式	将身体某部位弯曲、伸直、旋转、摆荡、扭动、蜷缩等动作
身体部位运动的方向	在做垫步动作时，向前走、向后退、向左移、向右移或原地转圈
重心控制	静止或移动时，臀部尽量向里向上收，而不应向下沉或者向后撅
参与运动的身体各部位配合	脚做"垫步"，手做"手腕转动"；脚做"踏点步"，手做"甩动袖子"的动作；在做摘苹果和放苹果的动作时，两眼要一直看着手，头部要自然地配合眼睛运动等

2. 变化动作的知识和技能

韵律动作变化方式见表2-8。

表2-8　韵律动作变化方式

变化方式	具体动作举例
变化动作的幅度	在做秧歌十字步动作时，既可以大步走，身体和手臂随着做大幅度的摆动；也可以小步走，身体和手臂随着做小幅度摆动
变化动作的力度	可以使劲地做敲大鼓的动作，也可以轻轻地做敲小鼓的动作
变化动作的节奏	在做采茶动作时，可以快快地采，也可慢慢地采，还可以快采几次再慢采几次
变化动作的姿态	在做踏点步动作时，动力腿可以点在主力腿的前面，可以点在主力腿的旁边，也可以点在主力腿的后面；在做秧歌十字步动作时，既可以弯腰、屈膝，用较低姿态走，也可以双臂高举，踮起前脚掌走，更可以用正常姿态走

3. 组织动作的知识和技能

韵律动作组织方式见表2-9。

表2-9　韵律动作组织方式

组织方式	特点	具体动作举例
按情节内容组织	最容易引起较小年龄幼儿的兴趣，也比较容易为较小年龄幼儿所掌握	以《猴子爬树》为例，按情节内容组织动作的顺序为：猴子爬树、猴子在树上玩耍、猴子从树上滑下来
按身体部位的某种秩序组织	有利于发展幼儿的秩序感	以《加沃特舞曲》为例，按顺序先由下而上，再由上而下拍打身体各部位
按音乐重复与变化的规律组织	有利于幼儿感知音乐的结构，即相同的音乐做相同的动作，不同的音乐做不同的动作	以《小鸟飞》为例，按音乐的重复与变化的规律组织动作：小鸟飞、小鸟吃食、小鸟飞
按对称原则组织	有利于发展幼儿的均衡和对称意识	以《手腕转动》为例，按对称的方式组织动作：先学习基本的手腕转动的动作，然后按对称的原则组织动作，如双手上举转动四下，再双手垂下转动四下；双手在左边转动四下，再在右边转动四下；左臂在前，右臂在后，同时转动四下，然后左臂在后，右臂在前，同时转动四下等
按主题动作组织	在一个韵律动作组织中，某一个特定的动作反复出现或反复变化出现，这种组合方式有利于发展幼儿的整体统一意识	以《来了一群小鸭子》为例，虽然动作设计中有小鸭子走、小鸭子跳水、小鸭子洗澡、小鸭子划水等动作，但根据鸭子的形象确定的下肢马步、抬头挺胸撅臀、右手屈肘上举做成鸭子的头颈、左手胸前屈肘托住右肘的主题动作却是基本不变的

（四）韵律活动的常规

韵律活动本身因其有着丰富多样的动作和运动，因而常常表现出不稳定性。因此，建立韵律活动的常规不仅是幼儿园韵律活动教学工作顺利进行的保证，更是培养幼儿的纪律性和责任感的重要教育途径。韵律活动的常规包括以下几方面的内容。

1. 活动开始和结束的常规

（1）听音乐的信号起立和坐下。

（2）听音乐的信号开始活动和结束活动。

（3）无特殊要求，活动后不必按原来的座位就座，找空位子就座即可。

（4）活动结束时自己收拾道具和整理场地。

2. 活动进行的常规

（1）在规定的范围内活动。

（2）在没有队形要求的情况下，找比较空的地方活动。

（3）在自由移动的情况下，不与他人或场内的障碍物（道具、桌椅等）相撞。

（4）在自由结伴的活动中，迅速、安静地在规定时间内寻找、选择和交换舞伴，分组和分配角色。找不到朋友时，可以和老师结伴，也可先举手示意，再迅速结伴。

（5）在自由结伴的活动中，热情而有节制地与舞伴交流、合作。

三、打击乐器演奏活动

幼儿园打击乐器演奏活动泛指所有通过简单打击乐器进行的艺术表现活动。这种活动可以具体分为预成性的演奏（按既定的设计方案演奏）和生成性的演奏（探索性演奏）。幼儿园打击乐器演奏领域的教育内容主要有：打击乐曲、打击乐器演奏的简单知识技能，以及打击乐器演奏的常规。

（一）打击乐曲

幼儿园音乐教育活动中使用的打击乐曲一般可以分为两类：一类是纯粹的打击乐曲，即专门为打击乐器创作或仅由打击乐器、替代性打击乐器来演奏的乐曲，如《鸭子拌嘴》。另一类是指特定的歌曲或器乐曲。目前幼儿园常见的打击乐作品即是指第二类打击乐曲。此类作品一般又由两个部分组成：一个部分是歌曲或器乐曲，另一部分是根据这首特定的歌曲或器乐曲专门创作的打击乐器演奏方案，即配器方案。这些配器方案有的是由专业音乐工作者创作的，有的是由教师创作的，也有的是幼儿在教师的帮助下创作而成的。

（二）打击乐器演奏的简单知识技能

幼儿可以学习的有关打击乐器演奏的简单知识技能主要包括：乐器和乐器演奏的知识技能、配器的知识技能，以及指挥的知识技能。

1. 乐器和乐器演奏

幼儿可以接触到的打击乐器主要有大鼓、铃鼓、串铃、碰铃、三角铁、钹、锣、木鱼、圆弧板、蛙鸣筒、沙球等。与此有关的简单知识技能包括了解上述乐器的名称、形状、质地、音色特征及一般持握演奏方法等。具体可参考表2-10。

表2-10　打击乐器及其演奏方法

乐器名称	形状与质地	一般持握演奏的方法	音色特征
大鼓	用皮革蒙在筒状的共鸣箱上	靠用鼓槌敲击引起的振动发音，演奏时一般用右手持槌敲击	用力击打时能产生很强烈的音响效果；轻轻击打时能发出柔和绵长的音响效果；敲击鼓面的中心位置时，声音浓、厚，且延续音较长；敲击鼓面的边缘部位时，声音脆、薄，且延续音较短；敲击鼓的边框（共鸣箱）时，声音更脆、更硬、更短
铃鼓	用皮革蒙在带有可活动的金小钹的木制圆框上	靠用手敲击或摇晃引起的振动发音	击奏鼓心时发音柔和，击奏鼓边时发音较明朗；用手击鼓面时，鼓的声音比较明显；用鼓身撞击身体（如肩、肘、膝）部位时，铃的声音比较明显；猛烈地摇动时，所发出的音响让人激动；轻柔地摇动时，音响会产生安宁的效果
串铃	用若干金属制成的小铃穿在圆形、半圆形或棒形的固定物上	靠摇晃或抖动引起的振动发声，也可用手拍击，或碰击肩、膝等部位	摇奏时有一定的毛糙感、波动感；敲击时，铃的声音比较明显
碰铃	一对用金属制成的小铃，各自固定在一个可抓握的柄上	靠相互撞击引起振动发音	声音清脆明亮，相比锣、钹等金属乐器，音色也较柔和。在打击乐器中属高音乐器，音量也相对较小
三角铁	一根弯成等边三角形的圆柱形钢条，用绳子悬挂	演奏时，用另一根金属棒敲击发声。一般用左手提着悬挂三角铁的绳子，右手持棒敲击 三角铁	敲击三角形的底边，可获得与碰铃相似的音色，但音量比碰铃大，延续音也比碰铃长。在三角铁的上端快速左右撞击，或在三角铁内快速转动撞击各边，可以产生激动人心的音响效果
钹	对用铜合金制成的圆盘，中央微凸，靠撞击或摩擦发音	一般奏法是双手各持一面，相互撞击，或者以边缘相互摩擦，也可将其中一面悬挂在支架上用槌敲击	声音响亮，延续音长（如果不需要过长的延续音，可在敲击后将钹捂在身体上，或用手将其边缘捏住）。敲击时用力的方法、程度不同，发出的声音就不同。弹奏时，音色比较粗糙、刺耳
锣	一个用铜合金制成的圆盘，用绳子固定在可抓握的木柄上。一般有大锣、小锣两种	靠用锣槌敲击引起的振动发音。演奏时，一般是左手持锣，右手持槌	大锣声音低沉，延续音长；小锣声音明亮，也有较长延续音。大锣一般用软槌敲击，敲其中心时，声音柔和，敲其边缘时，声音较粗糙。轻击时，声音柔和；重击时，声音刺耳。小锣一般用硬槌敲击，轻击时，声音清脆明亮；重击时，声音尖锐刺耳
木鱼	用木头刻制，类似鱼状，中空，在头部开口	用木制敲棒敲击。演奏时，一般是左手握住木鱼的"尾部"，右手持敲棒敲打"鱼头"的顶部	音色清亮干脆，几乎没有延续音
圆弧板	由两片贝壳状木块，中间用松紧带连接构成	演奏时可用单手捏合的方法使两板撞击发音；也可将其放在左手手心，用右手向下拍击发音	其声音与木鱼、双响筒很相似，但由于共鸣腔较小，所以声音也更脆，更亮，更短
蛙鸣筒	一段带有握柄的木制圆筒，筒的表面刻有若干沟槽	刮、擦发音。演奏时，一般是左手持蛙鸣筒的握柄，右手持棒	用刮擦的方式演奏蛙鸣筒，其音色类似青蛙叫。强奏音响刺耳，弱奏音响柔和；用敲奏的方式演奏，发出的声音与木鱼等乐器类似
沙球	用椰壳或塑料制成的空心球体，内装細小粒状物，腔体全封闭，下端装有握柄	演奏时，可双手各持一个沙球，用臂带动手腕上下振动。单手（右手）持沙球演奏时，可单手振动，也可以用右手持沙球拍击左手	靠摇晃、抖动、拍击发音，声音轻柔，有微弱毛糙感

2. 配器

配器主要是指教师引导、组织幼儿用集体讨论的方式，选择适当的节奏型，以及合适的乐器，为幼儿所熟悉的歌曲或乐曲等设计伴奏的一种活动形式。与此有关的知识技能主要有：按音色分类，按表现需要选择比较合适的节奏型、乐器以及演奏方法，用简单的动作、图形、语音符号记录设计好的配器方案等。

（1）知道如何按乐器的音色给乐器分类　如碰铃、三角铁等音色都较明亮、柔和，通常分为一类；圆弧板、木鱼、单响筒等，音色都较干脆、坚实，通常分为一类；串铃、铃鼓等，摇奏时都有一定的毛糙感、波动感，通常分为一类；大鼓音色沉着、厚实，锣、钹等音色较为尖锐、粗糙和带有撕裂感，通常单独使用。

以上这些乐器及音色特点，是幼儿园打击乐器学习中音色知识的主要内容，但是幼儿一般只要知道怎样利用它们就可以了。

（2）知道如何利用乐器的搭配形成特定的音响效果　如要形成强烈的效果，可以用较多的乐器齐奏，也可用大鼓、钹或其他可摇响的乐器持续猛烈摇奏等。如要形成轻快、柔和的效果，可用较少的乐器演奏，如用有较长延续音的乐器柔和地弱奏，用有较短促声音的乐器轻快地弱奏，用可摇响的乐器轻柔地持续摇奏等。

（3）能用简单的动作、图形、语音符号记录设计好的配器方案　如能在教师的引导下，采用集体讨论的方法，在保证与音乐原来的情绪、风格、结构相一致的前提下，为指定的歌曲或乐曲选配合适的节奏型及音色安排方案，并能用简单的动作、图形、语音等符号记录该打击乐器演奏方案，从而形成适合幼儿学习的动作总谱、图形总谱和语音总谱。

3. 指挥

幼儿打击乐器演奏活动中的"指挥"和"看指挥演奏"内容的学习，对幼儿的音乐成长和全面发展有着特殊的意义。这些意义与成人在专业音乐活动中指挥的意义有较大的不同。

在这种活动中，幼儿学习的内容主要是如何与人沟通、与人合作，以及相互协调。因此幼儿指挥者一般情况下可以不必学习专业性的起势、收势和划拍，而只需学习如何自然地开始、结束、轮流、交替和击打出所要求的节奏型，必要时还可用相应乐器演奏方式的模仿动作作为指挥动作，如在指挥小铃演奏时，可以用两手食指轻轻相触的方式指挥。

与此有关的知识技能主要有以下几个方面。

（1）知道如何用动作表示"准备""开始"和"结束"，并能使自己的动作清楚、明确，易于让被指挥者做出反应。

（2）在指挥时应将两腿稍稍分开，站稳，以便于灵活地将身体转向任何声部。

（3）在指挥时应将身体倾向于被指挥者，用眼睛亲切、热情地注视被指挥者，并能用体态和表情激起被指挥者的合作热情。

（4）知道如何用指挥动作表现节奏和音色的变化，并能使自己的动作与音乐协调一致。

（5）在声部转换之前，提前将自己的头部和目光转向下一个将要演奏的声部。

（三）打击乐器演奏的常规

1. 活动开始和结束的常规

（1）听音乐的信号整齐地将乐器从座椅下面取出或放回。这些音乐信号可以由教师提出，也可以由教师和幼儿共同商议而定。

（2）乐器拿出后，凡不演奏时须将乐器放在大腿上，不发出声音，眼睛也不看乐器。有些乐器应双手分开持握放在两腿上，如碰铃、沙球等；有些乐器只需单手拿放，如可用左手手掌托住圆弧板放在腿上；还有些乐器应双手同时持握，如双手同时抓住铃鼓的木制圆框，鼓面朝下，放在腿上，等等。

（3）开始演奏前，按指挥者的手势整齐地将乐器拿起，做好准备演奏的姿态。如看到指挥者双手向前伸出，手心向上，就表示"拿起乐器做好演奏的准备"。

（4）演奏结束后，按指挥者的手势将乐器放回腿上。如看到指挥者两手手心朝下，缓缓地放下，就表示"演奏结束，将乐器放在腿上"。

（5）活动结束后，自己收拾乐器和整理场地。

2.活动进行的常规

（1）演奏时身体倾向指挥者，眼睛注视指挥者，积极地与指挥者交流。

（2）演奏时注意倾听音乐和他人的演奏。

（3）演奏时注意力集中，不做与演奏无关的事情。

（4）交换乐器时，须先将原来使用的乐器放在座椅上（不要放在座椅下面），再迅速无声地找到新的座位，拿起新乐器，坐下后马上把新乐器放在腿上做好演奏准备。交换过程中不与他人或场内的座椅发生碰撞，坐下时不使座椅发出声音或移动。

四、欣赏活动

音乐欣赏是指以具体音乐作品为对象，通过倾听的方式及其他辅助手段来帮助幼儿感受、理解音乐，从而得到精神愉悦的一种审美活动。

幼儿园音乐欣赏领域的教育内容主要有：倾听周围环境中的音响，欣赏音乐作品，了解音乐欣赏的简单知识和技能。

（一）倾听周围环境中的音响

"倾听"是音乐欣赏最重要的一种学习方式。它不同于漫不经心地"随意听听"，而是一种有意识地听，留神地听。它不仅指有意地用听觉摄取音乐的美，而且还包括用听觉去摄取周围环境中各种声音的美，甚至还包括有意地去倾听和感受"寂静"的美。

在我们的周围环境中，无论是自然界，还是社会生活中都充满了各种音响。鸟叫、蛙鸣、暴风的呼啸、雨水的滴答声、汽车的鸣笛声、火车与飞机的轰隆声等，以及人们语言的声调，朴素的民歌等都是音乐家们进行创作的重要源泉。世界名曲《野蜂飞舞》《云雀》《雨滴》《田园》等，就是经过艺术家思考，用高超的艺术手法表现出来的人类对自然音响的主观感受。专门为幼儿创作的深受幼儿喜爱的歌曲、乐曲中，也有许多模拟自然音响的成分，如幼儿所熟悉的动物，以及交通工具发出的声音等。为此，教育者应充分利用一切机会，自然地、有意识地引导幼儿倾听周围生活中的声音，丰富他们对声音的各种感性经验，培养其对周围生活中各种声音的倾听兴趣和倾听能力，从而为他们欣赏音乐作品打下良好的基础。

（二）欣赏音乐作品

目前，可供幼儿欣赏的音乐作品主要有如下几种类型。

1. 优秀的中外幼儿歌曲，包括民歌、童谣

各年龄班幼儿欣赏的歌曲可以是本班幼儿即将学习的歌曲，也可以是高一年龄班幼儿学唱的歌曲，此外，也可以向幼儿介绍一些他们能理解的民歌、名曲，以及中外少儿歌曲等。如《听妈妈讲那过去的事情》《卖报歌》《只怕不抵抗》《小白菜》《春天来了》《铃儿响叮当》《请来看看我们的农庄》《我的小鸡》等。

2. 由中外优秀幼儿歌曲及优秀民歌改编的器乐曲

器乐曲是指没有歌词，单纯由乐器演奏的音乐作品。当然，有一些器乐曲，虽无歌词，但却是根据中外优秀幼儿歌曲及优秀民歌改编的。如《小白船》（根据朝鲜族童谣改编）、《森吉德玛》（根据蒙古族民歌改编）、《茉莉花》（根据江苏民歌改编）、《海滨之歌》（根据日本民歌改编）、《洋娃娃和小熊跳舞》（根据波兰幼儿歌曲改编）、《夏天里过海洋》（根据意大利歌曲改编）等。这些优秀的颇具特色的改编作品，有利于幼儿感受不同风格的音乐，故也适合幼儿欣赏。

3. 专门为幼儿创作的简单器乐曲

某些专门为幼儿创作的器乐曲，其旋律简洁明快，音乐形象鲜明，很容易引起幼儿的联想，因而很受幼儿的喜爱。如《小鸟》《滑梯》《跳绳》《扑蝴蝶》《青蛙合唱》《熊跳舞》《狮王进行曲》《我和小蚊子跳舞》《小士兵进行曲》等。

4. 专门为幼儿创作的音乐童话的片段

一些专门为幼儿创作的音乐童话片段，通常描述某件事情或某种情景，有着丰富的内容、情节，故而有助于幼儿展开想象和联想，也便于教师在设计教育活动时找到幼儿熟悉和喜爱的形象。如《龟兔赛跑》《骄傲的小鸭子》《彼得和狼》等。

5. 中外著名音乐作品及其片段

某些中外著名的音乐作品或部分片段，因其旋律优美、节奏鲜明、结构单纯工整、长度适中，也很受幼儿喜爱。在音乐艺术的宝库中有许多这样的作品，故也可将之作为理想的音乐欣赏作品。如《牧童短笛》《金蛇狂舞》《瑶族舞曲》《钟表店》《口哨与小狗》《铁匠波尔卡》《玩具兵进行曲》《土耳其进行曲》《卡门序曲》《梦幻曲》《单簧管波尔卡》《在山魔王的宫殿里》等。

值得说明的是，随着世界多元文化音乐教育的发展，音乐欣赏作品也日渐呈现多元化的趋势。目前，一些优秀的戏曲作品、曲艺作品、舞蹈作品、影视作品，甚至部分适合幼儿欣赏的流行音乐也作为一种时尚文化，悄然进入了幼儿园的音乐欣赏活动中。

（三）了解音乐欣赏的简单知识技能

幼儿可以学习的有关音乐欣赏的简单知识技能主要包括以下几个方面。

（1）了解音乐作品的名称、主要内容和常见表演形式。

（2）了解常见乐器的名称。

（3）能听出并理解作品的主要情绪、内容、形象及作品的主要结构。

（4）能分辨常见人声和乐器的音色。

（5）能根据音乐作品的音响展开想象、联想。

（6）能运用一定的媒介表达对音乐的感受。

第三节
确定幼儿园音乐教育活动的基本结构

✈ 案例导入

"大雨和小雨"活动过程

——幼儿园小班音乐节奏游戏

【活动目标】

（1）幼儿能够在教师的带领下，跟着歌曲的节拍，做拍手游戏和踏步游戏。

（2）幼儿能够用自制的打击乐器打出歌曲的节拍。

（3）幼儿能够用身体动作区别出歌曲《大雨和小雨》中的强拍和弱拍。

【活动准备】

（1）游戏道具：两只空矿泉水瓶、半杯水、一小把沙子。

（2）儿童歌曲《大雨和小雨》的音频资料。

（3）游戏场地。

【活动过程】

（1）导入　上课教师在带班辅助教师的配合下展示拍手游戏，让幼儿观摩教师是怎样拍手的，提出疑问，让小朋友带着问题去发现教师拍手游戏的规律。

（2）带领幼儿开展音乐节奏游戏活动

① 依据歌曲《大雨和小雨》的节奏节拍，带领幼儿每两人一组玩拍手游戏。该儿童歌曲是2/4拍，强拍时自己拍双手，弱拍时互相拍击左手或右手。

② 当幼儿掌握了第一种游戏方法后，教师介绍第二种游戏方法。

教师带领幼儿围成一圈，根据歌曲的节拍，拉着手、踏着步向圆圈中心聚拢，以一小节为一个单位，一小节向圆心聚拢，一小节向后退回原处。

③ 大部分幼儿已经可以熟练地完成以上游戏时，就可以进入分声部游戏阶段了。

幼儿在两位教师的带领下形成两个声部，第一声部在歌曲的第一乐句和第三乐句的前一小节处，加上晃动装有半瓶水的矿泉水瓶的动作表现"大雨哗啦啦"；第二声部在歌曲的第二乐句和第三乐句的后一小节处，加上晃动装一小把沙子的矿泉水瓶的动作表现"小雨淅沥沥"为歌曲伴奏。

（3）活动结束　幼儿在教师的带领下，享受分声部节奏游戏带给他们的成就感。

要求：根据案例分析以下问题。

（1）材料中的音乐教育活动是哪种结构？

（2）你认为材料中的音乐教育活动有何需要改进之处？

🧩 知识讲解

目前，幼儿园集体音乐教育活动的基本结构主要有两种类型：一是传统的所谓"三段式"的音乐教育活动，即人们常说的"常规性"教学活动；二是被称作"一竿子式"的、不含复习及娱乐活动环节的音乐教育活动，也就是人们常说的"研究型"公开观摩活动。

一、"三段式"音乐教育活动的基本结构

"三段式"音乐教育活动一般由三个界限分明的部分组成，如图2-1所示。

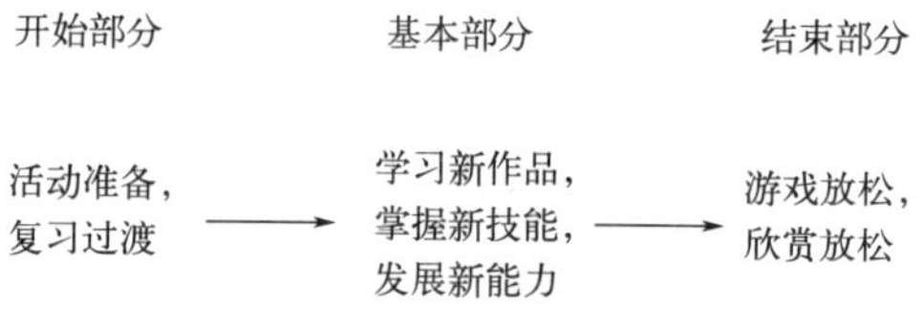

开始部分	基本部分	结束部分
活动准备，复习过渡 →	学习新作品，掌握新技能，发展新能力 →	游戏放松，欣赏放松

图2-1 "三段式"音乐教育活动基本结构

在开始部分，通常是复习幼儿已经学过的歌曲、韵律动作、打击乐曲或音乐游戏，最常见的程序和内容一般是：律动进教室，练声，座位上的律动或歌曲复习。在结束部分，最常见的程序和内容一般是：复习打击乐曲、韵律动作、歌表演或音乐游戏，律动出教室。

📚 案例与评析

土耳其进行曲（中班打击乐器演奏活动）

1. 开始部分

（1）复习律动《手腕转动》，垫步进入教室。

（2）复习歌曲《郊游》，进一步学习用"连贯"和"跳跃"两种演唱方式来表现歌曲。

2. 基本部分

（1）引导幼儿为图形选择乐器　幼儿观察教师出示的卡片和乐器，根据教师演奏乐器时发出的不同声音将乐器与图形一一相配。（如"，"与碰铃相配；"〰〰〰"与铃鼓相配；"•"与圆弧板相配。）

（2）引导幼儿为乐器选择模仿性语音

① 幼儿根据教师演奏乐器时发出的不同声音，尝试用嘴巴创造出模仿性语音与乐器声——相配。如碰铃可发出"叮"的声音，铃鼓可发出"哗啦啦啦　啦啦"的声音，圆弧板可发出"啪"的声音。

② 幼儿根据教师出示的卡片，迅速地用选定的模仿性语音作出反应。如"，"念作"叮"，"〰〰〰"念作"哗啦啦啦　啦啦"，"•"念作"啪"。

（3）引导幼儿熟悉图形总谱

① 在无音乐伴奏的情况下，幼儿一边看图形总谱，一边根据教师指图的速度，有节奏地用选定的模仿性语音朗读总谱。

② 幼儿边听音乐，一边看总谱，一边跟着教师朗读。

（4）引导幼儿看指挥分声部练习　幼儿分成三个声部，在教师指挥下进行朗读练习（教师用演奏乐器的动作指挥）。幼儿边做自己这一声部的乐器演奏动作，边听音乐，边轻声朗读自己这一声部的模仿性语音。

（5）指导幼儿随乐演奏乐器

① 幼儿看教师用演奏乐器的模仿动作指挥，持乐器进行分声部练习。

② 幼儿观察教师出示的大鼓和吊镲，倾听、辨别它们发出的声音，并从音长和音色两个方面指出可与前三种图形中的哪一种相配。将这两种乐器加入，进行演奏。

③ 幼儿在教师用手击节奏型的方法指挥下演奏乐器。

④ 在教师的鼓励下，与其他幼儿交换乐器演奏。

3. 结束部分

复习歌唱游戏"逛公园"（或提议选择玩一个大家喜欢的音乐游戏）。

分析：可以发现"开始部分"和"结束部分"均是围绕幼儿较为熟悉的内容展开的，这两个部分分别承担着"唤醒的功能"和"恢复的功能"。而"基本部分"则必然会让幼儿接触一个新的学习内容，这部分承担的功能属"发展的功能"。

"唤醒的功能"顺应了幼儿生理、心理机能活动变化的规律。它可使幼儿激发兴趣、振奋精神、集中注意等。"开始部分"的学习内容因是幼儿相对熟悉的音乐舞蹈作品，因而可使幼儿较快地从相对松弛、懒散的状态过渡到适度紧张、集中、振奋的状态，从而将身心调整到最佳的学习状态。

"发展的功能"顺应了幼儿学习迁移的规律和心理结构建构的规律。它可使幼儿迁移原有的相关经验，并能更有效地建构新的学习经验。"基本部分"的学习内容是幼儿尚未接触过的新内容，对这部分内容的学习，幼儿需要经历一个相对"艰苦"的过程：接受挑战—克服困难—吸收新知—磨砺技巧等，最终获得新的发展。

"恢复的功能"同样顺应了幼儿生理、心理机能活动变化的规律，它可使幼儿的生理和心理机能恢复到相对松弛的状态。因为，"艰苦"的"基本部分"的学习过程，已使幼儿渐渐地从原来的振奋状态进入了相对比较疲劳的状态，此时，教师组织幼儿就某些较为熟悉的音乐舞蹈作品展开"结束部分"的活动，可较为有效地使幼儿进入舒适和相对松弛的状态。

当然，为了更好地迁移幼儿原有的相关经验，更有效地建构新的学习经验，同时也为了更有效地调节劳逸，在"开始部分"和"结束部分"中，熟悉作品的选择以及熟悉作品的新学习目标也是需要教师精心考虑的。如果仅仅因为"开始部分"和"基本部分"都是围绕熟悉内容而进行的复习活动，因而在这两个时段一味不提任何要求地一遍遍"炒冷饭"；没有任何感情激发过程，而仅让幼儿机械、被动地重复操作；超时、过量地一个作品又一个作品地"走过场"等。不但不能有效地起到"唤醒""恢复""巩固旧经验""产生新体验"的作用，反而会使幼儿因活动形式、内容的千篇一律而产生抑制（厌恶或疲劳），或导致兴奋扩散（情绪或行为失去控制）。

二、"一竿子式"音乐教育活动的基本结构

"一竿子式"的音乐教育活动主要是指不含复习活动的"研究型"公开观摩活动。在这样的教育活动中，教师往往需要在一个陌生班级中，面对一群陌生的幼儿，实施一个相对来说"全新"的教学内容。此时，教师往往不大可能采用熟悉内容的复习活动来达到"唤醒"和"恢复"的目的。这就迫使教师在设计活动程序时需要考虑：在活动的开始部分，可以采用哪些与幼儿旧有经验有着某种联系的"导入活动"，以激发幼儿的兴趣，振奋幼儿的精神，集中幼儿的注意力；在活动结束部分，又应怎样利用幼儿刚刚形成的新经验、新技能，使幼儿能够通过对新作品、新活动完整的享受性参与，来获得愉快、松弛、舒适的身心体验。

"一竿子式"的教学组织形式一般也包含开始部分、基本部分和结束部分三个环节，具体内容如图2-2所示。

图2-2 "一竿子式"音乐教育活动基本结构

在"开始部分"，通常可以采用多种游戏或其他可激发幼儿学习兴趣的方法导入活动。"基本部分"以新授内容为主，但是考虑到幼儿的水平，教学设计则较为细致，注重层层累加，循序渐进，以不断激励幼儿进行学习或练习。"结束部分"则以放松或欣赏的内容为主。

🗂 案例与评析

小鸟（大班歌唱活动）

1. 开始部分

教师告知幼儿要用唱歌的方式问大家两个问题，以此自然导入活动。

2. 基本部分

（1）教师清唱歌曲第一大句问句部分："在哪里，有阳光？在哪里，有花香？"

（2）幼儿尝试用绘画的方式回答上述两个问题，同时在绘画中倾听教师的演唱。

（3）幼儿交流各自画出的问题答案。

（4）尝试在一问一答中演唱歌曲的问答句。

① 教师边演唱歌曲第一大句，边画图谱，以帮助幼儿进一步熟悉歌曲。

② 集体讨论，选择两幅较合适的图画，贴在图谱中有问号的下方。

③ 老师唱着问幼儿："在哪里，有阳光？在哪里，有花香？"（引导幼儿迁移一问一答的歌唱经验，唱出画面内容。如"山坡上，有阳光，花园里，有花香。"）

（5）用图谱及标记帮助幼儿理解并学唱整首歌曲。

① 教师完整演唱歌曲，同时画出后续的图谱和标记（图2-3）。

② 幼儿看图完整演唱，观察第二行图谱，唱准休止符。

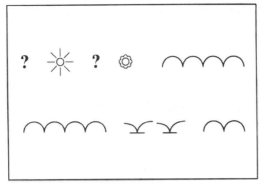

图2-3　图谱和标记

3. 结束部分

幼儿一边欣赏录音音乐《小鸟》，一边学小鸟飞或转圈跳舞等。放松肢体，结束活动。

分析：只要设计合理，在一个独立的时间片段中，只进行一个新作品学习的所谓"一竿子式"教学活动，是完全可行的。原"三段式"的教学组织形式中，承担"唤醒"和"恢复"功能的复习活动环节，也是完全可以用其他具有同样功能的不同内容来代替的。另外，由于在上述所谓"一竿子式"研究课的设计中，采用了比较细致的程序，每一细小的步骤都十分注意利用幼儿的旧有经验和刚刚形成的新经验。所以，在实施活动的过程中，整个程序的每一步骤其实都充分发挥了"发展功能"的作用，这便使幼儿在学习过程中，总有迁移旧经验的机会，新经验的形成自然也更加有效。

总之，无论是"三段式"的教学组织形式，还是"一竿子式"的教学组织形式，关键的问题在于教师在设计活动时能否考虑其内部的结构功能。只要认识和把握了音乐活动组织形式内部结构所隐含的"唤醒""发展"和"恢复"这三大功能，教师在设计活动时便有了较大的自由度，也就不必再为是否要打破、改造"三段式"，或是否要承认、接纳"一竿子式"而焦虑和烦恼了。但是，需要强调的是：一般情况下，"三段式"的活动模式是一种"常规"模式，而"一竿子式"的活动模式则是一种"非常规"模式。

三、两类音乐教育活动结构的常规程序问题

不论是"三段式"的基本结构模式，还是"一竿子式"的基本结构模式，都涉及两个常规的程序问题，这两个常规的程序问题涉及幼儿音乐教育活动如何开始和结束，以及在幼儿园音乐教育活动中是否需要运用专业的"练声"方法对幼儿进行训练。虽然只是两个常规的程序问题，但是否运用、如何使用都涉及基本的音乐教育观念的问题。

1. 是否需要律动进、出活动室的问题

"律动进、出活动室"这一步骤的产生，明显地受影响于正规的舞台演出活动。从历史上看，舞台演出中上、下场的程序，是在表演与欣赏产生分离，出现了演员和观众的分离之后才出现的。在人类早期和儿童早期的音乐活动中，都是没有舞台和上下场概念的。因此在日常的音乐活动中，一般是没有必要刻意安排律动进、出活动这一教学环节的。当然如果确有必要让幼儿练习律动中的行进，这样的活动也是一种有价值的活动。但在幼儿人数多，或者所练习的动作不适宜行进，教室里有许多观摩者，不便幼儿在空间中移动的

情况下，应首先考虑其他更合适的开始和结束形式。

2. 如何进行练声的问题

练声步骤的产生，主要受影响于培养专业歌唱演员的正规声乐训练活动。从历史上看，声乐教学中的练声程序，也是在专业声乐训练课程发展到比较成熟、完善的阶段之后才逐步形成的。对于幼儿来说，情感投入地参与每一次歌唱活动，是更自然地学会怎样好好唱歌的途径。在声乐教学方面有特别经验和兴趣的教师，如果能够为幼儿提供科学有趣的练声活动，当然会更有效地提高幼儿的歌唱技能和兴趣。但如果练声活动仅仅流于形式而效果不佳的话，也就没有存在的必要了。

第四节
探究幼儿园音乐教育的评价

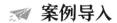 案例导入

小司机

——幼儿园歌唱游戏

【活动目标】

（1）能够根据幼儿歌唱游戏活动的特点组织和实施音乐教育活动。

（2）能够结合歌曲的大意创编适合幼儿的歌唱游戏活动。

【活动准备】

（1）游戏道具：玩具小汽车、红绿颜色小飞盘。

（2）儿童歌曲《小司机》音频及播放设备。

（3）游戏场地。

【活动过程】

（1）导入。教师通过设问："小汽车，嘀嘀嘀，开着小车去市里，走到路口处看到红灯亮了，你们该怎么办？三十秒后绿灯亮了，又该怎么办？"引出回答："红灯停，绿灯行，司机应该看信号开车行进。"

（2）教师示范听音游戏活动：首先弹奏儿歌《小司机》，引导幼儿听到音符 6 做开车动作；听到音符 2 做停车动作。

（3）教师示范看信号游戏活动：用不同颜色的小飞盘做交通信号灯提示，教师播放儿歌《小司机》音频，同时每隔一个乐句变换一次小飞盘颜色，当小朋友看到红色小飞盘时应做停车动作，看到绿色小飞盘时要做开车动作。

（4）教师再次播放儿歌《小司机》音频，同时带领小朋友向指定的方向行进，到小动物家做客。

到小鸭子家，小朋友们一起唱《数鸭子》；到小兔子家，小朋友们一起唱《小兔子乖乖》；到小熊家，小朋友们一起唱《洋娃娃和小熊跳舞》。

（5）教师带领幼儿边唱边做以上三种歌唱游戏活动。

（6）教师在展示自己创编的歌唱游戏活动后，引导幼儿自己创编一个"小司机"的歌唱游戏活动。

（7）活动结束。幼儿在教师带领下，享受创造性的音乐游戏带给他们的愉悦。

要求：根据案例分析以下问题。

（1）请为案例中的活动设计一个幼儿歌唱游戏能力评价表。

（2）你认为幼儿园音乐教育活动应该从哪些方面进行评价？

🧩 知识讲解

教育系统的有效运作需要教育评价系统的监控。幼儿园音乐教育也需要通过评价来进行自我监控和调节。评价有利于开展适宜性的音乐教育，从而更好地促进幼儿音乐活动的学习与发展。

幼儿园音乐教育的评价主要是对幼儿音乐能力发展的评价以及对教师教学设计和教学组织的评价。幼儿园音乐教育常用的评价方法有观察法、测试法和等级量表评定法。

一、幼儿园音乐教育评价的内容

（一）幼儿园音乐教育评价的内容

幼儿音乐能力的发展包括音乐感知能力的发展与音乐表现能力的发展。需要说明的是，幼儿音乐能力的发展具有较大的个体差异和班级差异等。

1. 不同音乐教育活动中幼儿发展的评价

不同类型的音乐活动中，评价的内容和侧重点也不同。下面主要介绍5种不同类型的音乐活动中的评价内容和标准以及音乐活动中对教师和幼儿的行为评价内容和标准。

（1）歌唱活动中幼儿发展的评价　幼儿的歌唱能力以及幼儿在歌唱活动中表现出来的学习品质均是歌唱活动的评价内容，如表2-11和表2-12所示。

表2-11　幼儿歌唱能力评价表

演唱特征	标准	等级		
		好	中	差
声音与表情	（1）用自然的声音歌唱			
	（2）有自然的面部表情			
	（3）有松弛的身体姿态			
表现力	（1）有轻重表现力			
	（2）有快慢表现力			
	（3）有开始与结束感			
句子	（1）能自如地分句呼吸			
	（2）有意识地进行句子的起落			
节奏	（1）有解决弱起等节奏难点			
	（2）具有拍韵			
旋律	（1）旋律轮廓清晰			
	（2）具有调性			

备注：好——始终能做到；中——有时能做到，有时不能；差——做不到。

表2-12 音乐活动中幼儿学习品质评价表

标准	等级
最初参与歌唱的行为	（1）犹豫不决或不愿意 （2）参与 （3）热情地参与
活动中的注意力、专注力	（1）非常容易被其他人、事、物分散注意力 （2）有时候能够集中注意力 （3）坚持、专注于活动
活动中的目标意识	（1）围绕个人目标而非教学任务而活动 （2）在个人目标与教学任务之间摇摆不定 （3）能有效地完成教学任务
活动中的持续性	（1）对任务的关注非常随意，没有持续迹象 （2）断断续续 （3）始终关注

（2）韵律活动中幼儿发展的评价　韵律活动中幼儿发展的评价内容包括节奏表现能力、动作表演能力以及学习品质等。节奏表现能力和动作表演能力的评价，如表2-13和表2-14所示。

表2-13　幼儿节奏表现能力评价表

音乐特征	标准	等级		
		好	中	差
拍子	（1）脚步合拍			
	（2）动作松弛			
节奏型	（1）保留教师动作中的节奏型			
	（2）改变教师动作中的节奏型			
句子	（1）演奏具有清晰的句型			
	（2）能有意识地进行句子的起落			
段落	（1）不同段落之间衔接自如			
	（2）表达出段落间的不同音乐风格			
引子尾声	（1）能做到引子处等待			
	（2）能在尾声处做完最后一个音的动作			

表2-14　幼儿动作表演能力评价表

项目	特征	标准	等级		
			好	中	差
音乐特征	拍子	（1）脚步合拍			
		（2）动作松弛			
	节奏型	（1）有自己的节奏型			
		（2）能表达有特点的音乐节奏型			
	句子	（1）演奏具有清晰的句型			
		（2）能有意识地进行句子的起落			
		（3）音乐句子重复时动作重复			
		（4）对比句的动作有对比性			
	段落	（1）段落转换自如			
		（2）能用不同风格的动作表达不同音乐风格的段落			
	引子尾声	（1）能完成引子等待			
		（2）尾声处有结束性的动作			

项目	特征	标准	等级		
			好	中	差
动作特征	空间	（1）能利用自我空间			
		（2）能利用集体空间			
	层次	能用低、中、高层次			
	类型	（1）移动与非移动动作结合			
		（2）身体与四肢结合			
	意义	（1）动作具有再现性			
		（2）动作具有表现性			
	合作	（1）具有合作性动作			
		（2）具有目光交流意识			
队形特征	转换	（1）无方向性障碍			
		（2）无动作障碍			
	调整	（1）能调整自己的站位			
		（2）能调整自己的动作			

（3）打击乐器演奏活动中幼儿发展的评价 打击乐器演奏活动中幼儿发展的评价主要包括节奏表现能力、打击乐器即兴演奏能力以及活动过程中的学习品质。节奏表现能力和打击乐器即兴演奏能力各项评价内容，如表2-15和表2-16所示。

表2-15 幼儿节奏表现能力评价表

音乐特征	标准	等级		
		好	中	差
音色	（1）选择的乐器符合音乐中的音色要素			
	（2）段落之间具有音色变化			
拍子	（1）演奏合拍			
	（2）演奏动作松弛			
节奏型	（1）演奏具有清晰的节奏型			
	（2）有节奏型意识			
句子	（1）演奏具有清晰的句型			
	（2）能有意识地进行句子的起落			
段落	用不同的音色表达不同音乐风格的段落			
力度	演奏具有轻重变化			
织体	演奏时有倾听别人声音的意识			

表2-16 打击乐器即兴演奏能力评价表

项目	特征	标准	等级		
			好	中	差
音乐特征	音色	（1）选择的乐器符合音色要素			
		（2）段落之间具有音色变化			
	拍子	（1）演奏合拍			
		（2）动作松弛			
	节奏型	（1）有自己的固定节奏型			
		（2）表达有特点的音乐节奏型			

项目	特征	标准	等级		
			好	中	差
音乐特征	句子	（1）演奏具有清晰的句型			
		（2）能有意识地进行句子的起落			
	段落	用不同的音色表达不同音乐风格的段落			
	力度	具有轻重的变化			
	织体	（1）具有倾听别人声音的意识			
		（2）能演奏出与他人进行对比的节奏型			
演奏特征	音色	（1）演奏出好听的声音			
		（2）一种乐器演奏出多种音色			
	类型	各种乐器使用自如			
	意义	（1）演奏具有节奏型再现			
		（2）演奏具有轻重表现			
	合作性	（1）主动进行乐器交换			
		（2）参与小组讨论			
	专注度	演奏时能专注			

（4）音乐欣赏活动中幼儿发展的评价 幼儿园音乐欣赏活动中幼儿发展的评价包括节奏表现能力、即兴动作表演能力以及幼儿在活动过程中的学习品质。其中，节奏以及即兴动作表演能力评价，如表 2-17 和表 2-18 所示。

表2-17 幼儿节奏表现能力评价表

音乐特征	标准	等级		
		好	中	差
拍子	（1）脚步合拍			
	（2）动作松弛			
节奏型	（1）保留教师动作中的节奏型			
	（2）能改变教师动作中的节奏型			
句子	（1）演奏具有清晰的句型			
	（2）能有意识地进行句子的起落			
段落	（1）不同段落之间衔接自如			
	（2）表达出段落间的不同音乐风格			
引子和尾声	（1）能在引子处等待			
	（2）能在尾声处做完最后一个音的动作			

表2-18 幼儿即兴动作表演能力评价表

项目	特征	标准	等级		
			好	中	差
音乐特征	拍子	（1）脚步合拍			
		（2）动作松弛			
	节奏型	（1）有自己的动作节奏型			
		（2）能表达有特点的音乐节奏型			
	句子	（1）演奏具有清晰的句型			
		（2）能有意识地进行句子的起落			
		（3）音乐句子重复时动作重复			
		（4）对比句的动作有对比性			

项目	特征	标准	等级		
			好	中	差
音乐特征	段落	（1）段落转换自如			
		（2）能用不同风格的动作表达不同 音乐风格的段落			
	引子和尾声	（1）能完成引子等待			
		（2）尾声有结束性的动作			
动作特征	空间	（1）能利用自我空间			
		（2）能利用集体空间			
	层次	能用低、中、高三层次			
	类型	（1）移动和非移动动作结合			
		（2）身体和四肢结合			
	意义	（1）动作具有再现性			
		（2）动作具有表现性			
	合作性	（1）具有合作性动作			
		（2）具有目光交流意识			

2. 教师教学设计和实施的评价

音乐活动中，教师的教学设计及教学实施也是音乐活动评价的一部分，采用他评的方式进行。具体评价内容如表 2-19 所示。

表2-19　音乐活动教师教学设计和实施评估表

活动名称			班级		人数		
执教者		职称			时间		
项目	标准				评分	备注	
活动设计	能根据给出的主题设计活动，注意合理、恰当地整合						
	活动目标明确，体现《指南》《纲要》精神和学科特点						
	教案书写规范，环节设计步骤清晰，重点、难点突出						
	教学内容选择恰当，贴近幼儿生活，符合幼儿经验水平和年龄特点，能激发幼儿的学习兴趣，同时具有挑战性						
活动组织	能按计划组织教学，活动组织环节清晰，循序渐进，灵活自然；能注意抓住课堂有效信息，合理地做出调整						
	教态亲切、自然、大方，师生关系融洽；语言准确规范、生动清晰，说普通话，有启发性						
	能注意关注幼儿的活动，适时适度指导，为不同发展水平的幼儿提供不同的支持						
	注意引导幼儿通过体验学习，通过探究学习，引导幼儿与幼儿、幼儿与教师、幼儿与环境之间的交往互动						
	教具、学具运用合理恰当、巧妙，教学直观，演示、操作动作熟练						
	幼儿活动自主、专注、愉悦，获得多元化、整体化的发展，活动目标达成度高						
总分							
突出的优点及分析							

评价者＿＿＿＿＿＿＿＿

二、幼儿园音乐教育评价的方法

幼儿园音乐教育评价中常用的方法主要有观察法、测试法和等级量表评定法。观察法是幼儿园最为常用的一种评价方法，也是其他评价方法的基础，它是指有目的、有计划地对音乐活动中的幼儿进行观察、记录，分析观察结果，得出结论的一种方法。观察法有不同的类型，有教育情境中的自然观察，也有创设相应的环境的实验观察。教师在观察的时候可以用时间取样的方法进行观察，也可以用事件取样的方法进行观察等，具体可以根据自己的需要进行选择。

测试法是通过标准化的测量工具或编制的测试对幼儿音乐能力的发展进行科学评价的方法。需要注意的是，测试法需要选择科学的测试工具，才能保证测试的有效度和可信度，从而客观地反映出测试对象的真实水平。此外，在运用测试法时，测试者需要准确地把握测试的内容和标准，结合评价标准对幼儿的表现进行科学的评价。如上述各种类型的音乐活动中幼儿发展水平的测试工具，教师在使用之前需要理解与熟悉工具指标内容的含义以及评价的标准，还需要找到一首适合幼儿表现的乐曲，然后才能进行测试和打分。

等级量表评定法是指用数字或等级的形式评定幼儿在音乐活动中的行为，从而分析幼儿的表现。等级评定的方式方便快捷，操作简单，幼儿音乐学习品质的等级量表如表2-20所示。

表2-20　集体活动中幼儿音乐学习品质的等级量表

特征类别	标准	等级				
		0	1	2	3	4
好奇心与兴趣	（1）活动中，幼儿是否会提出问题					
	（2）对教师的提问是否有语言或动作的反应					
	（3）用语言或动作回答教师提问的合理性如何					
	（4）是否愿意跟随或按照教师的要求去做					
	（5）幼儿对导入活动的反应					
主动性	（1）能否主动回答教师的提问					
	（2）能否对教师提问或要求做到独立思考					
	（3）面对较难问题或困难任务时的表现					
坚持与专注	（1）活动开始时幼儿的投入程度					
	（2）幼儿对整个活动的专注程度					
	（3）幼儿能否坚持完成整个活动任务					
	（4）在完成任务过程中遇到不顺利时，是否有克服困难的行为					
想象与创造	（1）活动中幼儿如何表达自己的想法					
	（2）能否观察并模仿教师的示范					
	（3）活动中音乐的表达水平					
合作性	（1）活动中同伴之间是否有肢体和眼神的交流					
	（2）能否倾听他人的谈话或关注他人的行为					
	（3）能否对同伴进行积极评价					

在以上评价工具的使用中，教师除了需要对内容和标准有准确的理解之外，还需要对测试的幼儿进行编号和全程录像，从而帮助教师回放、记录和分析幼儿的行为表现。

三、幼儿园音乐教育评价的发展趋势

自主评价是个体发展和社会组织保持健康发展状态的重要机制。教育评价研究发展的趋势也开始越来越关注自主评价，以便不断地发展和提升。

在新评价观的影响下，教师可以从以下几个方面入手开展评价工作。

1. 帮助幼儿逐步学会评价和自我评价

在日常的音乐教学活动中，教师可以根据幼儿的年龄特点和需要，通过问题讨论、同伴互动等多种方式逐步引导幼儿对自己的音乐学习或同伴的音乐学习进行反思和评价，并提出自己的问题和建议，从而培养幼儿的反思意识和反思能力。如在中班歌唱活动"谁来了"中，在多次倾听和游戏后，教师提问幼儿是否可以自己独立演唱，幼儿一致回答可以，于是教师请幼儿独立演唱，教师不唱。等到幼儿尝试后，教师层层递进地提问题，引导幼儿进行反思，如你们觉得自己唱得怎么样？哪里好？哪里不好？不好的原因是什么？不会唱的地方怎么办……通过讨论帮助幼儿学习评价的标准，发现问题并寻求解决方法。

2. 帮助教师进行自我评价和同伴互评

幼儿园里常常会开展以学科为中心的音乐教研活动，通过教研活动的观摩、观摩后的自我反思、同伴互助、专家参与研讨等方式，实现教师的自我评价和同伴的互评。这里需要注意的是，一次音乐活动多多少少会存在一定的局限性，同伴和专家在评价时需要注意不仅是论述其不足之处，更多地应该是从建设性的角度为教师的课程设计、组织和实施提出意见，帮助教师学习从不同的角度来反思和完善课程设计，从而推动幼儿的发展。

3. 帮助家长形成正确的评价观念和评价行为

幼儿的发展是整体的，也是在一定的教育生态之中的，而家庭是幼儿园音乐教育的重要合作场所和资源。要实现幼儿音乐的发展，家长是重要的教育资源。在幼儿园的教育教学实践中，我们发现家长往往会根据自己的兴趣选择一些高难度甚至不适合幼儿演唱的歌曲，如爸爸喜欢《女人花》，也请女儿学习演唱《女人花》，而女儿才小班年龄。高难度的成人歌曲严重超出了小班幼儿可以掌控的音域范围，幼儿大声地喊叫或飙高音对其声带的发展也会带来不利的影响。因此，教师需要向家长传递正确的音乐教育理念，指导家长给幼儿倾听和演唱适宜的音乐，不以学会几首歌曲、会跳几个舞蹈等为目的，更多的是给幼儿创设音乐的环境，支持幼儿自发的音乐行为，鼓励幼儿大胆地进行音乐活动。

⚙ 拓展训练

（1）幼儿园音乐教育活动的目标应该包含哪几个方面？

（2）设计幼儿园音乐教育活动主要内容的思维导图。

（3）请结合实例分析"三段式"和"一竿子式"教学。

（4）简述幼儿园音乐教育的评价的内容。

（5）试根据幼儿园音乐教育活动目标的撰写方法，指出以下教育活动目标撰写中存在的问题，说明理由，并尝试修改。

附：小班歌唱活动"小鸡小鸡在哪里"教育活动目标。

（1）培养幼儿唱准曲调。

（2）整齐地开始。

📄 学习总结

本章以幼儿园音乐教育的目标和内容为核心，针对幼儿园音乐教育的目标，系统提供了幼儿园音乐教育的总目标、年龄阶段目标、音乐教育活动目标撰写的方法以及幼儿园音乐的关键经验等基础知识。也介绍了幼儿园音乐教育活动内容主要包括歌唱活动、韵律活动、打击乐器演奏活动、欣赏活动。提出了幼儿园音乐教育活动的基本结构包括"三段式"音乐教育活动的基本结构以及"一竿子式"音乐教育活动的基本结构。同时，介绍了幼儿园音乐教育的评价的内容、方法和发展趋势。其中重点是了解各幼儿园音乐活动的目标；掌握幼儿园音乐教育活动的内容；掌握幼儿园音乐教育活动的基本结构；掌握幼儿园音乐教育的评价内容及方法等。

第三章
幼儿园歌唱教学活动的设计与指导

🌱 导学

在本章中你会学习到歌唱教学活动设计与指导以及歌唱教学活动案例分析等相关知识。

📋 学习目标

（1）掌握幼儿园歌唱教学活动的多种表演形式。

（2）能够设计幼儿园歌唱教学活动，分析幼儿园歌唱教学活动案例。

（3）体验幼儿园歌唱教学活动的乐趣。

🔗 思维导图

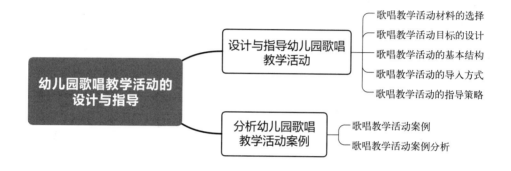

第一节
设计与指导幼儿园歌唱教学活动

✈ 案例导入

柳树姑娘

——幼儿园大班歌唱活动

【活动目标】

（1）能够用连贯优美的声音唱出《柳树姑娘》这首歌，并学会唱出三拍子歌曲句首的强拍重音。

（2）能够运用手臂的波浪动作，体现《柳树姑娘》的柔美，丰富想象力。

（3）尝试用衬词的方法演唱简单的二声部歌曲《柳树姑娘》，体验二声部合唱的和谐之美。

【活动准备】

（1）歌曲《柳树姑娘》音频资料及播放设备。

（2）多媒体音乐教室。

【活动过程】

（1）导入。教师播放歌曲《柳树姑娘》，在播放音频时，展示柳树的图片。

（2）教师带领小朋友按照歌曲《柳树姑娘》的节奏读歌词。教师提示：注意歌曲强拍处的歌词要读得重一点儿，弱拍处的歌词要读得轻一点儿，将3/4拍强、弱、弱的循环规律体现出来。

（3）教师带领小朋友按照歌曲《柳树姑娘》歌词的内容创设情境唤柳树。

（4）教师带领小朋友分声部演唱歌曲《柳树姑娘》。

（5）歌唱活动结束。幼儿在伴奏音乐声中，在教师的带领下唱着歌曲《柳树姑娘》走出教室。

要求：根据案例分析以下问题。

（1）案例中歌唱教学活动使用了哪种导入方式？

（2）案例中歌唱教学活动的基本结构是怎样的？

❖ 知识讲解

幼儿园的歌唱活动泛指所有运用嗓音进行的艺术表现活动。幼儿园歌唱活动的教育内容有歌曲（含节奏朗诵）、歌唱的表演形式，以及歌唱的简单知识技能。幼儿园歌唱教学活动的设计是根据各个年龄段幼儿歌唱能力发展的特点以及歌唱学习的关键经验选择和处理歌曲，选择教学方式，对幼儿实施教育影响的过程。歌唱教学活动的设计包括教学活动材料选择、教学活动目标设计、教学活动的基本结构、教学活动的导入方式等。同时，如何对幼儿园歌唱活动的指导策略，以及如何对幼儿园歌唱教学活动的案例进行分析也是本项目学习的重点。

一、歌唱教学活动材料的选择

歌唱的材料主要是歌曲。在为幼儿选择歌唱材料时，我们不仅要关注幼儿的兴趣，而且要有所选择，使其既符合幼儿的年龄特点，又有利于幼儿的身心发展。

歌曲是由词曲结合的艺术作品。因此，教师在选择歌唱材料时需要同时兼顾歌词和曲调两个方面。

（一）歌词的选择

为幼儿选择的歌曲，在歌词方面一般具有几个特点。

1. 内容和文字具有童趣并易于记忆和理解

幼儿的生活经验很有限，理解事物和语言的能力也比较弱，因此选择歌词时要考虑幼儿的年龄特征。

（1）歌曲内容生动形象、歌词浅显易懂　内容生动形象、歌词浅显易懂的歌曲才便于幼儿理解，否则只是幼儿用声音在歌唱，而不是用心在歌唱。幼儿的歌唱一旦缺少了心灵上的感动，也就减弱了歌唱时的自发性乐趣。

（2）歌词的内容与形象应是幼儿熟悉和喜爱的　从世界各国幼儿喜爱的歌曲内容看，动植物、自然现象、交通工具、身体的各个部分、郊游活动、节日活动等都是幼儿日常能接触到，且感兴趣的内容。此外，幼儿对一些押韵的句子、象声词，甚至一些无意义音节（如咕嘟咕嘟、啊呜啊呜等）的嗓音游戏也很感兴趣。而某些滑稽、幽默的事情由于能够理解，也会为幼儿所喜爱。

（3）歌词的结构应是简单多重复的　结构简单是指句子中所含的词汇较少，语法结构较单纯；多重复主要是指句子与句子之间在长度、结构、节奏方面相同或相似，甚至在旋律、节奏和歌词方面有较多完全相同的地方。像《我有小手》这样结构简单、多重复的歌词不但易于幼儿理解、记忆，而且也给幼儿提供了更多自由编填新歌词的机会。

2. 歌词内容应富于爱和美、富于想象和教益

孩子的世界是充满爱意的。现实生活中，我们经常会看到母亲对孩子柔和而充满爱意地唱着《摇篮曲》，即使孩子不懂得歌词的含义，但那种爱的感觉却足以使孩子沐浴在幸福之中。因此，有爱意的歌曲是好的歌曲。此外，所选歌词在形式美方面应该具有由押韵或其他规律重复造成的富于音乐美的性质，而且应该经常使用象声词、衬词、感叹词、无意义音节等富于自由性、新颖性和情感性的材料。在内容美方面，好歌词经常使用拟人、比喻、夸张、诙谐等富于幻想性的表现手法，将童心、童趣和爱的情感注入歌曲所表现的形象中，以便能通过在情感上对幼儿的打动、吸引，来达到审美教育和陶冶身心的作用。就像体育能使人身体强壮一样，好的音乐能使人的心灵变得更温柔、更高尚。

3. 歌词形式与内容应适于用动作来表现

为幼儿所选的歌曲在歌词的形式和内容方面应适宜于用动作来表现。这是因为：第一，幼儿的活动总体上是不分化的，因此，幼儿在说话或歌唱时常常以动作相伴随；第二，幼儿尚处在语言学习的早期阶段，以动作来辅助语言的理解和表达，是该阶段幼儿学习语言的心理需要；第三，边唱边做动作的方法不仅有利于幼儿记忆歌词、发展节奏感和提高动作的协调性，而且也能更好地帮助幼儿表达情感。

（二）曲调的选择

为幼儿选择的歌曲，其曲调一般有以下几方面的特点。

1. 音域较狭窄

音域是指一首歌曲中最低到最高音的范围。幼儿一般不宜唱过高或过低的音，因为只有在适合的音域内歌唱时，幼儿才比较容易唱出自然优美的声音，也只有在适合的音域内歌唱时，幼儿才不容易"唱走音"。所以，在为幼儿选择歌曲时，不应该选择音域过宽的作品。具体可参考表 3-1。

表3-1　2～6岁幼儿适合音域参考表

年龄	音域	年龄	音域
2～3 岁	e^1—g^1	4～5 岁	c^1—a^1
3～4 岁	d^1—a^1	5～6 岁	c^1—c^2

总体上说，在集体教育情境中，所选歌曲的音域应当控制在表 3-1 所述的范围之内，但也要防止机械、绝对地处理音域问题。如有的歌曲音域较宽，但主要旋律在幼儿最感舒适的音区内进行，偶尔有个别音超出这个范围，但它并不是长时值的音，也不是停留在强

拍上的音，出现的次数也不多，也是适合幼儿学唱的。

如《学做解放军》这首歌曲的音域为九度，但旋律主要在五度之间进行，最高音和最低音出现的次数少，并位于弱拍，时值仅占1/4拍。因此，若将这首歌曲定为D调，也还是适合中、大班幼儿学唱的。由此看来，在对待歌曲的音域方面要作具体分析，不要简单化地仅看音域的度数就决定该由哪个年龄班的幼儿学唱。

选择歌曲的音域还与选择歌曲的调高有关。为此，教师一方面要注意所选歌曲的音域范围，另一方面也应该能够根据上述音域范围来为歌曲确定合适的调高。有些教师往往习惯于将音域在3～5度之内的歌曲全部定在C调上。实际上，这种处理往往是不合适的。如歌曲《摇啊摇》，该歌曲只有do re mi三个音。因此，对于这首歌曲来说，最为合适的调不是C大调而应该是E大调。而对于一首只含有do re mi fa sol五个音的歌曲来说，最为合适的调应该是D大调。

2.节奏较简单

节奏在这里作广义理解，包含时值的长短关系、节拍和速度。3～6岁幼儿适合的节奏、节拍、速度见表3-2。

表3-2　3～6岁幼儿适合的节奏、节拍、速度

年龄	节奏	节拍	速度
3岁前	以二分音符、四分音符、八分音符构成的节奏为主	以二拍子和四拍子为主	中速
3～4岁	以二分音符、四分音符、八分音符构成的节奏为主，偶尔也可以出现含有附点音符和休止符的节奏	以二拍子和四拍子为主，也可以选择一些三拍子的歌曲	中速
4～6岁	可选择含有少量十六分音符的节奏，附点节奏出现的次数也可以稍微多一点，还可以出现少量含有切分音的节奏	除二拍子和四拍子的歌曲以外，还可以较多地选择三拍子，甚至六拍子的歌曲。可以适当选择一些含有弱拍起唱的歌曲	4～5岁的幼儿比较容易兴奋，因此可以多选择一些轻快活泼、速度稍快的歌曲供他们演唱。同时应注意多选择一些安静柔美、速度稍慢的歌曲以陶冶他们的性情 5～6岁的幼儿已经开始有了一定的情感自控能力，控制发声器官、呼吸器官的能力也有进步，因此可以为他们选择速度稍得更快一点或更慢一点的歌曲，以及含有速度变化的歌曲，如明显的快慢对比和渐快渐慢，以适应他们歌唱表现能力成长的需要

3.旋律较平稳

幼儿一般不适合唱旋律起伏太大的歌曲。一般来讲，他们比较容易掌握的是三度和三度以下的音程，同音重复也包括在内。对于小二度音程（即半音），4岁以下幼儿还不太容易唱准，所以为3～4岁幼儿选择歌曲应注意多选以五声音阶为骨干的旋律。在四度以及四度以上的大音程中，幼儿比较容易掌握的是四度、五度和八度音程。对六度和七度音程，即使是6岁甚至6岁以上的幼儿也是不太容易唱准的。因此，在为幼儿选择歌曲时，宜多选旋律比较平稳的歌曲，歌曲中跳进不宜过多，跳进的跨度不宜过大，特别不宜有连续的大音程跳进。

4.结构较短小工整

为幼儿所选的歌曲总体上应以一段体为主，乐句不宜过长，以短小为宜。此外，一般不宜选择结构过于长、过于复杂的歌曲。为4岁以前幼儿选择的歌曲，以含2～4个乐句

为宜，结构应比较工整，即乐句与乐句之间在长度上是相等的，在节奏上是相同或相似的，而且一般应该是没有间奏、尾奏等附加成分的。为4岁以上幼儿选择的歌曲，可含有6~8个乐句，且可以有间奏和尾奏，偶尔也可以唱一些不工整的乐句，但总体上还是应以工整为宜。

5. 词曲关系较单纯

幼儿一般不宜唱词曲关系过于复杂的歌曲。4岁以前，幼儿所唱的歌曲大多数应该是一个字对一个音的。4岁以后，幼儿可以逐步掌握一个字对两个音的词曲关系。但总的说来，为幼儿所选的歌曲在词曲关系方面还是应该相对单纯为好，一字一音的关系还应是主流。

（三）歌曲的总体选择

为幼儿选择的歌曲尽管比较短小、简单，但总体上应该具有艺术性和教育性。此外，还要注意避免单一化，应体现内容、形式、风格等方面的丰富性和多样性。除了应首先注意多选我国的幼儿歌曲，还应当适当选择世界各国家和民族的优秀作品，这对扩大幼儿的认识、提高幼儿歌唱的兴趣、领会不同风格的歌曲等，都有一定的积极意义。

总之，为幼儿选择合适的歌曲，是一个复杂的问题。上面说到的各种因素组合在一首歌曲中，情况千变万化。因此，教师在为幼儿选择歌曲材料时一定要统一考虑到多种因素，决不能机械地、割裂地逐项去评价、衡量一首歌曲。

二、歌唱教学活动目标的设计

1. 目标设计的原则

歌唱教学活动目标的设计要基于不同年龄段幼儿歌唱学习的关键经验进行，并对关键经验进行细化和分解。歌唱教学活动目标的设计既要符合幼儿的已有经验和水平，又要有利于幼儿的进一步发展。歌唱教学活动的目标不仅要体现音乐学习与发展的目标，还要体现学习品质、个性、情感、社会性等方面的发展目标。音乐学习与发展目标中又包括音乐感受目标和音乐表达目标，目标是感受和表达的统一。

2. 目标的表述及范例

歌唱教学活动的目标表述需要考虑音乐活动、学习品质及情感社会性等目标。在这三条歌唱教学活动目标中，首先是歌唱学科本身的教学目标。在歌唱教学活动的目标中，歌唱的关键经验包括节奏和旋律等，具体包括合拍做动作、感知音乐的旋律、用身体动作等方式感受音乐。

案例

小班歌唱活动"妈妈来抓兔兔"

活动目标：

（1）初步感知音乐的节奏和旋律，尝试学唱歌曲；

（2）在教师的引导下尝试创编出不同造型的静止动作，在玩"妈妈来抓兔兔"的游戏时知道逃和躲；

（3）在妈妈说"抓"的时候能快速地将手藏起来，感知被抓的乐趣。

中班歌唱活动"蘑菇伞"。

活动目标：

（1）学唱歌曲并能合拍地表演动作，用不同的动作表现"蘑菇伞"和"躲雨"；

（2）在游戏情境的提示下，理解并按歌词内容做游戏动作；

（3）在自我反思和评价中能注意倾听同伴的发言。

三、歌唱教学活动的基本结构

幼儿园歌唱活动的基本结构一般由五部分组成，初学者可根据这一结构设计、组织活动。

1. 导入活动，激发幼儿演唱的兴趣

歌唱活动的第一步是导入活动。此环节可起到激发幼儿演唱的兴趣，调动幼儿学习的积极性，帮助幼儿理解歌词等作用。导入歌唱活动的方式有很多，可以通过讲故事、做游戏、欣赏的方式开始，也可以通过律动、舞蹈的方式开始，具体的导入方法我们将在下一任务阐述。

2. 范唱歌曲，帮助幼儿形成清晰的歌曲旋律表象

有研究表明，中等难度的歌曲，幼儿应至少倾听五次以后才能形成比较清晰的听觉表象，在接下来的学唱中，才能够用这些准确、清晰的听觉表象来监控自己的发声器官以唱出正确的旋律，学唱的效果才比较好。

所以，教师在进行新歌教学的时候，应该设法让幼儿对歌曲进行充分的感知，让幼儿倾听足够次数的教师范唱，待幼儿已对歌曲形成清晰的旋律表象的基础上，再引导其演唱。范唱环节的策略有很多种，常用的且在教学实践中已被证明有效的策略包括以下两种。

第一，利用幼儿的无意注意，使幼儿在不知不觉的状态中倾听教师的范唱。

第二，教师提问，要求幼儿带着问题倾听教师的演唱，随后回答教师所提的问题。此种方法利用了幼儿的选择性注意。

歌唱教学活动的基本结构见图 3-1。

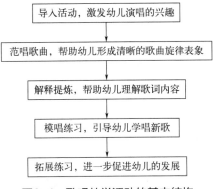

图3-1 歌唱教学活动的基本结构

大班歌唱活动"春天里来"

（1）请幼儿倾听教师范唱新歌后，再说一说歌曲中唱了一些什么。教师根据幼儿的回答将提到的内容图片无序地摆在黑板上。

（2）幼儿第二次倾听教师范唱新歌，补充说明歌词内容，教师同时将幼儿新提到的内容图片补充到黑板上。

（3）教师重点出示歌曲中表现衬词的图，进行第三次范唱，请幼儿注意歌曲中拨浪鼓的声音出现了几次，哪一次的声音最长？待幼儿听辨后，教师将提到的表现衬词的三张图片按照出现的具体位置，有秩序地摆在黑板上。

（4）教师引导幼儿发现图中的拨浪鼓是不完全相同的，并告知幼儿：有小辫子的拨浪鼓念作"唧 里格"，没有小辫子的拨浪鼓念作"唧"。并引导幼儿看着图依次尝试念出。

（5）幼儿第四次倾听教师范唱新歌，并在教师引导下发现：除了衬词部分以外，黑板上的其他图谱是无序摆放的，需要根据歌词的具体内容重新排列。

（6）第五次倾听教师范唱新歌，注意歌词的具体内容和先后顺序。然后在教师引导下自由回忆，就近交流，提出初步意见，自愿者轮流上前摆图。

（7）第六次倾听教师范唱新歌，同时根据歌词内容逐一检查图片的排放顺序，最终将图谱调整到完全正确的状态。

当然，教师也可灵活地将上述两种方法结合使用，最初可以采用"无意识倾听"的方法，若干次以后，教师也可提出相应的问题，让幼儿带着问题倾听，使幼儿将注意力更为集中在歌曲的旋律和歌词内容的理解上。大班歌唱活动"小鸟"就是这样设计的。

大班歌唱活动"小鸟"——无意识倾听的教学设计

（1）请幼儿尝试用绘画的方式回答"在哪里有阳光，在哪里有花香"这两个问题，在绘画过程中，教师自然地演唱歌曲。此时幼儿可在无意注意的状态下听约四次教师的范唱（一般教师需要演唱四次，幼儿才能将答案完整地画在纸上）。

（2）待幼儿画完后，教师手持一教具小鸟，并带着教具小鸟欣赏幼儿的绘画作品（教师又范唱了一次）。

（3）教师选出两幅绘画作品，请作者将之摆放到图片的相应位置（在"？"的下方），并持笔边唱歌边将副歌部分用图谱和标记标出，幼儿专心观看并倾听教师的演唱（有意识倾听）。

3. 解释提炼，帮助幼儿理解歌词内容

有时，尽管幼儿已经听过即将学唱的新歌，或结合其他活动对新歌有一些了解，听过有关歌词内容的故事，但歌词中仍会有个别新词或难懂的句子。因此，教师通过解释、提炼等方法帮助幼儿理解歌词这一环节，还是非常必要的。当然，这一环节应进行得生动、灵活、有艺术性，而不是枯燥、呆板、机械地照本宣科。

对于小班幼儿来说，有时教师在范唱后可通过简单的提问（也可边提问边以动作示意），让幼儿用填充式的回答来加强记忆、加深理解。小班歌唱活动"小鸭小鸡"和"两

只小象"就是通过提问帮助幼儿理解歌词的。

案例

（1）教师范唱《小鸭小鸡》后，提问："小鸭、小鸡碰在一起了，小鸭怎样叫的？（嘎嘎嘎）小鸡怎样叫的呢？（叽叽叽）小鸭，小鸡，嘎嘎嘎，叽叽叽地叫，它们一同……（唱歌）还一同……（游戏）。"

（2）教师在范唱《两只小象》后，边提问边以动作示意："两只小象河边走，咦！它们在干什么？"（扬起鼻子勾一勾）"它们勾鼻子的样子就像一对好朋友见面……（就像一对好朋友，见面握握手，握握手）"。

中、大班幼儿的语言理解能力比小班强，因此，教师在解释歌词时，不必逐字逐句地进行，可在范唱后让幼儿自己说说歌里唱了什么，有没有什么地方不理解的？

注意：本教学环节并非绝对必要，教师可视歌曲的具体情况决定取舍。有时，教师还可灵活地将解释歌词、理解歌词的环节和导入、范唱这两个教学环节结合起来进行。

4. 模唱练习，引导幼儿学唱新歌

教唱新歌主要有两种方法：整首教唱法和分句教唱法。整首教唱法是指教师在范唱后，学唱者跟着从头开始唱整首歌曲。用这种方法教唱歌曲，能使整首歌曲的意义、情绪保持完整、不割裂，也易于幼儿体验歌曲所要表达的情感，并以主动的态度学唱歌曲。分句教唱法是指教师范唱一句，学唱者模仿一句。由于是一句句地教，学唱者模仿起来会比较容易，但也正因为这样，使得整首歌曲被分解成若干句，思想情感的表达受到了很大的影响，而且学唱时一句跟着一句唱，难以激发幼儿的积极记忆和思维等活动。有些弱起小节的歌曲，分句教唱对幼儿还会有困难。幼儿歌曲本身就很短小，所以一般在幼儿园不采用分句教唱的方法，而是比较多地采用整首教唱法。当然，歌曲中难唱的句子有时也可单独抽出来重点练习。

幼儿刚开始学唱歌曲时，速度可以稍稍放慢些，必要的话，起音也可以降低半个音或一个音。注意不要急着加入伴奏，可以让幼儿跟着教师的清唱学习，也可在教师的单音伴奏下学唱，以后再用简单的和声伴奏。

教幼儿学唱新歌，应避免左一遍右一遍地重复演唱，因为重复的频率太高，很容易使幼儿生厌。富有创造性的教师，往往会设计多种方法，吸引幼儿乐此不疲地学唱歌曲。如《张家爷爷的小花狗》中的丢字游戏法、《头发肩膀膝盖脚》中的唱与默唱交替法、《勤快人和懒惰人》中的变化速度演唱法、《三轮车》中的无意义音节玩唱法、《花蛤蟆》中的变声演唱法、《大公鸡》中的接唱法，等等。

5. 拓展练习，进一步促进幼儿的发展

在幼儿已能初步演唱新歌曲的基础上，尝试进行各种创造性、发展性的学习活动可以促进幼儿的全面发展。这一环节可进行的活动是很多的，常见的有创编歌词、创编表演动作、处理歌曲的演唱表情和演唱形式、边唱歌边演奏乐器等。

促进幼儿发展的练习包含的学习内容有很多，教师可视情况选择其中某些内容、某些方案进行教学，切忌在一个单位的学习时间内，将所有的学习内容、学习方案全部实施一遍。很多时候，这些内容可以放在后续的延伸活动中进行，即将之作为"系列歌唱教学方案设计"中的某一个层次进行。

"系列歌唱教学方案设计"是指围绕一个歌曲作品所作的一系列的方案设计。其设计的理念是关注幼儿通过每一次接触歌曲的机会获得新的发展。设计的程序是：层层深入、层层累加。此方案设计可使幼儿面对旧歌曲产生新鲜感，进而又可以因"新鲜感"而吸引幼儿投入新内容的学习。

以上介绍了幼儿园歌唱活动的基本结构。需要说明的是：这里总结的歌唱活动的基本结构是多年来人们在实践中积累和总结的。初学者在采用时，需要结合所教幼儿的实际情况、所选歌唱材料的实际情况等灵活运用，并给予创造性发展。实际上，歌唱活动无论在组织形式上，还是在程序、方法上，都可以有多种变化，教师可以根据教育目标有针对地进行，使幼儿在参与歌唱的活动中获得发展。

四、歌唱教学活动的导入方式

幼儿歌唱活动的导入是指在集体歌唱情境中怎样使幼儿第一次接触一首新歌曲，也可以说是歌唱教学系列活动中的第一层次的活动。歌唱活动的导入方式是多种多样的，关键在于教师精心设计、灵活运用。以下介绍的新歌导入方式如果应用得合理，不但能够减轻教师教授与幼儿学习的负担，提高有限教学时间段内的教学效益，而且还能够使平淡枯燥的新歌教学活动变得生动活泼和富有情趣。

（一）动作导入的方式

动作导入的方式主要适用于这样一类歌曲：词曲简单多重复，歌词内容富于动作性或较易用动作来理解。

用动作表达音乐是小年龄孩子最舒适的学习手段。歌唱活动中，动作导入的目的主要体现在三个方面：突出情趣、突出词义、突出结构。

1. 突出情趣的导入

具体做法是：教师创设一种有趣的假想情景，并直接展示一种或一套简单有趣的动作或动作游戏，同时用充满愉快情绪的声音演唱或播放新歌，待幼儿的兴趣被调动起来后，再自然地邀请幼儿参与到歌唱的活动之中。

两只小鸟（中班）

歌词：两只小鸟停在树枝上，它叫丁丁，它叫东东。丁丁飞走了，东东飞走了。回来吧，丁丁，回来吧，东东。

（1）教师握拳伸出左臂，假想这表示一棵树，然后伸出食指和小指，表示停歇在树上的两只小鸟，食指是"丁丁"，小指是"东东"。教师边唱歌边玩手指游戏：在开始唱第一句歌词"两只小鸟停在树枝上"时，按上述手势伸出左手；唱"它叫丁丁"的时候，动动食指，唱"它叫东东"的时候，动动小指；唱"丁丁飞走了"时，快速握起食指，唱"东东飞走了"时，快速握起小指；唱"回来吧，丁丁"时，快速伸出食指，唱"回来吧，东东"时，快速伸出小指。（可以想象，此时幼儿一定对这个游戏非常感兴趣。）

（2）引导幼儿学玩手指游戏。"小鸟也想和你们玩游戏呢！你们的小鸟在哪里呢？"

（教师慢速伴唱，以给幼儿充分的反应时间。因为教师是采用镜面示范的方法和幼儿共同游戏的，所以幼儿是把右手当成一棵树的。）

（3）待幼儿熟悉手指游戏后，教师自然地邀请他们参与到歌唱活动之中。"小鸟要一边唱一边玩呢！小鸟们，准备好了吗？"

2. 突出词义的导入

具体做法是：教师提出并直接展示一种或一套简单有趣的动作或动作游戏，在幼儿开始按教师做的动作进行模仿或游戏的时候，教师同时开始演唱或者播放新歌为幼儿的活动伴唱。

`案例`

小手爬（小班）

歌词：爬呀爬呀爬呀爬，一爬爬到头顶上。爬呀爬呀爬呀爬，一爬爬到小脚上。

（1）"我把自己的身体当成一座大山，再让我的小手来爬这座山，爬啊爬，爬啊爬……山顶在哪儿？山脚又在哪儿呢？"（教师将双手先放在腿上，一下一下有节奏地向上爬，先爬到头顶上，然后从头顶开始往下爬，最后爬到了脚背上。）

（2）"你会用你的小手爬山吗？把你的手放在腿上，我们一起来爬山吧。"（教师演唱歌曲，幼儿跟随教师的歌声按音乐的节奏一下一下地爬。）

（3）教师鼓励幼儿边爬山边唱歌。（每次开始爬山时，都要先把双手放在腿上，作好准备。）

（4）教师提出新要求：试试看，你能在唱到"头顶上"的"上"字正好爬到头顶上；在唱到"小脚上"的"上"字正好爬到脚背上吗？

（5）带领幼儿进入部分创造的环节，启发幼儿用小手爬到身体的其他部位。

3. 突出结构的导入

具体做法是：教师依据歌曲的结构提出几种形象，邀请幼儿用自己创造出来的动作或体态表现这几种形象，并组织幼儿讨论，为每一形象选择一种合适的动作进行模仿练习，随后教师演唱或播放新歌，请幼儿边倾听边依据音乐的性质将这几种动作与歌声一一匹配。

突出结构的导入重点是用动作和体态感受歌曲的结构，如段落、歌词内容的重复变化，前奏、尾奏与间奏等。

`案例`

郊游（中班）

歌词：

第一部分：走走走走走，我们小手拉小手，走走走走走，一同去郊游。

第二部分：白云悠悠，阳光柔柔，青山绿水一片锦绣。

第三部分：走走走走走，我们小手拉小手，走走走走走，一同去郊游。

（1）教师邀请幼儿创造两种身体动作，分别表现小朋友外出郊游愉快的样子和郊游途中看到的优美景色的样子（前者动作应活泼欢快，后者动作应优美舒展）。集体模仿练习。

（2）教师演唱歌曲的旋律，第一、三部分应唱得活泼欢快，第二部分应唱得抒情优美，并同时邀请幼儿边听边根据音乐的性质自选上述两种动作中合适的一种与歌曲旋律相匹配。

（3）教师引导幼儿发现：歌曲的第一、三部分的旋律是相同的并且是活泼欢快的，第二部分的旋律是不同的，是抒情优美的。

（4）教师邀请幼儿歌唱，并根据幼儿想象的动作组合成歌表演，进行集体练习。

（二）语言导入的方式

语言导入的方式又可具体分为三类，即讲述故事、朗诵歌词、创编歌词。

1. 讲述故事导入

某些歌曲的歌词含有相对完整的故事情节，其表述的内容和语言结构较复杂，通常会含有难以用动作来表现的时间、地点，以及环境描述、情节发展和人物对话等，此类歌曲常常可以用故事讲述导入方式。

具体做法是：围绕歌词内容讲述故事，不过多添加情节，以免造成喧宾夺主的效果。教师和幼儿都可以讲故事，还可以配上图片和活动的场景。

案例

小鱼的梦（大班）

歌词：鱼儿鱼儿，玩了一天，池塘妈妈怀里睡。天上星星，星星落下来，为它盖条珍珠被。唔唔唔唔，风儿唱着摇篮曲，鱼儿梦中，梦中看见了，妈妈在亲它的嘴。唔唔唔唔，妈妈在亲它的嘴。

（1）"我这里有一首好听的曲子，请你们边听边用小手为它伴奏。"（幼儿用手在腿上做弹琴状。）

（2）"这段音乐里，还藏着一个好听的故事呢！"教师讲述故事："池塘里生活着一群可爱的小鱼，它们快乐地玩了一天，在池塘妈妈的怀里要睡觉了。天上的星星眨着眼睛，看着这些可爱的小鱼。池塘里映出星星的倒影，好像给小鱼盖上了一条美丽的珍珠被。风儿轻轻地吹着，像是在为小鱼唱着动人的摇篮曲。小鱼慢慢地睡着了，睡梦中它看见妈妈还在亲自己的小嘴呢。"

（3）教师范唱歌曲《小鱼的梦》，幼儿倾听歌词。

（4）教师引导幼儿用填图的方法记忆歌词，并且学唱歌曲。

① 教师出示有空缺的图谱，引导幼儿发现图谱与歌曲间的联系——图谱所画的内容即歌词内容。

② 教师放慢速度演唱歌曲，引导幼儿根据歌词，在图谱空白处用简笔画填空，使图谱完整。

③ 教师引导幼儿看着完整的图谱演唱歌曲。

2. 朗诵歌词导入

与适宜采用故事讲述导入的歌曲相比，这一类歌曲中歌词的语言更加复杂，但情境性、故事性却较弱。

在教学中，可将歌词单独分离出来，用儿歌或诗歌朗诵的教学方法，降低学习的难度。

并在第一阶段的教学中把幼儿的注意力更有效地集中在歌词的音韵节奏等方面的特殊审美特征上，而在第二阶段的教学中把幼儿的注意力更有效地集中在曲调与歌词的关系上。

案例

大花猫和小老鼠（中班）

歌词：一只小老鼠，瞪着小眼珠，龇着两颗小牙，长着八字胡。一只大花猫，喵喵喵喵喵，吓得老鼠赶快往回跑。

（1）教师教幼儿学会按歌曲的节奏朗诵儿歌。

在朗诵儿歌时，重点突出歌词的节奏、儿歌中所押的"u""ao"韵，以及"阴平""阳平"的音调变化。

（2）教师鼓励幼儿朗诵歌词，同时用琴声为幼儿的朗诵伴奏，琴声仅表现歌曲的节奏。

（3）教师鼓励幼儿朗诵歌词，同时弹奏音乐旋律，为幼儿的朗诵伴奏，并请幼儿同时注意跟随琴声的伴奏。

（4）教师示范演唱歌曲，并带领幼儿随琴声演唱。

3. 创编歌词导入

词曲内容简单多重复、歌词语法结构单纯清晰、具有某些语言游戏性质的歌曲适合用创编歌词的方法导入。具体做法是：教师直接提供某种情境，引导幼儿用语言来表述这种情境，紧接着教师将幼儿表述的语言组成歌词并唱出来。

案例

我爱我的小动物（小班）

歌词：我爱我的小羊，小羊怎样叫？咩咩咩，咩咩咩，咩咩咩咩咩。

教师提出情境："很多人都喜欢小动物。你喜欢什么小动物？它会发出什么叫声？"（注意：有时，幼儿对教师所提的问题并不十分敏感。如此处要求幼儿创编的是"会叫的小动物"，但仍会有幼儿说出诸如我喜欢大老虎之类的话，遇到这种情况，教师即可将其改为："我爱我的小老虎。"并再次强调："这次我们唱的全是小动物。"待幼儿编唱了若干种"小动物"后，教师再提新要求："这次我们要唱会叫的大动物。"如此，便自然地由"小动物"的类进入了"大动物"的类，这种分类活动也是一种科学的逻辑思维教育。）

（1）教师邀请部分幼儿向大家宣布各自喜欢的小动物名称，并模仿该小动物的叫声。

（2）教师将幼儿提出的某一动物编到歌词中唱出。如"我爱我的小狗，小狗怎样叫？汪汪汪，汪汪汪，汪汪汪汪汪。"

（3）教师邀请幼儿按照歌词的结构自己组织新歌词，并填入曲调中唱出。

（三）图片导入的方式

该方式的适应范围主要是这样一类歌曲：歌词含义对幼儿来说比较复杂，结构不够明确，歌词的先后顺序比较容易混淆等。

具体做法是：分析歌曲，预测歌曲中幼儿难以理解与记忆的部分，或者教学中需要幼儿重点掌握的部分，据此设计视觉形象图。采用直观形象参与的模式导入活动，要做到突出重点、难点，既能解决幼儿的学习困难，又能帮助幼儿习得用直观形象理解、解决问题的策略。

根据歌曲的类型和图片的不同使用目的，图片导入的方式可以细分为突出结构、突出逻辑、突出节奏型、突出顺序、突出情节、突出情趣等多种类型。

1. 突出结构的导入

直观形象的图片，有时有助于幼儿对歌曲的结构感知。如大班歌唱活动《毕业歌》中出示的图片一方面解决了感知歌曲结构的问题（该音乐的结构为 ABA 三段体：第一、三行颜色一致，暗示着歌曲的旋律是一致的），另一方面也厘清了人物出场的前后顺序。当然教师在教学过程中仍然要引导幼儿注意图画提供的记忆线索，如请幼儿尝试闭上眼睛想象图画上有关部分的位置形象等。

案例

毕业歌（大班）

歌词：

第一部分：时间时间像飞鸟，滴答滴答向前跑，今天我们毕业了，明天就要上学校。

第二部分：忘不了幼儿园的愉快欢笑，忘不了老师们的亲切教导。

第三部分：老师老师再见了，幼儿园幼儿园再见了，等我戴上红领巾，再向你们来问好。

在《毕业歌》中，由于歌曲的第一、三部分旋律相同，歌词不同；歌词的第二、三部分都提到了幼儿园和老师，但先后顺序却是颠倒的，所以，幼儿常常会唱错。因此，教师可以画一张类似图 3-2 的结构图画来帮助幼儿学唱歌曲。

图3-2　结构图画

2. 突出逻辑的导入

有些歌曲，对于缺少生活经验的幼儿来说，是有一定的理解困难的，可以用图片帮助幼儿理解歌曲。

大馒头（中班）

歌词：

第一部分：大大的馒头哪里来？白白的面粉做出来！白白的面粉哪里来？黄黄的小麦磨出来！

第二部分：黄黄的小麦哪里来？农民伯伯种出来！大大的馒头做得好！小朋友吃了身体好！

在这首歌曲中，歌词的前后顺序虽然逻辑严密，但对于没有相关生活经验的许多城市幼儿来说，并不一定能理解馒头、面粉、小麦和农民伯伯之间的内在关系。所以，教师提供给幼儿的图片画面就应该突出歌词中的这种逻辑关系。

（1）教师出示前四张图，让幼儿按序排列图片。通过操作，记忆歌词的逻辑顺序。

（2）教师在范唱和带领幼儿练习时，每次都应该依次指点各个形象以帮助幼儿记忆，直至幼儿完全掌握，达到动力定型的程度。

3. 突出节奏型导入

有时图片中形象的变化，还暗示着歌曲节奏的变化，因此，可以用图片来突出节奏型，帮助幼儿理解歌曲。

大母鸡（中班）

歌词：大母鸡呦，坐草窝呦，坐在草窝下蛋呦。呦呦喂。咯咯咯咯嗒，咯咯咯咯嗒，咯嗒咯嗒咯咯嗒，一声一声在唱歌，在唱歌。蛋儿大，蛋儿多，蛋儿大，蛋儿多，咯嗒咯咯咯咯嗒，咯嗒咯嗒咯咯嗒。

在这首歌曲中，幼儿学习的重点是知道母鸡什么时候叫，怎么叫？为此，教师设计了两张教学图片，分别表现母鸡的两种叫声：咯咯咯咯 嗒 | 及 咯嗒 咯嗒 | 咯咯 嗒 |。

（1）采用重点前置的方法，将歌曲中"大母鸡"叫的节奏型分解出来，作为节奏活动，使幼儿初步掌握"大母鸡"的叫声。具体方法为：教师指图同时示范念诵：咯咯咯咯嗒 |，提醒幼儿有意识地观察图形和语音的对应关系。随后，教师鼓励幼儿自己尝试将其他的节奏型朗诵出。

（2）教师清唱全曲，并提前用指挥动作邀请幼儿看图有节奏地朗诵"大母鸡"的叫声部分。

（3）教师鼓励幼儿学唱歌曲的其他部分。

4. 突出顺序的导入

在学唱歌曲的过程中，幼儿常常会遇到忘记歌词顺序的问题。此时，通过有序的图片来展示，帮助幼儿记住歌词的顺序，使之正确地学唱歌曲。

来了一群小鸭子（中班）

歌词：来了一群小鸭子，嘎嘎嘎嘎嘎，看见池塘 水清清，都想往下跳。小白鸭，小黄鸭，乐得嘎嘎叫，小灰鸭，小黑鸭，吵着要洗澡。不要吵，不要闹，一二三，准备好，扑通扑通往下跳，嘎嘎嘎！

在这首歌曲中，幼儿很可能会面临记忆歌词顺序的困难，并很可能由此而影响了歌唱的快乐和积极性。由于何种颜色的鸭子在前在后是没有什么逻辑可言的，所以，在图画中，鸭子按歌词中颜色出现的顺序排列比只画一池塘鸭子更加有助于幼儿的记忆。

5.突出情节的导入

根据歌词内容制作的图片，可以帮助幼儿了解歌曲发展的情节，进而加深对歌词的记忆。

案例

小蚂蚁避雨（中班）

歌词：

第一部分：一群小蚂蚁，正在搬东西，沙沙沙沙沙沙沙，忽然天上下起了雨，下起了雨。

第二部分：两个小蘑菇，呼唤小蚂蚁，快快快快快快快，到我伞下来避雨。

第三部分：天晴了，雨停了，小蚂蚁要回家，说声谢谢你。小蘑菇说声不客气。你帮我来我帮你，世界更美丽。

在教唱这首歌曲时，教师可引导幼儿根据故事情节设计直观形象图，以此凸显故事情节发展的线索，从而帮助幼儿降低歌词记忆的难度，并提高其对歌词内容、情感的理解和表达的深切丰富程度。

6.突出情趣的导入

很多幼儿歌曲是很有趣的，通过展示歌曲内容的有趣图片可以帮助幼儿理解歌曲的趣味性，同时快速学唱歌曲。

案例

三只猴子（中班）

歌词：

第一部分：三只猴子在床上跳，有一只猴子头上摔了一个包，妈妈急得大声叫，赶快下来别再跳。

第二部分：两只猴子在床上跳，有一只猴子头上摔了一个包，妈妈急得大声叫，赶快下来别再跳。

第三部分：一只猴子在床上跳，它的头上摔了一个包，妈妈急得大声叫，赶快下来别再跳。

第四部分：你们看床上静悄悄，猴子们不知道哪儿去了，床上床下都找不到，它们躺在医院不能动了。

歌曲《三只猴子》表现了顽皮的猴子因为喜欢在床上蹦跳而导致摔伤，最后集体躺在医院不能动的故事。歌曲形象生动，富有情趣。直观形象的展示更突出了歌曲的诙谐幽默，可使幼儿在轻松愉快的情绪中体验到安全教育的价值。

（1）教师出示图片，引导幼儿观察图片并说出图示的主要内容（三只猴子在床上跳）。提问："这是谁？它们在哪里？在干什么？"

（2）教师范唱歌曲的第一部分，边唱边演示教具。（在唱至"有一个猴子头上摔了一个包"时，在其中的一只猴子头上贴上一个红色小圆片以表示"包"，在唱至"赶快下来别再跳"时，将这只摔伤的猴子移走。）

（3）教师提问："现在还有几只猴子？"（请幼儿数一数剩余的猴子数。）

（4）教师依照上述方法演唱歌曲的第二、三部分。

（5）教师出示图片，演唱歌曲的第四部分。并问幼儿："它们怎么啦？为什么会这样？"

（6）学唱歌曲，并扮演"猴子"角色玩游戏。

（四）游戏导入的方式

1. 边玩边唱导入

多传统的幼儿游戏活动都是伴随着歌曲边玩边唱的。如《丢手绢》《卷炮仗》《伦敦大桥》等。实际上，利用游戏的方式重复演唱歌曲，可以使歌曲的学习和游戏的学习互相强化，从而减弱枯燥重复的感觉。

具体做法是：组织幼儿边玩游戏边唱歌。一开始不要刻意纠正幼儿的演唱错误，而是把重点放在游戏方式、游戏规则和人际关系等方面。此后采用"拖"的方法，让幼儿在反复游戏中自然而然地学会歌曲。

案例

切西瓜（中班）

歌词：西瓜西瓜，我喜欢西瓜，圆圆的圆圆的，抱一抱。西瓜西瓜，我喜欢西瓜，切开来，切——红色的瓜瓤出来了。

（1）请全体幼儿手拉手组成一个大西瓜，假想自己就是大西瓜的瓜瓤。

（2）教师教幼儿玩"切西瓜"的游戏，并在每次从头开始玩时自己清唱歌曲。

玩法：全体幼儿手拉手围坐成圈，表示大西瓜。一人扮演切西瓜的人，按照音乐的节拍一边绕圈走，一边依次在两个相互牵着手的小朋友的手腕中间切一下，当唱到最后一个字"切——"时，扮演切西瓜的人要马上坐下，被切到的两个幼儿用最快的速度起立，背对背，沿着大西瓜的边向相反方向赛跑，先跑回原点的小朋友与大家一起继续围成西瓜，后跑回的小朋友就是下一个切西瓜的人。

（3）教师提出新的游戏规则：当听到"红色的瓜瓤出来了"时，两片瓜瓤要做一个跳出来的动作，然后才能开始比赛跑步。

（4）在幼儿反复听歌曲、玩游戏的基础上，教师提出幼儿参与演唱的要求："我们一起来边唱歌边玩游戏吧！"

实际上，幼儿在经历了上述反复倾听和游戏的过程后，就基本能演唱歌曲了。

2. 音节玩耍导入

有的时候，教师可以邀请幼儿用各种单音音节、双音音节或者简单的多音音节填入简单的歌曲，如"嘟嘟嘟嘟""喵呜喵呜""拉路哩噜"等。这些音节既可以是各种模仿现实音响的象声字、象声词，也可以是没有特殊意义的单纯嗓音音节。

具体做法是：教师邀请幼儿想出各种奇怪的声音，然后选择某个奇怪的声音填入歌曲中，并鼓励幼儿将其他奇怪的声音填入歌曲中唱着玩。如小班的歌唱活动"苹果"就可以用单音、双音和多音的音节玩耍方式导入教学，用这种方法来玩唱歌曲，可以起到既增加幼儿参与演唱的兴趣，又降低歌唱难度的效果。

此外，某些优秀中外名歌中的歌词内容或形象不太为幼儿所理解，易给幼儿的演唱带来困难。对此，教师也可根据幼儿的实际能力，选用适当的"无意义音节"让幼儿玩唱此类歌曲。

具体做法是：首先通过其他活动（打击乐器演奏活动、音乐欣赏活动、韵律活动等）使幼儿对歌曲的旋律、节奏和结构有所了解，然后引导幼儿创造"无意义音节"，再和幼儿共同选择合适的音节，将之编填进歌曲中唱出。大班歌唱活动"邮递马车"就是这样设计的，既降低了幼儿对歌曲的理解和记忆难度，也使幼儿较早接触到优秀的中外名歌。

案例

邮递马车（大班）

（1）教师按照打击乐器演奏活动的教学程序和方法，教幼儿学会用乐器为该首歌曲的录音音乐伴奏。

（2）教师引导幼儿创造"无意义音节"，以表现马车由远渐近又由近渐远的形象和人们迎接邮递马车时的愉快心情。

（3）教师和幼儿一起讨论，选择合适的音节，将之填入歌曲中唱出。

（五）欣赏导入的方式

1. 欣赏情境表演导入

该方式的适应范围主要是这样一类歌曲：歌词内容为幼儿能够"一目了然"的情境或事件，而且这些情境和事件也是幼儿可以用自己的语言表述出来的。

这里说的情境表演的形式有很多种，如哑剧表演、歌舞表演、木偶表演等。

具体做法是：依据歌词内容进行表演，设计的动作要重点突出，鲜明易懂，点睛出彩，而不是面面俱到，模棱两可，平铺直叙。

案例

钓鱼（大班）

歌词：

第一部分：钓鱼，嘘嘘！钓鱼，嘘嘘！我在河边把鱼钓呦，鱼儿不上我的钩呦，钓上了一堆烂水草呦。唉！

第二部分：钓鱼，嘘嘘！钓鱼，嘘嘘！我在河边把鱼钓呦，鱼儿上了我的钩呦，钓上了一条大鲤鱼呦。嘿！

（1）教师表演，用动作象征性地表现全部歌词内容。如"钓鱼，嘘嘘！钓鱼，嘘嘘！"（教师手持钓鱼竿，做出安静钓鱼的样子，同时左手食指按住嘴巴，发出"嘘嘘！"的声音，暗示幼儿安静。）"我在河边把鱼钓呦"（教师神情专注，继续做出钓鱼的样子），"鱼儿不上我的钩呦"（做出着急的样子），"钓上一堆烂水草呦"（做出先惊喜，后沮丧叹气的样子）。第二部分的前两句："钓鱼，嘘嘘！钓鱼，嘘嘘！我在河边把鱼钓呦"表演动作与上一部分相同，"鱼儿上了我的钩呦"（做出惊喜的样子），"钓上了一条大鲤鱼呦"（做出很满足的样子，并高兴地喊"嘿！"）。

（2）邀请幼儿猜想老师表演了一件什么事情。重点帮助幼儿理解歌词中"嘘嘘"的含义。教师提问："钓鱼的时候，要怎样？"（教师提问时语气要偏轻），"哪一个动作是告诉小朋友不要发出声音的？"引导幼儿用轻而短促的声音发出"嘘嘘"声。

（3）教师根据幼儿的猜想组织歌词，边演唱歌词边表演上述动作。

（4）教师邀请幼儿一起随歌声做动作。

2. 欣赏特殊歌曲导入

该方式的适应范围主要是这样一类歌曲：某些优秀的中外幼儿歌曲、民歌、童谣、戏曲等；某些歌词较长、旋律较复杂、唱腔较独特的歌曲等。

具体做法是：教师示范演唱或播放录音音乐，要求幼儿以听为主，初步熟悉歌曲的内容、形象、情绪、风格等。幼儿在欣赏过程中可根据个人情况，采用部分参与的方法演唱歌曲（如可以自由选择感兴趣的部分参与演唱，也可以只演唱歌曲中的重点句等）。之后随着倾听次数的不断增加，幼儿逐渐掌握歌曲中的其他部分。大班歌唱活动"锄草"就是采用欣赏导入的。

大班歌唱活动"锄草"

歌词：那个前腿弓，那个后腿蹬，把脚步放稳劲使匀，那个草死苗儿长得好，得呦得呦长得好。那个前腿弓，那个后腿蹬，心不要慌来手不要猛，好！好！又叫你把它判了死刑。

这是一首河南豫剧，旋律具有浓郁的地方韵味，儿化音、后鼻音重。由于该曲唱腔较难，幼儿不易掌握，所以活动的重点便自然地放在引导幼儿感受、欣赏豫剧韵味上。

（六）重、难点前置导入的方式

歌曲的副歌部分和重复部分常常是歌唱学习的重点或难点。对此，教师可以将之前置教学，以达到突出重点、化解难点的作用。

1. 副歌前置的导入

这种导入方式的适应范围主要是这样一类歌曲：带有"副歌"的比较大型的歌曲。由于"副歌"通常都是为增加气势、强调主题而特别设计的，所以，在创作手法上也更强调重复。因此，让幼儿先学会演唱"副歌"，然后再在教师范唱整首歌曲时自然地在"副歌"部分参与演唱，往往可以激发幼儿参与演唱的兴趣。

具体做法是：幼儿首先学会演唱"副歌"。可以采用教师示范、幼儿模仿的方法学习，也可以使用一定的教学策略引导幼儿探索学习"副歌"部分。整个"副歌"学习过程应尽量减少"教"的痕迹。

小黑猪（中班）

歌词：小黑猪呀胖乎乎，跟着那猴子学爬树，树干粗呀抱不住，倒在树下打呼噜。呼噜噜噜噜噜噜，呼噜噜噜噜噜噜，呼噜噜噜噜噜噜，呼噜噜噜噜噜噜。

（1）教师扮演"小猪"，设计情境："我是一只小猪。小猪打呼噜的时候会发出什么样的声音呢？"

（2）幼儿探索副歌歌词的节奏型：呼噜噜噜 噜噜 | 噜 —| 呼噜噜噜 噜噜 | 噜 —|

（3）幼儿倾听钢琴演奏，并尝试将"呼噜"声与旋律匹配。教师提示："听，钢琴也会打呼噜呢。"

（4）根据教师的体态及手势动作的暗示，学唱副歌。如在 1111 11| 3—| 时，教师的身体和手向上；在 1111 11| 6—| 时，教师的身体和手缓缓向下沉；在第二个 1111 11| 3—| 时，教师的身体和手向前上方扬起；在最后两小节 1111 11| 6—| 时，教师身体和手缓缓回原位。

（5）教师慢速演唱全曲，并用体态和手势动作邀请幼儿参与演唱"副歌"部分。演唱一遍以后，教师要求幼儿思考："你怎么才能知道小猪将要打呼噜了？"（引导幼儿注意观看教师的"预备"动作：双臂在胸前自然弯曲，手心向下。教师可以在唱至第四乐句的最后一拍时，做出此"预备"动作。）

2.重复部分前置的导入

这种方式的适应范围主要是这样一类歌曲：含有不断重复出现的简单的词曲动机。

具体做法是：在教师第一次范唱歌曲时，幼儿就用朗诵或歌唱的方式参与其中。其目的是让幼儿很快学会歌曲中重复出现的部分，并尽早地加入到歌唱活动之中。

案例

加油干（中班）

歌词：加油干呀么嗬嗨，加油干呀么嗬嗨，老师和小朋友们，喊哩哩哩嚓啦啦啦嗦罗罗罗呔！加油干呀么嗬嗨！

（1）教师提问："你们听过人们在劳动的时候喊的号子声吗？"（带领幼儿学习"嗬嗨"的呼喊声，注意要喊出劳动号子的风格。）

（2）教师用手势邀请幼儿整齐地按照规定的节奏喊"嗬嗨"。

（3）教师边领唱边用手势邀请幼儿整齐地在歌曲重复出现的"嗬嗨"处呼喊。

（4）教师边领唱边用手势邀请幼儿整齐地唱衬词"嗬嗨"。

前置学习的导入方式除了适用于含"副歌"或重复部分的歌曲外，有时还会有更广泛的适用性，如歌曲中的重、难点部分也可以采用这种方法前置学习。以上介绍了六种新歌导入的方式，需要说明的是：所有方式都是为达到教学目的而设计创造的。一首新歌究竟采用何种模式导入，答案也可能不是唯一的。很多时候，这些方式都可以综合使用。本书之所以将之分为六种方式，只是为了便于教师的具体操作。因此，千万不要简单机械地来对待书本所提供的知识经验。如果教师在运用这些方式时遇到了问题，请再仔细检查你所选用的方式是否合适或者你所选用的几种方式是否互相配合，或者你所设计的程序在细节上是否合理，以及你在实际实施过程中是否犯有其他技术性的错误。

五、歌唱教学活动的指导策略

（一）怎样发展幼儿嗓音的艺术表现力

幼儿嗓音的艺术表现力主要体现在两个方面：第一，用自然美好的声音歌唱；第二，用有感情的声音歌唱。

1. 用自然美好的声音歌唱

目前，所有的教科书无一例外地强调要用自然美好的声音歌唱。但实际上，我们在幼儿园很难听见由幼儿唱出的真正自然美好的歌声。很多幼儿教师都有这样的体会：在组织幼儿进行集体歌唱活动时，如果注重激发幼儿的兴趣，鼓励幼儿大胆表现，就容易造成嘈杂刺耳的声音效果；如果注重整体和谐，要求幼儿注意控制音色和音量，又容易造成"蚊子"般的声音效果。因此追求自然美好的歌声成了写在纸上的口号。仔细观察和分析，可知造成这种现象的原因是教师不知道如何教幼儿唱出自然美好的声音。正确的做法包含以下几个方面。

（1）提供正确的榜样示范　要使幼儿能够用美好的声音歌唱，最重要的方法就是向幼儿提供教师自身的或幼儿同伴的正确榜样。具体表现在：教师的伴奏以及讲解和指示语言需要具有适中（开始时往往稍稍轻一些）的音量和自然美好的情绪感染性。歌曲《小鱼的梦》教学时，教师就是这样做的。

教师在教幼儿演唱《小鱼的梦》的歌曲时，采用优美的歌声进行示范性歌唱，在邀请幼儿参与演唱的时候用轻轻的、柔和的、稍慢的声音说："小鱼做了一个甜美的梦，它梦见自己躺在妈妈的怀里睡觉，真幸福！我们也来唱一唱小鱼的梦吧。"此外，教师提供的琴声前奏和伴奏的感觉也是一样的要求。

（2）轻声开始、口面腔共鸣和向前唱　轻声开始，是指用轻微、柔的声音歌唱，更通俗地讲就是用"说悄悄话"的方法歌唱。虽然在"轻声开始"的初期，幼儿的音色会让人感到软弱一些，但那是因为幼儿在生理和心理上都还没有完全达到协调而已。实践证明，在有着"轻声开始"习惯的班级，在演唱完全没有记忆和技术负担的熟悉歌曲，且心情放松时，幼儿的情绪、情感进入适宜的状态，明亮、美好、富于感染力的歌声也很快会自然出现。所以，教师不必过分担心"轻声开始"会造成失去美好童声音色的问题。当然，在指导幼儿进行"轻声开始"的歌唱练习时，教师绝不应该直接用指令的方式要求幼儿压低音量，而应该采用前述的"榜样提供"的方法来暗示幼儿用自然美好的歌声演唱。

与不应该直接要求幼儿"小声唱"一样，教师也不应该直接要求幼儿"大声唱"。因为经常用喊叫的方式进行歌唱的幼儿，不仅不利于保护嗓音，不利于其音乐听觉能力的培养（音乐听觉能力的缺损往往还是幼儿唱歌走音的重要因素），而且也不可能产生集体歌唱活动的整体和谐美。为此，教师应该明白：即便是唱一首劳动歌曲或进行曲，也并非需要用很响的声音来唱，"声音不大气势大"同样可以激动人心、令人鼓舞。

"口面腔共鸣和向前唱"的歌唱方式，一方面是中国母语语音发音最自然的方式，另一方面也是获得童声清澈明亮音色的最自然的方式，而且它更是使幼儿避免将声音压在喉咙里或压进胸腔里的最自然的防范措施。当然，教幼儿歌唱发声，绝不能给他们讲歌唱发声的共鸣部位，"聪明"的办法只能是选择那些能够获得口面腔共鸣的歌曲，在教师正确的发音共鸣榜样的带动下进行练习。这样，通过听觉，幼儿便可以自然模仿和接近教师的发音共鸣方式。

当然，培养幼儿用自然美好的声音进行歌唱仅仅依靠提供榜样和发音模式还远远不够，教师的体态、动作等外显行为也会向幼儿传递歌曲中的艺术美，甚至在演唱类似《小鱼的梦》的歌曲时，无论是教师示范演唱，或是带领幼儿一起演唱，教师的眼神都应该注意富有感染性、充满爱、充满幸福感。所以，带着真情歌唱永远是追求自然美好嗓音的首要原则。

2. 用有感情的声音歌唱

所谓"用有感情的声音歌唱"就是要幼儿深刻体验、感受歌曲所表达的感情，理解歌曲为表达这种感情所采取的表现手法，并能运用各种歌唱技能，通过咬字、吐字、气息的断续变化和声音力度的强弱、速度的快慢及音色的控制、变化等，表达歌曲的思想感情，并在外表上有自然的、发自内心的（不是假装的）感情流露。"用有感情的声音歌唱"涉及两个方面的问题：首先是歌唱者内心应具有某种感情体验和歌唱者有愿望表达这种感情体验；其次是歌唱者已掌握了用歌声表达感情的有关知识和技能。针对这两方面的问题，在教学过程中，教师应该遵循的原则和采取的方法主要有以下几方面。

（1）提供正确的歌唱榜样　教师应尽量争取有更多机会，直接面对幼儿歌唱或带着幼儿歌唱；随时注意自己在歌唱时的情感表达的准确性和感染性，以及经常使用不带伴奏的清唱和稍带夸张口型的歌唱方式，特别要认真唱好歌曲中的"逻辑重音""情感重音"和"句首重音"等。

（2）注意从情感体验入手，由内向外，以情带声　教师应尽量注意从情感体验入手，并随着感情的自然流露使身体参与运动和表达。此外，教师提供的伴奏、讲解和指示语言，都应具有良好的情感感染性。

（3）指导幼儿应用多种演唱技能　教师应针对不同性质的歌曲，结合其表现内容，指导幼儿应用各种基本演唱技能（如咬字、吐字、气息断续变化以及速度、力度变化等）来表达情感。

咬字、吐字、气息与情感表达的一般规律有以下几个方面。

① 优美、温柔、悲伤的歌曲，多采用较慢速度、较弱力度和相对更连贯、更柔和的气息流动方式。咬字、吐字的方式用比较形象的动词来说就是"推"出去的。我们可把这种唱法称为"抒情曲的唱法"。如：《小乌鸦爱妈妈》《大树妈妈》《摇啊摇》《小鱼的梦》等可采用这种唱法。

② 活泼、欢快、轻松的歌曲，多采用适中的力度、较快的速度和相对更有弹性、更短促、更不连贯的气息流动方式。咬字、吐字的方式用比较形象的动词来说就是"弹"出去的。我们可把这种唱法称为"舞曲的唱法"。如：《胡说歌》《小小蛋儿把门开》《我有小手》《三只猴子》等可采用这种唱法。

③ 坚定有力、朝气勃勃的歌曲，多采用较强的力度、较快的速度和相对较短促，但比"跳音唱法"稍稍长一点、不连贯的气息流动方式。咬字、吐字的方式用比较形象的动词来说就是"打"出去的。我们可把这种唱法称为"进行曲的唱法"。如：《长大要当解放军》《这是小兵》《小海军》等可采用这种唱法。

④ 沉稳、有力的歌曲，多采用较强的力度、较稳健的速度和相对绵长的、不完全连

贯的气息流动方式。这种气息流的头部比"进行曲"的气息流的头部还要更大一些，尾部也要更长一些。咬字、吐字的方式用比较形象的动词来说是"爆发"出去的。因在幼儿园常用这种方法来演唱劳动歌曲，所以我们可以把这种唱法称为"劳动曲的唱法"。如：《加油干》《嘿哟！加把劲》《拔萝卜》等。

需要说明的是，上述四种演唱方法仅仅是为了能较简单地说明问题而粗略划分的。实际上，同种性质的歌曲往往表达的内容各不相同，因而具体的演唱处理也会有很大差异。因此，我们应该认真对待演唱方法这个问题，切不可以简单地对号入座。比如说，同样是进行曲，表现军队的、运动员的、小朋友的、小动物的进行曲往往并不相同，甚至同样是表现小朋友的进行曲，做操的、郊游的也会有所不同。而且在不少歌曲中，段与段、句与句之间也可能会采用不同的方法来处理，有时甚至同一首歌曲也可以因为演唱方法的不同而表达不同的情感。

案例

歌曲《小树叶》的演唱设计

歌词：

第一部分：秋风起来啦，秋风起来啦，小树叶离开了妈妈，飘呀飘呀飘向哪里？心里可害怕？

第二部分：小树叶沙沙沙沙沙，好像在勇敢地说话——春天春天我会回来，打扮树妈妈！

该歌曲的第一部分可以用连贯、舒缓、轻柔的声音演唱，以表现小朋友对小树叶的同情和关怀之情。第二部分可以用断顿、跳跃、有力的声音演唱，以表现小树叶勇敢坚强的性格。

歌曲《再见吧，冬天》的演唱设计

歌词：再见吧冬天，再见吧冬天，再见吧冬天，希望你快走吧！（希望你再来吧！）

该歌曲可以用不同的速度、力度来演唱，以表现出不同的心情：喜欢冬天，对冬天依依不舍的心情；讨厌冬天，对冬天厌烦的心情；盼望冬天，对冬天热切期待的心情。

（二）创造性歌唱教学的指导

教师示范、幼儿模仿的教学方法历来被看作是幼儿集体歌唱教学的唯一方法。实践已证明这类方法对幼儿的音乐成长是有益和有效的。然而近年来，随着人们教育观念的不断进步，教师们开始注意到另外一类非正规的、非严格模仿的歌唱活动——创造性歌唱活动的特殊教育价值，即顺应幼儿自由地探索周围世界的自然需求；能够满足幼儿认识音乐、把握音乐的需求；满足幼儿自我表达和人际交流的乐趣，等等。并开始逐步地将这一类活动有机地组织到幼儿园集体歌唱教学程序中来。

在目前的幼儿歌唱教学活动中，常见的创造性歌唱教学主要有三类：创编歌词、创编歌表演动作，以及处理歌曲的演唱表情和演唱形式。

1. 创编歌词

在创编歌词的活动中，教师一般需要注意以下事项。

（1）只需教唱一段歌词　歌曲《在农场里》就是采用这种方式引导幼儿创编的。在教唱《在农场里》这首歌曲时，教师只要先教会幼儿学唱第一段歌词：猪儿在农场噜噜，猪儿在农场噜噜，猪儿在农场噜噜叫，猪儿噜噜叫。待幼儿初步学会演唱该歌曲后，教师可自然引导幼儿创编其他的动物及其叫声，采用"替换词"的方法进行编创活动。歌曲中的第二、三段歌词仅仅是作为后备的思路而保留在此的。

（2）创编要求和程序设计会视幼儿的具体情况而有所不同　教师应特别注意，应针对幼儿的年龄和本班幼儿的具体情况来设计歌词创编。对于没有基础的班级，即使是大班幼儿，教师也应适当降低要求，遵循由慢渐快、由简单到复杂、由协作到独立的编唱原则。如先采用"替换词"的方法对歌曲的部分歌词进行符合逻辑的替换，然后过渡到重组句子；先请某一位幼儿想出相应的词句，集体一起唱出，再过渡到幼儿学习独立唱出新词等。

（3）创编要求的提出应从幼儿的实际基础出发　与创编有关的知识经验、技能准备情况应以幼儿自身的实际基础为着眼点。如果确实需要，教师也可以在科学、语言或其他有关教育活动过程中顺带进行一些必要的知识经验和语言组织技能方面的准备，以使幼儿在进行歌词创编活动时能够体验到更多创造的快乐和享受音乐的快乐。例如：在为歌曲《小小蛋儿把门开》创编新歌词前，教师就可以先帮助幼儿了解有关孵生小动物的知识；在为歌曲《买菜》创编新歌词前，可请家长带孩子参与买菜活动，并请幼儿谈谈买菜的经历。

（4）巧妙处理创编的新词使其符合原歌曲结构　有时，幼儿创编的歌词与原歌曲所含词汇相比，会出现字词"过多"或"过少"的现象，对此教师要灵活地加以处理。对于年龄较小的幼儿，教师可以帮助其稍作改变，使创编的歌词正好符合原曲的句子结构。如将幼儿创编的"我爱我的小花猫"改成"我爱我的小猫"。而年龄稍大的幼儿，教师则要鼓励其独立完成这样的任务，有时在词曲对应关系上也可稍作调整，如将节奏"拉开"或"压缩"后唱出。

（5）注意歌词间的逻辑关系　要特别注意通过歌词创编活动，培养幼儿科学的逻辑思维。教师可以鼓励幼儿根据事物的前后逻辑关系、类属关系或因果关系等创编歌词。

例如："我听见风儿在呼呼吹"是"因"，"我听见树叶在沙沙响"便是"果"。

又如大班歌曲《勤快人和懒惰人》。对于缺乏良好创编经验的幼儿来说，通常会无从下手。他们往往要紧张地想很长时间，才能想出一件事情，而且各件事情之间也往往会缺乏应有的逻辑关系。对此，教师可以引导幼儿注意寻找一些思路，如有些事情之间是有程序先后的，有些事情之间是有类属关系的，等等。总之，当幼儿有了某种创编思路以后，其思考的内容将会越来越多，创编的质量也会大大提高。

（6）鼓励所有幼儿积极参与创编活动　教师应十分注意努力提高创编活动的参与"密度"，减少等待，减少游离于活动边缘的状态，使绝大部分幼儿都有较多的机会动脑、动嘴和做动作，并享受创造和分享创造成果的快乐。

对于某些含有较多重复句子的歌曲，教师可采取先由一位幼儿编唱第一句，然后其他幼儿马上参与进来唱出其他重复句的设计思路，如《胡说歌》。

在有些可以采用分工合作的方法演唱的歌曲，如《勤快人和懒惰人》中，教师可以作如下安排：请幼儿三人一组，商量好歌中的勤快人将在什么地方劳动（如在花园里劳动），然后每人想一件勤快人在这个地方干的事情（如有的浇水，有的锄草，有的在捉害虫），三人合作编创演唱。

（7）降低难度，引导幼儿体验创编乐趣　注意不要将幼儿编唱的若干段"新歌词"串联起来唱，以免给幼儿造成过重的记忆负担，失去编唱歌曲原本应有的快乐。

（8）把握创编时间，保证幼儿注意力集中　教师应注意在一次音乐活动中把握好创编时间片段的长短，确保全体幼儿在整个创编的时间段中保持参与积极性。一般说来，整个创编活动应控制在5～8分钟，独立创编的幼儿人数应控制在3～5人，甚至对于创编内容本身比较复杂或含有比较复杂的演唱方式的歌曲，往往只需创编1～2种新歌词即可。因为过度的创编活动很可能会使幼儿参与歌唱的积极性下降。

（9）找准切入点，切忌面面俱到　某些歌曲创编的空间较大，对此教师应仔细研究和分析歌曲，找准适合本班幼儿创编的"点"，把握好一定的尺度，切忌面面俱到而使幼儿产生畏难情绪，降低参与的热情。

案例

歌曲《买菜》的创编设计

通过细致的分析，可知旋律重复部分（鸡蛋圆溜溜呀，青菜绿油油呀，母鸡咯咯叫呀，鱼儿水里游呀）和念白部分（萝卜黄瓜西红柿，扁豆毛豆小豌豆）均可作为创编的"切入口"。据此，创编的思路至少有以下三种：

（1）请幼儿创编旋律重复部分中的蔬菜名称。教师提示："除了鸡蛋是圆溜溜的，还有什么菜也是圆溜溜的？"教师根据幼儿的回答即兴画出"新菜"，替换原图片。其余三句可用同样的方法引导。如此创编，只要求幼儿用少数"替换词"来替代原歌曲中相应位置上的词汇，幼儿基本上无须重新组织句子，故相对比较容易。

（2）请幼儿创编旋律重复部分中的蔬菜名称及其关键特征。教师提示："除了鸡蛋、青菜、母鸡、鱼儿，你还想买什么菜？新买的菜是什么样子的？用一个好听的词说说看。"教师根据幼儿的回答即兴画出"新菜"及其关键特征，替换原图片。如此创编，要求幼儿既要想出新菜名（四种），还要想出这些菜的关键特征，并能编创填入原歌曲唱出，难度很大。

（3）请幼儿创编念白部分的蔬菜名称。教师提示："你还想买什么菜？请把你想买的那种菜画下来。"随后教师和幼儿商议，选择若干图画，替换念白部分的图片并按照固定的节奏型念出，也可"拉长"或"压缩"节奏念出。如此创编，使得每个幼儿都有机会参与其中，难度也较为适宜。

上述三种创编思路虽然均可选用，但是教师切不可以要求幼儿在一个单位时间内，将所有的创编思路一一加以尝试，特别是第二种创编思路，难度颇大，教师一定要谨慎选用。

（10）关注创编质量　教师应注意使创编的结果达到相对完美的程度，质量有时应该比数量更为重要。对于创编过程中产生的比较有独创性和审美性的例子，教师可以稍加评说，并提供机会让幼儿通过多唱几次来实际感受这些优秀范例的独特好处，借以不断提高幼儿自身对独创性和审美性的独立判断能力。

2.创编歌表演动作

在创编歌表演动作的活动中，教师一般需要注意以下事项。

（1）即兴创编活动与引导创编活动应该区别对待　即兴创编活动的特点是：幼儿在前，以幼儿的意见为主，教师根据幼儿的创造结果，提供发展完善的机会或建设性的参考意见。例如，在歌曲《小狗抬轿》中，教师组织、引导幼儿自由地结合成三人小组，自己创编三人配合的歌表演动作（两人扮小狗，一人扮老虎），然后轮流邀请志愿的小组或有独创、配合好的小组为大家表演，并相互模仿。

引导创编活动的特点是：教师在前，以教师潜在的动作设计为主导性的意见，在幼儿提出创编意见后，教师再根据幼儿的意见重新组织自己的原有设计。例如，在歌曲《两只小象》中，教师先启发幼儿探索勾手的方法以表现"小象"，然后教师边演唱边做动作，在"勾一勾"处，模仿幼儿的某个勾手动作。最后，幼儿借鉴教师的表演动作，边玩手指游戏边学习演唱，并在"勾一勾"处做出不同的勾手方法。

（2）结构性动作、情节性动作、情感性动作应该区别对待　结构性动作创编强调的是：通过创编，理解和展现音乐特定的结构。如段落、句子歌词内容的重复变化（相同的歌词内容做相同的动作），前奏、间奏、尾奏等，一般不要求根据歌词内容逐句创编动作，且要避免过分琐碎的动作。如《郊游》为 ABA 结构的歌曲：全曲分三段，第一段和第三段的旋律及歌词均一样。对于这样的歌曲，仅需创编两个动作——活泼欢快的动作和抒情优美的动作，A 段做活泼欢快动作，B 段做抒情优美的动作即可。

情节性动作创编强调的是：通过创编，理解和展现歌词内容中的人物和故事情节，一般要求根据歌词内容创编歌词，如《小蚂蚁避雨》。

情感性动作创编强调的是：通过创编，理解、展现歌曲的主要情绪、情感氛围。如《小海军》，首先确定一个主题动作，如"踏步走"，随后在主题动作的基础上，创编各种坚定有力、勇敢、神气的手部动作，如边踏步边敬礼、边踏步边扛枪等。

（3）在引导创编的活动中，创编的数量以"够用"为限度　所谓"够用"是指：如果歌表演创编活动中只需要一个动作，那么在幼儿创编出比较合适的动作之后，该种动作的创编就可以告一段落了。因为无限制地创编多余的新动作，容易使幼儿的兴趣减退和注意力涣散。如歌曲《下雨了》中表现"大雨"和"小雨"的动作。

（4）在即兴创编的活动中，教师应主要以"反馈"和相互展示、交流、学习的方式来丰富幼儿的创编思路　教师的"反馈"是指教师用语言或动作将幼儿的创造再现给幼儿。由于幼儿年龄小，许多创作都是在不完全自觉的情况下自然流露出来的，而且往往做完了，也就忘记了。所以，在这种情况下，教师就十分有必要帮助幼儿记录，并把幼儿的成果"放大"后，再展现给全体幼儿看，以便能够产生更大的教育效果。同样，教师组织幼儿相互展示、交流、学习也是为了能够更好地利用幼儿、教育幼儿，扩大教育的效果。

案例

歌曲《捏面人》的创编设计

教师需要引导幼儿根据"捏面人的老爷爷"捏出的面人形象来创编动作，此时教师便可先观察幼儿创编的动作，然后采用"他刚才……"（教师重现某幼儿创编的动作）或"你刚才……"（教师邀请某幼儿再现做过的动作，必要的时候可以稍作提醒）两种方式进行反馈，以此丰富幼儿的创编思路。

（5）将教师创编"样本"作为参考，引导幼儿创编　一般情况下，教师在进行引导创编之前都要自己先创编好一个"样本"，这个样本体现了教师希望幼儿通过创编将要掌握的有关知识和技能。但是，在实际的创编教学中，教师一般并不需要对幼儿说："请你跟我这样做！"因为这样很容易限制幼儿的思路。如歌曲《锄草》中安排了"苗死"和"苗好"两种结局，教师可先不要示范"苗死"和"苗好"的动作，而是可以通过提问或提供思考线索等方法来帮助幼儿拓展创编的思路，如没有救活的苗会是怎么样的呢？

教师不急于向幼儿展示自己的动作样本的另一个好处是：可以从幼儿那里获得启发，从而丰富自己的创编思路。

此外，在创编歌表演动作中对知识准备、数量限制、独创性、审美性要求等与"创编新歌词"相同。

3. 处理歌曲的演唱表情和演唱形式

处理歌曲的演唱表情和演唱形式的活动一般都不会作为独立的新授活动来安排。在处理歌曲的演唱表情和演唱形式的活动中一般应注意以下几个方面的问题。

（1）教师应先提供有关演唱表情和演唱形式的处理榜样，然后引导幼儿进行"榜样经验迁移"，帮助幼儿积累这方面的经验。歌曲《勤快人和懒惰人》《大公鸡》的歌唱活动就是采用这种形式设计的。

案例

歌曲《勤快人和懒惰人》歌唱活动

教师可先提供演唱表情的处理榜样：第一段快速唱，第二段放慢速度唱。待幼儿熟练后，再鼓励幼儿大胆想出与教师不一样的演唱表情，如第一段从中速开始，越唱越快，第二段从中速开始，越唱越慢。第一段用适中的力度、稍有弹性地演唱，同时表情和体态动作应表现出勤快人的形象；第二段用较弱的力度、慢速地演唱，同时表情和体态动作应表现出懒惰人的形象。

歌曲《大公鸡》歌唱活动

教师首先提供演唱形式的处理榜样："现在我来唱歌曲的前半句，你们来唱歌曲的后半句。"待幼儿熟练后，再鼓励幼儿大胆想出与教师不一样的演唱形式。如个别幼儿唱前半句，全体幼儿唱后半句；幼儿唱前半句，教师唱后半句；一组唱一句等。

（2）教师应注意尽量对幼儿的各种独特处理作出积极的建设性的反应。

案例

歌曲《小羊羔》歌唱活动

幼儿提出了多种演唱的方式。对此，教师应首先肯定幼儿的独特处理，随后引导幼儿为自己的设计说出理由，或尽力帮助幼儿寻找该种处理的恰当理由："我想让全世界的人都知道，我有一只小羊羔，所以我要大声唱。""我只想让我的好朋友一个人知道，我有一只小羊羔，因为这是我的小秘密，所以我就轻轻唱。""我和小羊羔在开心地玩耍，所以我要开开心心地唱。""我在哄我的小羊羔睡觉，所以我要安安静静地唱。"……

有时，幼儿对歌曲的演唱表情和演唱形式的处理意见确实有不太合理之处，如只顾标新立异，不顾自身的反应能力能否跟得上，对此教师不能简单地加以否定，而应该尽力选择建设性的表述方式，使之合理化。

（3）数量限制、独创性、审美性要求同歌词创编。

（三）游戏性歌唱教学的指导

在项目一中，我们曾论及：提高幼儿园音乐教育教学活动中的游戏性，目前已成为幼儿教师比较关注的问题之一了。但是，由于歌唱活动，特别是新歌教唱活动，需要幼儿注意倾听教师的范唱，注意倾听和理解教师对歌词内容的讲解，注意努力地记住和再现歌词、曲调，注意调控自己的歌声和相关表演等。所以，即便在本身就与游戏相伴的游戏歌曲的教学设计上，教师一般也都习惯于在新歌学会之后再将游戏的内容累加上去。而在新歌学习的过程中，教师一般则更多地使用新颖别致的教具、学具和自身演唱的热情来引发幼儿的学习兴趣。美国音乐教育专家约翰·马丁·费尔拉班德曾提出应该关注儿童在自然游戏中的歌唱学习方式。这一提示给了我们很大的启发。从此，许多幼儿教师开始了各种以提高歌唱教学游戏性为目的的研究。

所谓游戏性歌唱活动，是指幼儿在学习歌曲的过程中能够有一些有趣的事情可以做，也就是说参与者做这些事的时候感觉到很好玩。

玩唱歌曲的方法有很多种，下面看几个案例。

案例

歌曲《张家爷爷的小花狗》的玩唱设计

歌词："看张家爷爷有只小狗，名字叫作小花，名字叫小花，名字叫小花，名字叫小花，它名字叫小花。"

玩唱方法：每次演唱歌曲的第一大乐句"看张家爷爷有只小狗名字叫作小花"，从第二乐句"名字叫小花"开始至歌曲结束，逐次丢掉一个字改为"默唱"，默唱的部分用拍手的方法拍出节奏。

如第一次在"名字叫小花"的"花"处默唱；第二次在"小花"处默唱；第三次在"叫小花"处默唱；第四次在"字叫小花"处默唱；第五次"名字叫小花"五个字全部默唱。默唱处以拍手替代。

歌曲《头发肩膀膝盖脚》的玩唱设计

歌词："头发肩膀膝盖脚，膝盖脚，膝盖脚，头发肩膀膝盖脚，眼睛耳朵鼻子嘴。"

玩唱方法：教师和幼儿玩"藏起来"的游戏，即选择身体的某个部位，把它藏起来不唱，改用拍这个部位的方法来替代。如选择把"脚"藏起来，则幼儿应唱成："头发肩膀膝盖（拍脚），膝盖（拍脚），膝盖（拍脚），头发肩膀膝盖（拍脚），眼睛耳朵鼻子嘴。"

歌曲《三轮车》无意义音节玩唱设计

歌词："三轮车跑得快，上面坐个老太太，要五毛，给一块，你说奇怪不奇怪。"

玩唱方法：第一声部演唱歌词，第二声部用叮铃. 叮铃. | 叽嘎 叽嘎 | 来模仿车铃和脚踏摩擦声。

游戏性歌唱中的"玩耍"成分可以在歌唱活动中的任何一个环节出现，下面分别介绍。

1. 从开始进入的游戏

大部分教师都很熟悉的传统范例恐怕要数《丢手绢》了，以前的孩子几乎都在街头巷尾边玩边唱过这首歌曲，在玩的过程中无须任何的教学程序和教学设计，他们便可在与同伴玩耍的过程中自然学会演唱此首歌曲，并一代一代地将这首歌曲和这个游戏传了下来。这种方法一般是教师（或先学者）边唱歌边带领大家做简单的游戏动作。歌曲唱完后，某个或某些以某种方式与音乐的结束发生关系的人需要被"罚"做一些特别的事情，如追跑，被抓住的人就表演节目或担任下一任单独游戏者等。在反复游戏的过程中，虽然学会唱歌并不会被认为比获得游戏快乐更重要，但是学会唱歌是不会有问题的。

前面提到的歌唱活动《懒惰虫》的设计就是借鉴了这种在玩的过程中顺带学习唱新歌的模式。与《丢手绢》不同的是，需要个别游戏者比较严格地按照音乐的节奏来"点数"其他游戏者。这种方式在传统的游戏中常被称为"点兵点将"的游戏。

又如歌曲活动《公鸡头》的设计也是借鉴了传统民间游戏的样式而边玩边唱的。

案例

歌曲《公鸡头》的玩唱设计

歌词："公鸡头，母鸡头，公鸡母鸡吃黄豆，东一颗，西一颗，请你猜猜哪一头。"

玩唱方法：教师或幼儿将双手背在身后，紧握双拳，其中一只手中藏一颗小豆（也可用其他玩具代替），神秘地边唱边按歌词做动作。等最后一句唱完后，请其他人猜小豆在哪只手中。猜对了交换角色，游戏反复进行。

2. 从中间插入的游戏

新授歌曲活动《小老鼠打电话》的设计，也借鉴了"点兵点将"的游戏模式。只不过在这一设计中，游戏是从中间插进来的。

案例

歌曲《小老鼠打电话》的活动设计

歌词："小老鼠打电话，找个朋友过家家，电话本呀手中拿，五四三二六七八。（鼠念白）喂喂，你好呀，请你快到我的家。（猫念白）好好，知道啦，马上就到你的家（猫走、开门声、猫叫、关门声）。朋友怎么会是它，原来号码打错了。"

玩唱方法：教师演唱歌曲的前四乐句，并引导幼儿专门学唱拨电话号码的乐句"五四三二六七八"，同时教师用"点兵点将"的游戏模式点唱，最后点到谁，谁就扮演"猫"，其余幼儿扮演"老鼠"。随后"猫"拜访"老鼠"，"老鼠"起身开门，听到"猫叫"迅速关门。最后老师再独唱"朋友怎么会是它，原来号码打错了"，"老鼠"先用手指点"猫"，然后摊手做无奈状，瘫软在椅子上。

3. 在结束处插入的游戏

许多幼儿园教师已经比较熟悉的传统音乐游戏，真正被看作游戏的部分都是在歌曲结束处插入的。如《秋天》，教师设计了在结束处玩扫落叶、烧枯叶的游戏；《袋鼠妈妈》《熊和石头人》《找小猫》《网小鱼》等，则几乎清一色地在歌曲唱完后安排了大家已经比较熟悉的"追—逃""寻找—躲藏"的游戏情节。

以下一些范例可能会带给大家一些新的思路。

歌曲《锄草》，在最后安排了"苗好"和"苗死"两种结局，要求幼儿仔细倾听教师或其他指定人员的朗诵和演唱，然后再做造型反应。

歌曲《都睡着了》，在最后安排玩"猫捉老鼠"的游戏。

歌曲《三只猴子》，在活动快结束时，离开座位表演，教师用即时贴给幼儿贴上摔出的"大包"，最后还可以拨打电话喊救护车。

歌曲《三只老虎》，可以在最后假装妈妈打屁股，假装哭，假装说"打得不疼"，假装调皮地大笑。

4. 贯穿始终的游戏

有一些歌曲本身唱的就是一种游戏过程。如《猜谜歌》《三人套圈》《老鹰捉小鸡》等。对这种类型的歌曲，在整个新授的过程中应该始终维持一种游戏氛围。

案例

歌曲《猜谜歌》的活动设计

歌词：（念白）脑袋，圆圆的；眼睛，亮亮的；（创编念白——按"脑袋，圆圆的"那样的句式再编出两个有关个别动物特征的谜面，如个子，高高的；脖子，长长的）。锉锉锉，锉锉锉，锉锉锉，锉锉锉，（问）你们猜猜这是什么动物呀。（答）知道，知道，这就是×××。

（1）猜简单的比较容易得出唯一答案的谜语，同时感受歌曲结束处需要唱出的问答句部分。

（2）猜谜底稍开放的谜语，同时反复练习如何将不同的歌词填入结束处唱出。

（3）幼儿轮流独立创编新的谜面，并尝试用歌曲规定的方式朗诵出来；其他幼儿猜出谜底，并尝试用歌曲规定的方式演唱出来，中间允许中断思考和讨论。

（4）教师鼓励幼儿并帮助幼儿尽可能连贯地进行谜语问答。

通过上述论述可见，提高歌唱教学的游戏性本身是需要创造性的。教师可能首先需要破除不必要的束缚，即唱歌就是以学会歌曲和提高声乐技巧为目的的活动，就是以倾听、模仿、练习为主要手段的活动。打开眼界，看看自然状态下的幼儿是怎样学习唱歌的？想想自然状态下你自己是怎么样学习唱歌的？唱歌是为了快乐，试试把自己曾经享受过的各种游戏快乐的因素添加到你的歌曲教学设计中来。当然，歌曲本身的游戏因素也是应当努力选择和挖掘的。如果歌曲比较一般，能不能尝试把歌曲稍稍改变一下呢？看下面的范例，可以仔细地留意一下，这些歌曲本身或者其演唱方法实际上是被老师们改造过了。请你想想，修改后的歌唱活动是不是比原设计有趣得多。

《两只小鸟》曾是统编教材中的歌唱材料。以往基本是按一般常规歌曲教授程序教唱此歌的。但目前我们按照游戏性的歌唱教学设计思路，便有较大的调整，修改后的设计方案如表3-3所列。

《何家公鸡何家猜》在幼儿园音乐活动中也常常出现，很多教师是按一般常规歌曲教授程序教唱此歌曲的。

主歌部分：真奇怪啊，真奇怪，你望望公园里，有四百只公鸡咯咯咯，是何家的不知道。

副歌部分：何家公鸡何家猜，何家小鸡何家猜，何家公鸡何家猜，何家母鸡何家猜。

但是，如果从游戏化的角度进行设计，就会出现不同的效果（表3-4）。

表3-3 歌曲《两只小鸟》设计方案

班级	设计方案
小班游戏设计	两只小鸟停在树枝上：左右手同时伸出大拇指，并随乐摆动。 它叫丁丁：弯曲其中一个大拇指。 它叫东东：弯曲另一个大拇指。 丁丁飞走了：将其中一个大拇指藏在身后。 东东飞走了：将另一个大拇指藏在身后。 回来吧，丁丁：一个大拇指从身后伸出。 回来吧，东东：另一个大拇指从身后伸出
中班游戏设计	两只小鸟停在树枝上：右手伸出食指（丁丁）和小指（东东），随乐左右摆动。 它叫丁丁：弯曲食指。 它叫东东：弯曲小指。 丁丁飞走了：握起食指。 东东飞走了：握起小指。 回来吧，丁丁：伸出食指。 回来吧，东东：伸出小指
大班游戏设计	两只小鸟停在树枝上：右手伸出食指（丁丁）和小指（东东），随乐左右摆动。 它叫丁丁：弯曲食指。 它叫东东：弯曲小指。 丁丁飞走了：左手握空拳撞击右手，右手食指缩回的同时左手食指伸出。 东东飞走了：左手握空拳撞击右手，右手小指缩回的同时左手小指伸出。 回来吧，丁丁：左手撞击右手，左手食指缩回的同时右手食指出现。 回来吧，东东：左手撞击右手，左手小指缩回的同时右手小指出现

表3-4 歌曲《何家公鸡何家猜》设计方案

项目	设计方案
游戏设计	主歌部分：大家边唱边根据歌词内容做相应的动作。 副歌部分：两两结伴猜拳（每次唱到"猜"这个字的时候双方出拳），并根据猜拳结果快速作出反应，赢的幼儿双手上举做公鸡的动作；输的幼儿双手下摆做母鸡的动作；平局时，则两幼儿双手合拢，伸出拇指和食指做小鸡的动作

第二节
分析幼儿园歌唱教学活动案例

✈ 案例导入

儿童歌曲《数鸭子》，生动活泼，贴近幼儿性格。乐曲采用 | ×   ×   × ×   × |× ×   × ×   ×   0 |节奏贯穿全曲，旋律发展主要运用变化重复手法，充满了童真童趣，深受小朋友的喜爱。歌曲流畅上口、简单易学，3～4岁幼儿在做律动时完全能够胜任。演唱时教师应注意引导小朋友在表现上下功夫："门前大桥下，游过一群鸭"是平实的叙述，要唱得亲切柔和；"快来快来数一数，二四六七八"是对小朋友的召唤，要强一些、连贯一些；"咕嘎咕嘎，真呀真多呀"应该唱得轻快跳跃，表现高兴心情的动作要步履轻盈；最后一句"数不清到底多少鸭"是发自内心的惊叹，要唱得饱满而充实。

要求：根据案例分析以下问题。

（1）请根据材料设计小班歌唱活动"数鸭子"。

（2）请根据材料设计小班歌唱活动"数鸭子"的活动评价表。

📖 案例与分析

一、歌唱教学活动案例

小班歌唱活动：妈妈来抓兔兔

【设计意图】

"躲猫猫"游戏是小班幼儿最爱玩的游戏之一。教师通过创设"躲猫猫"的游戏情境帮助幼儿感知和理解音乐的节奏和旋律，并在"躲猫猫"的游戏中学唱歌曲。通过创编不同造型的静止动作以及反复玩"妈妈的抓"和"兔宝宝的藏"的互动动作，激发幼儿参与的兴趣，并在自然而然的游戏过程中轻松地学习歌曲。

【活动目标】

（1）在教师的动作示范下，初步感知音乐的节奏和旋律，玩"妈妈来抓兔兔"游戏时知道逗、躲。

（2）在教师的引导下尝试创编出不同造型的静止动作，初步尝试学唱歌曲。

（3）在妈妈说"抓"的时候将手藏起来。

【活动准备】

兔子手偶一个。

【活动重点、难点】

（1）活动重点：学习随音乐做"躲"和"逗"的动作。

（2）活动难点：在动作的帮助下学唱歌曲。

【活动过程】

"妈妈来抓兔兔"活动过程见表3-5。

表3-5　"妈妈来抓兔兔"活动过程

程序	进程
导入部分	1. 出示兔子手偶，故事导入，引起幼儿兴趣，帮助幼儿初步熟悉游戏情节 教师：老师今天请来了一位小客人，是谁呀？我们一起和它打个招呼吧！ 2. 教师跟着音乐做动作，引导幼儿完整地欣赏音乐，初步了解音乐的结构和动作 （1）教师跟随音乐完整地做动作。 教师：今天要和兔妈妈一起做游戏，仔细听、仔细看，兔妈妈和宝宝做了什么游戏？ （2）教师再次随着音乐完整地做动作。 教师：兔妈妈和宝宝做了什么游戏？是不是这样？我们再听一听。宝宝变成什么妈妈才没抓到它呢？我们再来听听看是不是变成小树？
基本部分	3. 教师带领幼儿完整地做动作 （1）引导幼儿变小树。 教师：是不是变小树呢？那你们会不会变小树？我刚才变成了什么样的小树？谁愿意来做一做？（一个手高，一个手低。） 下面请小朋友来变成小树，千万别让兔妈妈发现哟！（教师边念儿歌边引导幼儿练习变小树的动作。） 你们藏得真好，兔妈妈都没有找到你们。下面老师来当兔妈妈，你们当小兔子，我们连起来玩一遍吧！

程序	进程
基本部分	（2）引导幼儿边学说："妈妈来呀，妈妈来呀"，边练习逗妈妈的动作。 教师：刚才小兔子怎么逗妈妈的？怎么说的？你们再来逗逗我！什么时候把小手藏起来？（音乐结束的时候。） 教师：我们试一试，先来逗逗我，5523211！ （3）引导幼儿创编小树的动作。 教师：小朋友老是变一样的树，妈妈都猜到了，谁来变个不一样的小树呢？先变成×××的树，完整玩一次。再变成一棵树，完整玩一次。
结束部分	4. 反思评价 教师：我想问一问，这首歌你们会唱了吗？老师不唱了，你们自己唱试一试！有什么问题呀？不确定有什么问题可以找谁帮忙呢？我们一起再试一试！ 5. 游戏 教师：这一次小朋友变成和别人不一样的小树，准备！变！我们一起和兔妈妈到草地上玩一玩吧！

【总结与提升】

（1）《妈妈来抓兔兔》的歌词重复、简单，在一定程度上减轻了小班幼儿的记忆负担，在反复游戏的过程中，幼儿自然而然能跟唱，并在潜移默化中学会歌曲。

（2）《指南》强调要重视幼儿的学习品质，在此歌唱活动中，我们也注重幼儿自我反思和评价能力的培养，通过提问等策略帮助幼儿对自己的歌唱学习进行初步的反思和评价。

【延伸活动】

教师可以将歌曲投放在班级音乐区里，幼儿在区域游戏时可以自选进行歌唱和游戏。

中班歌唱活动：谁来了

【设计意图】

本活动选择《小兔和狼》的音乐，创设了狼抓兔子的游戏情境，在动作的辨识和猜测谁来了的游戏情境中感知、理解歌曲，并通过自我反思和游戏环节提高对歌词感知的精确性及歌唱的准确性。最后幼儿在反复的游戏中学唱歌曲，既培养了对音乐的兴趣，同时也学会了歌曲及动作。

【活动目标】

（1）初步熟悉歌曲，在教师的带动下尝试边做游戏动作边演唱歌曲。

（2）借助"动作辨识"猜测"谁来了"的游戏情境，进一步感知、理解歌曲；并在自我反思中逐渐提高对歌词感知的准确性。

（3）在游戏中行进跳时，能注意与同伴保持一定的距离，明确听到"狼来了"的信号声才能跑回家的规则。

【活动准备】

座位排成一个圆形。

【活动重点、难点】

（1）活动重点：能随音乐唱准歌词。

（2）活动难点：能结合歌词和游戏情境做相应的游戏动作。

【活动过程】

"谁来了"活动过程见表3-6。

表3-6 "谁来了"活动过程

程序	进程
导入部分	1. 谈话导入，引起幼儿兴趣 （1）教师：今天谁来了？（出示小兔手势。） （2）教师：小小兔子要去树林里去玩，它会听到什么声音呢
基本部分	2. 教师示范演唱，帮助幼儿感知歌曲的旋律和内容 （1）第一遍清唱，帮助幼儿初步感知歌曲的旋律和内容。 教师：在树林里它听到了什么声音？是不是像你们说的一样呢？我们一起再听一听！ （2）第二遍清唱，引导幼儿尝试说拟声词"呼呼""沙沙"。 教师：风儿吹起的时候发出了什么声音？那树叶响的时候发出了什么声音？ 教师：是这样吗？我们再来听一听验证一下！ （3）第三遍清唱，继续熟悉歌曲内容。 教师：风儿吹了几次？树叶响了几次呢？ 那究竟是谁来了呢？仔细听，认真看！ （4）第四遍清唱，歌曲在结尾部分教师表现小鸟动作，引导幼儿猜测。 教师：小兔子继续到树林里玩，还会遇到谁呢？我们再来听一听。 （5）第五遍演唱，在歌曲结尾部分教师表演小鸭动作，引导幼儿猜测。 教师：这次又遇见谁了？ 3. 通过情境，引导幼儿尝试用动作表现小兔子并练习动作 教师：你们想不想当小白兔？ 教师：小兔子跳的声音怎么样？谁会轻轻地跳？ 4. 学习游戏的玩法，在游戏中学唱歌曲 教师以小兔子身份带领幼儿游戏，用树林里不同动物引导幼儿学习歌曲
结束部分	5. 反思性评价环节 教师：刚才玩了游戏，玩游戏时的这首歌你们会唱了吗？到底会不会，那我们先来试一试。 教师：你们觉得唱得怎么样，有没有问题？ 教师：哪里有问题？哪一句有问题？ 教师：谁会唱呢？是不是这样唱的呢？可以听谁来唱？需不需要再唱一遍？ 6. 教师扮演大灰狼继续带领幼儿游戏 教师：你们想不想再到大树林里玩一玩？要是遇到凶猛的野兽要怎么办？ 教师：小兔子们真聪明！大灰狼啊，没捉到小兔子，灰溜溜地走了，我们又可以高高兴兴地到别的地方去玩了。

【总结与提升】

幼儿喜欢扮演大灰狼和兔子进行躲和抓的游戏，但中班幼儿的年龄特点是不能独立一个人到集体前面扮演狼的，而且他们更愿意做正面的角色——兔子。因此教师扮演狼，幼儿扮演兔子，进行抓和逃的游戏，体验游戏中的紧张和乐趣。

【活动延伸】

提供兔子和大灰狼的头饰及音乐到音乐区，幼儿可以在区域游戏时进行表演游戏。

大班歌唱活动：买菜

【设计意图】

《纲要》中提出在艺术活动中面向全体幼儿，要针对他们的不同特点和需要，让每个幼儿都得到美的熏陶和培养。因此，在歌唱教学活动设计中，师幼互动强调以审美为核心，从不同的角度促进幼儿情感、态度、能力、知识、技能等方面的发展。我从幼儿的生活实际出发，设计了大班歌唱活动"买菜"。联系幼儿的生活情节，帮助孩子整合已有的"买菜"这个既熟悉又陌生的生活经验，拓展幼儿的思维，运用图谱的方式让幼儿进行主动的探索，引导幼儿初步学习推理歌词及符号，学会认知策略，在活动中得到迁移和运用，让每个幼儿的需求和活动的热情在实践中得到成功，获得满足。

【活动目标】

（1）感受歌曲欢快的旋律，能借助图谱掌握歌词内容，随着音乐有节奏地说唱。

（2）启发幼儿创编歌词，在愉悦的音乐声中体验与同伴合作演唱的快乐。

（3）培养幼儿的注意力、创造力和合作能力。

【活动准备】

（1）经验准备：幼儿需事先和家长去市场买菜，并初步认识多种蔬菜，建立菜市场相关经验。

（2）物质准备：买菜视频、歌曲图谱、音乐《买菜》、播放器、说唱图标、20张小图谱操作板、歌词相应的图片若干、布置菜市场场景、扮老奶奶的头巾等。

【活动重点、难点】

（1）活动重点：能随着音乐的节奏，借助图谱，学会完整唱歌曲。

（2）活动难点：能根据歌曲的旋律进一步创编歌曲的内容。

【活动过程】

"买菜"活动过程见表3-7。

表3-7 "买菜"活动过程

程序	进程
导入部分	1. 师生问候 15| 15| 32 35| 1—| 51| 51| 32 31 |2—‖ 小朋友们，早呀早上好。你最喜欢吃呀吃什么？ 2. 观看买菜视频，播放背景音乐 观看视频后，教师提问：这是在哪儿？你看到了什么？
基本部分	3. 学习歌曲 （1）教师清唱歌曲，幼儿初步欣赏。 清唱后教师提问：谁去买菜啦？买了什么菜？（幼儿回答，教师边根据幼儿回答逐一贴图谱。） （2）引导幼儿发现歌曲中的说唱部分。 教师：刚才老师哪些地方是用唱的？哪些是用说的？（请个别幼儿回答，教师用图标标记说唱部分。） （3）请幼儿自创象声词哼唱，熟悉歌曲旋律。（如幼儿可用"啦啦啦"或"叮叮叮"等哼唱。） （4）集体看图谱学唱歌曲一遍。 4. 多种形式练习歌曲 （1）幼儿两两一组，合作操作图谱板，学习歌曲内容，并随旋律小声哼唱；幼儿边操作图谱边齐念歌词；随音乐跟唱并点指图谱。 （2）师幼对唱。 （3）幼儿选择自己喜欢的图片并轮唱。（幼儿从图谱板中选择自己喜欢的图谱，当唱到自己图片上的歌词时，随即说唱。） 5. 结合健康教育 教师小结：我们平时要多吃蔬菜、水果、鱼、肉、蛋，它们含有我们身体需要的维生素和多种营养，要做个不挑食的好孩子哟
结束部分	6. 活动延伸：情景买菜，创编歌词 教师扮演老奶奶，带领幼儿边唱歌边到场景市场买菜，自然结束。（引导幼儿根据果蔬大胆创编）

【总结与提升】

（1）买菜是幼儿日常生活中经常遇见的事，我在与幼儿的谈话过程中了解到幼儿对买菜有一定的感性体验。在此基础上开展的音乐活动让他们更感兴趣，更觉自然。

（2）本次的活动设计很符合幼儿的年龄特点和心理特点，幼儿在循序渐进中自然地理解并记忆了歌词，幼儿参与活动的积极性很高，能跟着图谱学会边玩边唱歌曲，并能进行创编，幼儿的自信心更强。

二、歌唱教学活动案例分析

中班歌唱活动：蘑菇伞

【设计意图】

此活动属于中班昆虫主题活动，幼儿已经对蚂蚱有直观的感知和体验，了解了蚂蚱的外形特征和生活习性。此活动中，教师通过创设故事情境、动作以及游戏的方式，帮助幼儿在故事情境、动作以及游戏情境的帮助下学唱歌曲，通过反思评价环节，帮助幼儿学习合理地进行自我评价。

【活动目标】

（1）学唱歌曲，能合拍地表演动作并正确地演唱歌曲，用不同的动作表现"蘑菇伞""躲雨"。

（2）在游戏情境的提示下，理解并按歌词内容做游戏动作。通过自我反思评价、注意倾听，逐步精确掌握歌词。

（3）在行进跑时注意控制速度，明确音乐停止时，一把"蘑菇伞"下只能躲一只"蚂蚱"的规则。

【活动准备】

对蚂蚱有一定的认知经验。

【活动重点、难点】

（1）活动重点：能合拍的边唱歌边做动作。

（2）活动难点：理解游戏情节和规则，并能按规则游戏。

【活动过程】

"蘑菇伞"活动过程见表3-8。

表3-8 "蘑菇伞"活动过程

程序	进程
导入部分	1. 故事导入，引起幼儿兴趣 教师：有一群小蚂蚱在草地上蹦蹦跳跳，突然下雨了，谁会来帮助他们呢？我们一起来听一听
基本部分	2. 教师示范演唱，帮助幼儿感知歌曲的旋律和内容 （1）第一遍清唱，帮助幼儿初步感知歌曲旋律和内容。 教师：是谁来帮助小蚂蚱的？ （2）第二遍清唱，帮助幼儿借助动作理解歌词。 教师：小蘑菇是怎么帮助他们的呢？大眼睛仔细看一看哟！（动作） （3）边做动作边清唱，引导幼儿学做动作，进一步熟悉歌词内容。 教师：小蘑菇撑开伞请小蚂蚱躲雨，那我们一起学小蚂蚱去躲躲雨吧！ （4）教师演唱歌曲，带幼儿一起做动作，并创编"躲雨"。 教师：还可以怎么躲雨呢？（够用原则）我们学一学他！（练习）这次我们一起学学这只小蚂蚱来躲躲雨！ 教师：还可以怎么躲雨呢？再次创编，在游戏中学会用创编动作替换原动作。 3. 学习游戏的玩法，在游戏中学唱歌曲 （1）教师带领幼儿在椅子前做动作，玩游戏，帮助幼儿熟悉蹦跳的时间及次数。 教师：这次我们一起到家门口的草地上玩一玩好吗？这次我们躲雨怎么躲？（明确"蹦"的时间与次数。） （2）教师带领幼儿在圈外边唱歌边做动作，帮助幼儿进一步明确蹦跳的次数，躲雨的时间和位置。 教师：这次我们到森林里去玩一玩吧！森林就在我们椅子围成的圆圈外面。小椅子就是小蘑菇，我们在哪里躲雨呢？ 教师：我们先来试试看哟，小蚂蚱们是不是会一直紧跟蚂蚱妈妈呢？（躲雨） 教师：好了，请小朋友们面向圆，跟着蚂蚱妈妈去玩喽！（教师根据幼儿状态给予必要的动作预令）
结束部分	4. 反思性评价环节 教师：刚才我们都到森林去玩得很开心，那我们玩游戏时唱的歌你们会唱了吗？让你们自己唱可以吗？ 教师引导幼儿尝试完整地演唱。 教师：你们觉得唱得怎么样，有没有困难？不会唱怎么办？

【总结与提升】

（1）通过反思评价环节的提问、反馈和练习，帮助幼儿学习自我反思，并了解改进和调整的策略，培养幼儿良好的学习品质。

（2）在歌唱的学习中，前5遍教师唱，不要求幼儿一定跟唱，5遍以后幼儿可以跟唱，但不强求每个人都跟唱，要求会唱的幼儿跟着唱，不会唱的幼儿可以听别人唱，或者在会唱的地方唱，不会唱的地方听，这样的做法不仅是为了培养幼儿的倾听意识，同时也是帮助幼儿逐渐学会评估自己的学习，并进行自我评价。

【活动延伸】

（1）教师可以根据需要依次撤出不同数量的小椅子，带领幼儿进行游戏，教师扮演没有找到椅子的小蚂蚱，鼓励幼儿想出不同的躲雨方法，并用动作表现"雨伞"。谁没有蘑菇伞，谁就是下一个躲雨的蚂蚱。

（2）教师请幼儿选择撤出椅子的张数，同时猜测和验证有几只蚂蚱找不到蘑菇伞。

案例分析

1.活动的内容选择

活动的内容选择来源于幼儿的经验。

《蘑菇伞》这一歌曲的内容是有关蚂蚱的，而近期幼儿正在开展关于昆虫的相关主题活动，因此幼儿对蚂蚱是有直接生活经验和感知经验的。因此，此活动内容的选择能考虑幼儿的生活经验和已有的学习经验，贴近幼儿的生活。

2.活动的目标定位

活动的目标定位于关注学科关键经验及学习品质。

从活动目标的设计中可以看出，活动目标（1）中，教师提出了此次歌唱学习的关键经验，即合拍地演唱歌曲；活动目标（2）指向幼儿的歌词理解能力，以及通过反思培养幼儿良好的学习品质；活动目标（3）是关于游戏的玩法、规则的目标。从3条目标的设计维度可以看出音乐活动对幼儿全面发展的理念在一节歌唱教学中的体现。

3.活动遵循的原则

活动过程遵循游戏化歌唱教学的设计原则及循序渐进的教学原则，注重先感知体验再理性反思。

从整个活动的过程设计中可以看出，该活动是一节游戏化歌唱教学的典型代表，教师不是机械地一遍一遍地教幼儿学唱歌曲，而是通过7次循序渐进的感知和体验来教学的。具体剖析如下：通过第一遍听的感知—第二遍观察教师的动作加入来理解歌词—第三遍的幼儿坐在座位上加入上肢动作的感知—第四遍幼儿站在椅子前加上脚的动作，但不位移的感知—第五遍幼儿站在椅子后面，明确游戏玩法—第六遍游戏中感知和体验—第七遍反思评价并完成游戏。在前面5次歌唱中，教师不要求幼儿跟唱，也不阻止幼儿的自发跟唱，目的是鼓励幼儿自发的跟唱行为，但不强制要求所有幼儿都要跟唱。因为幼儿学习歌曲的过程是循序渐进的，每个幼儿的学习也是有差异的，因此不提整齐划一的要求，注重幼儿的感知体验。在反思评价环节，幼儿唱，教师不唱，目的是帮助幼儿客观地感知和评价在没有教师帮助下的歌唱情况，并提出相应的调整对策。

大班歌唱教学活动：数一数

【设计意图】

歌曲《数一数》巧妙地将绕口令编填入音乐旋律，极富情趣和挑战性，是首适合大班幼儿学习的歌曲。幼儿念唱时，一方面可以训练其快速反应的能力，另一方面也可锻炼其唇、舌、齿相互配合的技巧。

【活动目标】

（1）在已学会绕口令的基础上，学唱歌曲《数一数》。能唱准休止符和歌曲中的一些韵母同声字：虎、鹿、兔、猪、鼠。理解休止符在歌曲中的审美含义——活泼而饶有趣味。

（2）能运用"去图谱法"和"换图谱法"两种方法演唱歌曲，即隐藏若干张图片，学习看着有空缺的图谱演唱歌曲；将原图片打乱重组，尝试按新图片中动物呈现的顺序快速作出反应并演唱。

（3）敢于面对由绕口令拗口及不断变化的歌词顺序所带来的双重挑战，体验并享受游戏性歌唱和认知挑战带来的快乐。

【活动准备】

（1）图片5张（分别画有：山上一只虎，林中一只鹿，草里一只兔，路边一头猪，洞里一只鼠）。纸花3朵。

（2）幼儿已学会朗诵绕口令《数一数》：山上一只虎呀，林中一只鹿，草里一只兔呀，路边一头猪，洞里一只鼠呀，数一数，一、二、三、四，一二三四五，虎鹿兔猪鼠。

【活动过程】

"数一数"活动过程见表3-9。

表3-9 "数一数"活动过程

程序	进程
导入部分	1. 教师提议复习绕口令《数一数》
基本部分	2. 教师范唱，帮助幼儿形成清晰的歌曲旋律表象 （1）教师告知幼儿有一首好听的歌曲叫《数一数》，并请幼儿倾听教师演唱。 （2）教师按照绕口令中动物出现的先后顺序在图板上依次排出图片和纸花。引导幼儿倾听教师的演唱，然后就近讨论纸花的含义。 （3）教师再次演唱歌曲，请幼儿验证其讨论结果的正确性："纸花是表示'呀'的意思！" （4）教师用两种方法示范演唱歌曲：带休止符和不带休止符的演唱方式。请幼儿听一听，比一比，看哪种演唱方式更有趣。 3. 幼儿学唱歌曲 （1）教师慢速弹琴演唱，幼儿在心中默唱。 （2）教师邀请幼儿看图，轻声学唱歌曲。 （3）教师鼓励幼儿用自然、好听的声音演唱歌曲。 （4）隐藏图片，提高演唱的兴趣。 ①教师收起一张图片，请幼儿看着有空缺的图谱演唱（注意：不要隐藏第一张图片）。 ②再次加深难度，隐藏两张或两张以上图片（也可请幼儿选定图片予以隐藏）。 4. 拓展的练习 （1）教师采用"换图谱法"引导幼儿创编新歌词并唱出。 第一步：调换两张图片的位置，集体念出新歌词，重点练习最后一句。 第二步：在熟练掌握新歌词，特别是能念熟最后一句歌词的基础上，教师采取"首句带唱"的方式引导幼儿尝试慢速演唱。在不用唱"呀"的地方，教师特别注意用手势或表情进行暗示。 （2）不断创新，重复上述创编活动。最后一句采用减速慢唱的方式学唱
结束部分	5. 活动延伸 （1）将幼儿分组（5人一组），每人自选一张图片，依次摆放，并以小组为单位练习演唱各自重组后的新歌曲。 （2）以小组为单位，分别呈现重组后各自的新作品，并按本组的组合顺序进行汇报表演。其余幼儿做观众，并对他人的表演进行评价

案例分析

1. 活动内容的选择

《数一数》这一歌曲的歌词内容是幼儿熟悉的动物，幼儿具有相关的经验。而且，歌词是幼儿早已熟悉的绕口令，因此，作为一个音乐活动，本歌曲不仅渗透了语言领域的学习内容，而且将科学、数学等相关领域的知识、技能也自然渗透其中。

2. 活动目标的设计

整套活动目标主语统一，行为发生的主体均为幼儿，目标制订符合系统化和行为化的原则。

3. 活动过程的设计

（1）"教师范唱，帮助幼儿形成清晰的歌曲旋律表象"环节　教师按序排放图片的目的是为后面的重组歌词（即将图片顺序打乱后重新演唱）做准备的。直观形象（图片）的呈现可使歌词的记忆难度大大下降，这样幼儿就可将注意力比较多地集中在重组歌词及其快速反应上了。纸花的含义是让幼儿讨论获得的。教师之所以不直接告知，那是充分考虑了幼儿的学习特点的。因为对于大班的幼儿来说，能主动寻找"线索"并尝试推理、匹配应该是这个年龄阶段的幼儿能够完成的。

（2）"幼儿学唱歌曲"环节　教师首次弹琴，应该采取慢速的方法，这样幼儿不会因为音乐速度的过快，而带来词曲结合的反应焦虑。而且幼儿在心中默唱时，注意力是高度集中的；轻声学唱有助于幼儿对伴奏音乐、同伴歌声及教师歌声的倾听，可进一步帮助幼儿形成清晰的歌曲旋律表象，这对幼儿的音准练习是大有好处的。

（3）"幼儿学唱歌曲"环节　幼儿是喜欢变化的，多变的教学程式本身就能引起幼儿学唱的兴趣，同时也使得课堂教学富有节律。隐藏图片唱出歌词，必须要幼儿积极地调动其表象记忆，故幼儿只有头脑十分清醒才能完成这一学习任务。可见，音乐教学同样担负着一个重要的任务：培养头脑清晰的学习者！之所以不隐藏第一张图片，是因为它起到唤起幼儿回忆的功能。

（4）"拓展的练习"环节　绕口令的学习，本身就饶有趣味。由于本歌词内容呈并列形式存在，无逻辑关系，因而可任意调换顺序。根据排列组合规律，前五句歌词能唱出上百种变化，因而留给幼儿广阔的创造空间。多变的歌词组合一方面可以激发幼儿学唱的兴趣，另一方面，也使幼儿获得了语音练习的机会。而且最后一句歌词因为不停地调换次序而产生挑战性和诙谐感，更为幼儿的可持续性发展带来了一笔意外的财富。

初次交换图片，尚不能让幼儿直接快速唱出新歌。这是因为新歌词与原曲旋律的相互结合对幼儿来说难度较大，特别是最后一句，更是学习之难点。所以这时教师要采取分两步走的方式进行教学：第一步解决歌词的学习问题，第二步解决词曲结合的问题。如此分解难点，可减轻幼儿记忆与反应的困难。

教师"首句带唱"的目的是阻断幼儿错误的动力定型，避免幼儿出现固守原有唱法的现象。

不断的变式练习，一方面使歌曲的学习得以巩固，另一方面也使幼儿获得快速反应、迎接挑战而带来的快乐。此外，幼儿的年龄特点决定了幼儿的学习和游戏是不分化的。上述环节设计使得歌曲的学习更富有游戏性，所以，与其说幼儿是在学唱歌曲，倒不如说幼儿是在玩唱歌曲。

（5）"活动延伸"环节　幼儿同伴群体是宝贵的教育资源，此处的合作探究式学习模式，显然是很有意义的。幼儿在分组重组图片的过程中，学会了与人商量，学会了听取别人的意见，学会了采纳他人的意见，在此基础上，幼儿真正享受到了合作带来的快乐，而这一切都有助于幼儿的社会性发展。

✿ 拓展训练

（1）幼儿园歌唱教学活动的内容包括哪几个部分？

（2）幼儿园歌唱教学活动的设计目标包括哪些？

（3）幼儿园歌唱教学活动中，新歌导入的方式有哪几种？

（4）以小组为单位，设计一个集体歌唱教学方案，并尝试运用有关歌唱活动的基本结构的知识对此进行分析，上传至学习通平台。

（5）以小组为单位，找一首你们认为优秀的歌曲，分析其教育价值以及年龄适应范围，尝试为幼儿设计一个具有游戏性质的集体歌唱教学方案，并讨论分析该歌唱活动与幼儿全面发展之间的关系。

▤ 学习总结

本章以幼儿歌唱教学活动的设计与指导为核心，系统提供了歌唱教学活动材料的选择、歌唱教学活动目标的设计、歌唱教学活动的基本结构、歌唱教学活动的导入方式、歌唱教学活动的指导策略等基础知识。并列举了一些歌唱教学活动案例，进行分析。

第四章
幼儿园韵律教学活动的设计与指导

🌱 导学

在本章中你会学习到韵律教学活动的设计与指导以及韵律教学活动案例分析。

📋 学习目标

（1）掌握幼儿园韵律教学活动包含几方面的内容。

（2）能够设计幼儿园韵律教学活动的基本教学环节，分析幼儿园韵律教育活动的案例。

（3）树立正确的音乐教育观，理解幼儿园韵律教学活动的重要价值。

✿ 思维导图

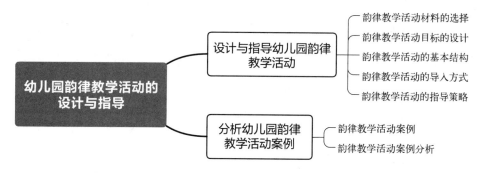

第一节

设计与指导幼儿园韵律教学活动

✈ 案例导入

案例:《新年好》

——幼儿园小班韵律活动

【活动目标】

（1）幼儿能够在音乐伴奏下，用手拍出或用脚踏出乐曲的每一个音符，感受音符时值的长短变化。

（2）幼儿能够在歌曲《新年好》的律动活动中，体会出乐曲欢快愉悦的气氛。

（3）幼儿能够对中西方过新年的习俗有初步的认识。

【活动准备】

（1）歌曲《新年好》音频资料、与过新年相关的图片和视频及播放设备。

（2）律动活动场地。

【活动过程】

（1）导入。教师播放歌曲《新年好》，同时展示过新年的图片或视频。

（2）教师带领幼儿做节奏律动活动。

首先，在乐曲伴奏下，教师带领幼儿按照歌曲《新年好》的节奏强拍手、弱拍肩，教师清唱乐曲旋律，每唱一个音符就拍一下。幼儿模仿教师的动作，感受音符时值的长短变化。

接下来，幼儿坐在椅子上，用双脚原地踏出乐曲的节奏。在此过程中，教师提示幼儿当踏到两个八分音符时，要注意换脚时节奏的把握。

然后，教师和幼儿围成一个圆圈，顺时针走，用步伐踏出乐曲的节奏，感受每个音符的长短不同。

（3）活动结束。幼儿在教师的带领下，在乐曲声中，踏着音乐节奏走出教室。

要求：根据案例分析以下问题。

（1）材料中教师选择了怎样的韵律教学活动材料？

（2）你认为材料中的韵律教育活动有何特点？

知识讲解

韵律活动是指伴随音乐进行，并运用与音乐相协调的身体动作进行艺术表现的活动。幼儿园韵律教学活动的主要教育内容有：韵律动作及其组合、韵律活动的表演形式、韵律活动的简单知识和技能、韵律活动的常规等。本项目主要概述幼儿园韵律教学活动材料的选择、幼儿园韵律教学活动目标的设计、幼儿园韵律教学活动的基本结构、幼儿园韵律教学活动的教学流程设计、幼儿园韵律教学活动的指导策略以及幼儿园韵律教学活动案例分析。

一、韵律教学活动材料的选择

韵律活动的材料包括动作、音乐和道具。因此，在为幼儿选择韵律活动的材料时，也要从这三个方面来考虑。

（一）动作的选择

动作的选择要考虑幼儿的兴趣以及年龄特征，难度过于大的动作是不适合幼儿的，经常采用这样的动作会使幼儿对用身体活动、表现的韵律活动丧失兴趣。

1.注意动作的类别是否符合幼儿的兴趣

动作的选择应考虑幼儿的兴趣，不同年龄的幼儿在基本动作、模仿动作和舞蹈动作等动作类别的选择方面应有所不同，具体可以参考表4-1。

表4-1　韵律教学活动的动作分类

动作分类	托班和小班	中班	大班
基本动作	以基本动作为主	适当增加有难度的基本动作	基本动作逐步退居次位
模仿动作	逐步增加模仿动作比例	进一步增加模仿动作比例	以模仿为主
舞蹈动作	接触简单的舞蹈动作	增加难度稍高的基本舞蹈动作比例	以舞蹈动作学习为主

需要注意的是，早期幼儿学习的"舞蹈动作"应该富有童趣。随着幼儿年龄的增长，一些具有明显民族文化风格，甚至带有异国情调的舞蹈动作也可作为幼儿学习的内容。

2. 注意动作的难度是否适应幼儿的能力

幼儿的动作发展是有一定规律的，即从大的整体动作到小的精细动作，从单纯动作到复合动作，从不移动动作到移动动作。因此，在为幼儿选择动作时，就动作难度方面的选择可以参考表4-2。

表4-2　韵律教学活动的动作特点

年龄	动作特点	选择动作难度举例
3~4岁	小肌肉动作、联合性动作发展较慢	开始可以选用一些坐着或站着不移动的单纯上肢大肌肉动作，如打鼓、吹喇叭、拍球等。随后，可以逐步学习一些单纯的下肢动作，如踏步、走步、小碎步等。最后，在上述动作均已熟练的基础上再做移动和不移动的联合动作，如边走边拍手、边走小碎步边学小鸟飞、边踏步走边绕动手臂做开火车的动作等
4~6岁	控制动作的能力与节奏感都有所发展	可以较多地学习移动动作、联合动作和一些小肌肉的、细小的动作，如边走秧歌步边甩动红绸、边走垫步边用手腕转动摘果子等

就动作的变化来说，低龄幼儿一般比较容易接受连续重复的动作。动作变换一般应在段落之间进行，偶尔也可以在乐句之间进行。随着幼儿记忆和反应能力的提高，动作变换可以较多地在乐句之间进行，甚至偶尔也可以在乐句之内进行。

（二）音乐的选择

1. 注意音乐的风格是否适应幼儿的审美需要

一般人往往认为，幼儿音乐和具有中国风格的音乐应该更贴近幼儿的生活，因而也更容易受到幼儿的喜爱，实际上，这种认识是不太科学的。轻松愉快、性质柔和的音乐多为新生婴儿所喜爱，这是因为此类音乐能带给他们生理上的舒适感；随着年龄的增长，幼儿音乐越来越受到幼儿的喜爱，这是因为幼儿音乐的风格样式和文化内涵逐步被幼儿所熟悉和理解，这种理解以后的喜爱是超越了生理舒适和熟悉感、满足感的更加高级的情感。随着幼儿的继续成长，一些已经过分熟悉的音乐风格，又开始逐渐失去了吸引力。相反，某些带有异国风格的音乐和成人音乐（如外国芭蕾舞曲片段《西班牙斗牛舞》、电影《黄飞鸿》的主题歌曲《男儿当自强》等），由于其适度的陌生性、新异性和挑战性，开始逐步为较大年龄的幼儿所追求，成为猎奇的对象。因此，在为各年龄阶段的幼儿选择韵律活动的音乐时，可以参考表4-3。

表4-3　韵律教学活动的音乐选择要求

班型	音乐选择要求
托班	应多选择轻松愉快、节奏鲜明、性质较柔的音乐以及重复性较强、经典性的音乐作品
小班	可注意逐步加大幼儿音乐和一般性中国风格音乐的比例，让幼儿有充分机会熟悉和欣赏这两类音乐
中班	在中班的后期阶段，可有意逐步加入具有明显民族个性的中国风格的音乐
大班	具有明显地域、民族个性的异国风格的音乐，以及少量情绪健康向上、刺激适度的成人音乐

需要注意的是，在整个幼儿阶段都应比较重视音乐中的重复性和音乐作品的经典性。

2. 注意选取的音乐是否适应动作的需要

韵律活动不是一般地做动作，而是要随着音乐合拍地做动作，因此，在为幼儿选择韵律活动的材料时，还要考虑音乐是否适应动作的需要，具体可从以下几方面考虑。

（1）所选的音乐应节奏清晰、结构工整、旋律优美、形象鲜明　强调选择音乐在节奏、结构、旋律、形象方面的特点，是因为这样的音乐不仅能激发幼儿活动的愿望，而且易于幼儿用动作加以表演。

（2）可以为同一种动作选用不同的音乐　一种动作常常会出现在不同的舞蹈中，当然也会配以不同的音乐，为同一动作选择不同的音乐，可提高幼儿的音乐感受力和动作的迁移能力。如在为小班幼儿选用模仿动作"小鸟飞"的音乐时，可以经常更换各种适合做"小鸟飞"动作的乐曲，这样幼儿能通过对音乐的感受而知道哪种性质的乐曲适合做"小鸟飞"的动作，而不至于让幼儿造成只有某首固定的乐曲才适合做"小鸟飞"动作的印象，这对音乐感受力的发展和迁移能力的发展能起到一定的作用。

（3）可以为不同的动作选用同一首乐曲　同一首乐曲虽曲调不变，但音区、节奏、力度、速度等音乐要素却可以根据具体要求加以改变，从而使音乐的性质发生变化，可以表达不同的形象。如：原来是普通走步的音乐，若将之提高几度音，再加上许多跳音就适合于做兔子跳了；若降低音区、放慢速度、增强力度，又可变成大熊慢走的音乐；若再改成三拍子、移动音区、用轻柔的力度弹奏，似乎又可配以鸟飞的动作了。

（4）为不同年龄阶段的幼儿选取不同的音乐　在实际的韵律活动中，要十分注意：为小年龄幼儿选用的音乐，其速度不宜太快；在为3岁左右的幼儿伴奏时，还应注意用音乐去跟随幼儿的动作；待幼儿逐步学会用动作跟随音乐以后，宜先选用中等速度的音乐；只有当幼儿控制自己动作的能力逐步增强后，才可以采用稍快或稍慢的速度，以及逐渐变化的速度。

（三）道具的选择

在幼儿园韵律活动中，大部分情况下并不使用道具。但在确实需要使用道具的情况下，教师应考虑以下几点。

1. 注意所选的道具是否能增加活动的趣味性，且便于使用

在韵律活动中，教师所选的道具除应比较新颖有趣以外，还应比较容易取放、抓握，如道具不宜过大、过重，使用技巧也不宜过于复杂。如某小班幼儿在跳《小风车》舞蹈时，所用的道具为人手一个风车。但由于教师提供的风车过大、过重，因而既不利于幼儿随乐舞动，也不容易使幼儿在跑动的过程中转动风车，时间长，幼儿参与活动的兴趣便大大下降。

2. 注意所选的道具是否经济实惠，且便于获得

在选择道具时，不宜在经济精力上有太多的投入，应多使用幼儿身边的普通甚至废旧材料来制作道具。如在教小班幼儿跳《丑小鸭》的舞蹈之前，可先请大班幼儿为弟弟妹妹们制作小鸭帽。具体制作方法：将方便面的空碗粘上帽舌，再略加装饰便成了一顶可爱的小鸭帽了。待小班幼儿学会了《丑小鸭》舞后，再组织他们在音乐表演活动或娱乐活动中跳舞给大班的哥哥姐姐们看，这样的联谊活动一定很有意义。

3. 注意所选的道具是否具备审美特点

教师所选择的道具不宜粗制滥造，也不宜过于讲究精致逼真，应有益于引发和丰富幼儿的想象与联想，增加幼儿的美感。如在为舞蹈《小鸟的舞》选择道具时，使用象征鸟羽的指饰（类似戒指的指环上固定彩色禽羽或类似物，将环套在中指指根处，羽状物向上）会比象征小鸟的胸饰、臂饰更具有审美性和想象的空间。

有时，也可用简单的"一物多用"的处理方法来发展幼儿的审美想象力和创造性地开发各种普通事物功能的能力。如折叠的纸扇并拢即为"刀"，可作"刀舞"的道具，打开便是"扇"，可作"扇舞"的道具。

4. 注意所选的道具是否能有效地帮助教师的"教"和幼儿的"学"

道具作为一个有力的教学手段，应能促进教学重点、难点的突破，起到推动教学、促进学习的作用。如集体舞蹈教学中教师为幼儿选用的身体装饰物往往就是幼儿学习的有效线索，它既可以起到帮助幼儿结交舞伴的作用，也可以起到帮助幼儿减轻空间认知负担等作用。

二、韵律教学活动目标的设计

韵律活动的目标设计需要考虑幼儿动作的发展和动作的合乐性，同时也要兼顾幼儿发展的整体性，即兼顾学习品质、个性、情感和社会性等方面的发展需要。具体举例如下。

案例

小班韵律教学活动：小兔看花

活动目标：

（1）初步感受音乐 ABA 的结构和性质，学习跟随 A 段跳跃的音乐节奏，较合拍地做蹦跳步。

（2）在教师的启发下，尝试用不同的身体动作表现"花"的姿态。

（3）知道找空地方活动，愿意和同伴、教师一起玩捉迷藏的游戏。

中班韵律教学活动：大家一起喜洋洋

活动目标：

（1）初步熟悉音乐的旋律，感受音乐欢快的情绪，能合拍地做羊和狼的动作。

（2）借助故事情境，初步明确动作含义及其顺序，尝试用动作表现"力气大"。

（3）能注意听音乐，理解遵守"听到信号抢椅子"的游戏规则。

三、韵律教学活动的基本结构

幼儿园韵律活动的基本结构

目前，在幼儿园中经常采用的韵律活动类型主要有律动、舞蹈、歌表演，以及伴随音乐或歌曲进行的动作表演游戏。这里所说的律动，是特指幼儿从事的简单的身体艺术造型活动，所以在这里主要讨论这种强调幼儿自由性、创造性的律动教学和强调合作、交流的集体舞教学的基本结构。

1. 创造性律动教学的基本结构

"创造性律动"是当今幼儿园音乐舞蹈教学研究领域的一个新概念。其特殊的教育价值在于：这种活动为幼儿提供了更多自由地、创造性地伴随音乐进行身体动作表达的机会，弥补传统韵律活动教学以模仿和重复练习为主的不足，使幼儿能够在活动中体验到自主探索和创造性实现自己想法的乐趣。

创造性律动教学的基本结构一般由以下三个步骤组成，初学者可参考这一结构去设计和组织活动，同时考虑幼儿的实际情况，来开展创造性律动。具体步骤见图4-1。

（1）导入活动，激发幼儿参与律动的兴趣

创造性律动教学的第一步，是导入活动。此环节可起到吸引幼儿的注意，调动其学习的积极性，积累动作表达语汇，感受动作与音乐之间的关系等作用。律动《洗手帕》活动，教师就是采用动作演示导入活动的。在教《洗手帕》律动时，教师可运用一些教具，如手帕、搓板、小盆等。教学时，教师可边哼唱律动的音乐边演示洗手帕的方法，请幼儿观看。这样不仅幼儿会很感兴趣，而且还能看到动作的顺序，并能感受到动作与音乐节奏之间的关系。

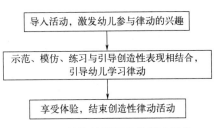

图4-1　韵律教学活动的基本结构

（2）示范、模仿、练习与引导创造性表现相结合，引导幼儿学习律动　传统的律动学习环节一般采用"示范、模仿、练习"的方法，目的是帮助幼儿学会韵律动作或组合，而现今的方法是采用"示范、模仿、练习与引导创造性表现相结合"的方法，目的是促进幼儿的全面发展。关于创造性律动中可供幼儿创造性表现的内容和教师具体的指导策略在后面详细叙述。

不同的创造性律动教学应采用不同的设计方案，但不管方案有何变化，其"动静交替、层层深入、层层累加"的设计原则总是不变的，也只有这样，幼儿在学习中才能较长时间地保持身心舒适，愉快有效的学习也才能够得到保障。以下分几种情况阐述。

① 对于比较单纯的律动模仿动作来说，教师可以采用"先鼓励幼儿探索模仿性动作，再加以反馈，最后按音乐的结构将这些动作编成一个完整的律动，并引导幼儿学习"的教学方案。

案例

滑稽的脚先生（中班）

（1）请幼儿探索用脚的不同部位做走路动作。

（2）教师根据探索的动作出示相应的动作图片。

（3）幼儿看图，听教师边指图边演唱歌曲《滑稽的脚先生》，了解脚先生走路的动作顺序。

（4）幼儿边看教师指图，边按照动作顺序随音乐合拍地做脚先生的各种滑稽动作。

（5）幼儿尝试在没有图片提示的情况下，随乐合拍地做动作。

② 对于动作结构比较复杂的韵律动作组合来说，教师可以采用"先放慢速度，边示范、边讲解、边练习，然后再逐步增加连贯性和速度"的教学方案。

案例

地毯上的游戏（中班）

（1）教师与全体幼儿盘腿坐成大圆，面向圆心。

（2）教师边示范动作边讲解："我的小手会和自己说话（双手握空心拳同时轻击两膝内侧两下），还会和朋友说话（双手握空心拳同时轻击左侧朋友的右膝内侧三下）。"幼儿观看并模仿教师的动作：先找到左边同伴的右腿，再做"和自己说话、和朋友说话"的动作。

（3）教师启发幼儿在轻敲自己和他人膝部时口中发出有趣的声音，如"巴 巴｜嗒嗒嗒｜"，依次强化幼儿对动作的记忆，并体会动作的节奏性。

（4）教师用同样的方法示范、讲解其他动作，如"小屁股转一圈玩玩，小腿伸出去玩玩""后背也想躺下去玩玩，它和小腿玩起了跷跷板""小手玩起了爬大山的游戏""小手玩得真高兴，它们拍拍手，然后举起右手喊'耶'"。幼儿观察并模仿练习上述动作。

（5）教师边哼唱旋律边做上述动作，帮助幼儿理清音乐结构，以及音乐与动作之间的关系。

（6）幼儿先随教师哼唱后随录音音乐完整地表演动作若干次，教师逐步减少语言提示。

③ 对于音乐结构比较复杂的韵律动作组合来说，教师可以采用"先用简单身体动作感知音乐的性质和结构，然后再学习动作和动作结构"的教学方案。

案例

小铁匠（大班）

（1）请幼儿边听音乐《铁匠波尔卡》，边随乐做拍手、拍肩等简单的身体动作，以此感知和表现音乐轻松愉快的性质和 ABA 的三段体结构。（如 A 段音乐做拍手动作，B 段音乐做拍肩动作。）

（2）引导幼儿观看图片，了解铁匠打铁的有关知识。

（3）教师引导幼儿创编打铁的表演动作，并和幼儿一起讨论，按铁匠打铁的先后顺序将这些动作组织起来。

（4）集体学习律动组合"小铁匠"。

（5）教师引导幼儿创编两人或三人合作的打铁动作。如一人当铁块，一人当铁匠；两人合作面对面推拉风箱、一人当炉子里的火等。

（3）享受体验，结束创造性律动活动　在结束程序的设计处理上，总的原则应是在享受的过程中帮助幼儿解除身心疲劳。如可以让幼儿欣赏自己的创作表演，也可以让幼儿欣赏教师或其他人（包括音像制品中的）表演。在这个环节中，一般不宜在幼儿的最后表演前再提技术性的要求，情绪性的要求也应用"暗示"来使幼儿自愿为之。幼儿表演之后也不宜再进行技术或价值的评判性谈话。教师和幼儿共同的自我享受才是最好的结束性体验。

2. 集体舞教学的基本结构

目前，越来越多的人已经认识到：跳舞和唱歌一样，都是生活中的一部分，跳舞和唱歌都应该真正成为每一个幼儿都能够获得和享受的权利。教师教幼儿跳舞，首先应该让幼儿感到他们是为自己而跳，是为了获得运动的快乐和交流的快乐而跳，而不是为了获得舞蹈的知识技能而跳舞，为了在舞台上展现自己的舞蹈才华而跳舞，为了老师、父母及其他人而跳舞。在上述价值取向支配下，如今的幼儿园中，一种有别于单纯以节奏反应、身体技巧展示等为主要价值的身体艺术活动——幼儿园集体舞正越来越被人们所重视。

集体舞是一种传统的、有地域特征的群众文化，类型多种多样，包括圆圈舞、行列舞、方阵舞、链状舞等多种形式。这些文化特点浓厚的集体舞，突出的特点是娱乐性、群体性和参与性。其价值主要是可以使人们在简单的动作练习、丰富的队形变化中进行情感的、体态的、非言语的交流。当舞蹈参与者忘我地沉浸于其中时，可使人获得个人心灵和身体的安宁，达到回归自然、回归人性的境界。

根据上述集体舞的特点，我们可以归纳出来，幼儿园的集体舞是指全体幼儿共同参与的，强调在队形变化中进行人际交流的一种舞蹈类型。这种舞蹈类型既是民族的、民间的传统文化的延续和传递，又给幼儿提供了轻松的、重在参与和享受人际交流的机会。它与其他舞蹈类型的区别就在于：舞蹈的形式是不同的，舞蹈被赋予的价值是不同的，参与舞蹈者的真实领悟和获得的真实价值也是不同的。幼儿园集体舞教学活动的基本步骤如图 4-2 所示。

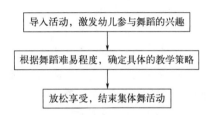

图4-2 幼儿园集体教学活动的基本步骤

（1）导入活动，激发幼儿参与舞蹈的兴趣　导入的方式是各种各样的，"顽皮的小绅士""快乐的火把节""请你看看我是谁"就是采用了不同的导入方式。

在教"顽皮的小绅士"时，教师先出示"小绅士"图片，并用动作表现小绅士神气的姿态，然后鼓励幼儿用动作学学小绅士的样子，幼儿立刻被吸引住了。

在教"快乐的火把节"时，教师先播放有关黎族盛大传统节日——"火把节"的舞蹈视频，以帮助幼儿感受节日的气氛，激发幼儿对活动的向往。

在教"请你看看我是谁"时，教师先和幼儿玩"捉迷藏、找朋友"的游戏，从而引发幼儿参与活动的兴趣。

（2）根据舞蹈难易程度，确定整体感知和部分分解学习的教学策略　集体舞蹈的类型有很多种，每种类型的舞蹈在动作和队形处理等方面更是丰富多彩，因而集体舞蹈的学习这一环节也是千变万化、无法穷尽的，但不管采用何种教学方案，其"动静交替、层层深入、层层累加"的规律是一样的。以下重点介绍两种设计思路。

① 比较简单的集体舞蹈可以采用"先省略细节，以帮助幼儿感知舞蹈的总体轮廓，再逐步将舞蹈细致化、复杂化"的教学方案。

📚 案例与评析

以色列家庭圆圈舞（大班韵律活动）

（1）师生共同围成单圈，先按顺时针方向走圆（四个乐句），再"面向圈里"进（大圆内缩成小圆，一个乐句）、退（还原成原来的大圆形状，一个乐句），再重复地进（一个乐句）、退（一个乐句）。

（2）教师边哼唱伴奏曲边带领幼儿做上述动作。

（3）师幼"面向圈里"练习加上手部动作的进（双手捻指）、退（双手自然下垂，向身体两侧打开）动作。

（4）教师哼唱曲调带领幼儿做加上手部动作的进、退、进、退动作。

（5）教师哼唱曲调带领幼儿跳完整的舞蹈。

（6）教师告知幼儿走圆时个人的手与前后的舞伴相连的方法：圈内的手（右手）手心向上，放在自己的肩膀上，圈外的手（左手）轻轻放在前面朋友肩膀上的手心里，圈上所有的人便连接起来。

（7）学习跟随教师哼唱的曲调完整舞蹈。

（8）跟着音乐连续舞蹈。

如果幼儿基础较好，还可增加一个步骤：让幼儿在走圆时加上更复杂的手部动作，队形也可以采用连（走）、断（拍手）、连（走）、断（拍手）的形式。

分析：在上述集体舞蹈教学过程中，教师一开始就让幼儿了解舞蹈的整体轮廓，在此基础上再根据幼儿的情况逐步将舞蹈的动作和结构复杂化，这种"累进"的策略，使幼儿能够集中精力进行空间变化和人际交往，从而形成舞蹈形象的整体感和与众多同伴共舞的集体感。这类集体舞通常所含的基本动作比较单纯，难度也不高。

② 较复杂的集体舞蹈可以采用"先感知、理解、学习舞蹈中的重难点部分，再逐步累加、逐步深入，不断激励幼儿学习或练习"的教学方案。

案例

小鸟的舞（大班韵律活动）

"小鸟的舞"是一个由四种色彩的"小鸟"共同表演的单圈舞蹈。在该舞蹈中，设计者为幼儿安排了多种与不同舞伴进行交流的机会，故而队形变换较为复杂。教学中，教师采用了以下几个步骤进行教学。

（1）幼儿围坐成单圈，四人一组，右手腕上分别戴上红、黄、蓝、绿色腕花分别代表红、黄、蓝、绿四色小鸟，安排四色小鸟为一家。

（2）幼儿学习"穿梭"式进出内圈，变化队形。

步骤一：红、黄、蓝、绿四色小鸟按序面向圈里站立。

步骤二：红鸟飞进圈内。

步骤三：红鸟往回飞。

步骤四：红鸟飞回家，黄鸟、蓝鸟、绿鸟同时面向圈上（顺时针方向站立），红鸟环绕本组同伴飞出、飞进，依次与黄鸟、蓝鸟、绿鸟打招呼，最后面向圈上站立。此时，小鸟一家已由原来的红、黄、蓝、绿顺序变为黄鸟、蓝鸟、绿鸟、红鸟的站位顺序。

步骤五：全体小鸟面向圈里。

黄鸟、蓝鸟、绿鸟重复上述动作。最后，四色小鸟们按红、黄、蓝、绿的顺序排列，但所有的小鸟均已移位。

（3）教师请幼儿跟随音乐完成上述"穿梭式"队形变化。

（4）累加"小鸟飞出去，躲起来"的手部动作。

（5）幼儿跟随音乐完整舞蹈。舞蹈结构为：红鸟"穿梭"式地进出圈内，和不同舞伴交流，再全体做"小鸟飞出去，躲起来"的手部动作；然后由黄鸟"穿梭"式地进出圈内，和不同舞伴交流，再全体做"小鸟飞出去，躲起来"的手部动作；蓝鸟、绿鸟动作同上。音乐重复四遍。结尾处，全体幼儿自转一圈，同时和圈上的朋友自由打招呼。

（6）教师提出"眼神交流"的要求，再次随乐跳舞，感受与目光注视对象进行交流的愉快。

（3）放松享受，结束集体舞活动　和创造性韵律活动一样，集体舞蹈在结束程序的设计处理方面也应该体现"享受"的原则，以此帮助幼儿解除身心疲劳。可设计放松或欣赏的内容结束活动，如可以让幼儿邀请别人一起舞蹈，也可以让幼儿欣赏教师或其他人（包括视频中的人）表演等。而且一般也不需要在结束的环节让幼儿坐回座位上，进行其他复习活动。

四、韵律教学活动的导入方式

幼儿园韵律活动的导入，实际上是指在幼儿园集体音乐教育情境中使幼儿第一次接触某一韵律活动的教学环节，也可以说是韵律活动教学系列活动中第一层次的活动。下面提供一些仅供参考的导入方式。

（一）观察或回忆的导入方式

观察或回忆的导入模式旨在强调导入环节与幼儿日常生活的实际联系，导入的材料是从幼儿生活中选取的。

1.观察导入

即让幼儿在观察具体事物的外部形象或运动状态后，随之用自己的动作创造性地进行表现。

案例

小茶壶（小班韵律活动）

（1）教师组织幼儿观察小茶壶。

（2）教师鼓励幼儿用身体动作表现小茶壶的造型。提问："谁会把自己的身体变成一把又肥又矮的小茶壶？""壶柄在哪里呢？壶嘴在哪里呢？"

（3）教师邀请个别幼儿轮流表演小茶壶，引导幼儿相互观察，相互学习。同时教师清唱歌曲的1~4乐句，帮助幼儿熟悉歌曲并感受动作和音乐的关系。

可供幼儿观察的对象除了实物外，还可以利用直观教具、影像制品等。如在"小茶壶"活动中，教师也可播放视频，引导幼儿观察茶壶的基本造型、茶壶的结构、水滚开的样子、茶壶给茶杯倒水和茶杯接水的样子，再与幼儿讨论如何用身体和动作加以表现，并伴唱歌曲，从而自然地将歌曲中的每一乐句内容和音乐与幼儿的动作匹配，增强幼儿按乐句动作的节奏感。

2. 回忆导入

即让幼儿在回忆有关具体事物的外部形象或运动状态后，再用自己的动作创造性地进行表现。

案例

有趣的洗衣机（大班韵律活动）

（1）教师引导幼儿回忆洗衣机洗衣服的流程，并逐一出示四幅图。

（2）引导幼儿按序创编相关的动作：放衣服、衣服漂起、衣服转动、衣服被甩干后的样子。请个别幼儿示范动作。

（3）和幼儿共同讨论集体扮演洗衣机的方法：手拉手围成一个圆圈，同时向左、向右转动。（为了保证洗衣机转动方向的一致性，可事先确定一位指挥，该指挥一开始可由教师担任，幼儿根据指挥"头转动的方向"来确定洗衣筒的转动方向。）

（4）配班教师扮演衣服，幼儿手拉手扮演洗衣机，随音乐共同游戏。幼儿在游戏中要观察教师的动作。

（5）少数幼儿扮演衣服，大部分幼儿扮演洗衣机，随音乐游戏。

（6）引导幼儿共同讨论晾衣的情节，并创编相应的动作。完整进行游戏一遍。

（二）复习或学习的导入方式

韵律活动是与幼儿身体动作的活动相联系的，复习或学习导入的方式强调的就是从幼儿已有的动作、队形、舞蹈的复习或学习入手。

1. 基本动作的复习或练习导入

即先复习某个熟悉的动作，再自然地迁移学习与原动作有联系的新动作，或直接观察他人的新动作并加以模仿。以下案例就是从复习入手导入的活动。

案例

五人新疆舞（大班集体舞蹈）

（1）复习基本舞步"踮步"。知道做踮步动作时，重心主要保持在一条腿（主力腿）上，另一条腿（动力腿）专门负责移动，而且动力腿是在音乐的"强拍"上向下踏的。

（2）教师示范"进退步"，请幼儿观察并指出与"踮步"的异同（相同之处是主动力腿的重心关系和动力腿与音乐强拍的关系是一致的；不同之处是踮步的动力腿是原地踮动，而进退步的动力腿则是按一前一后的顺序踮动的）。

（3）教师邀请幼儿站成一个大圆圈和自己一起来学习基本舞步"进退步"，感受"进退步"和"踮步"的异同，以及共同舞蹈的快乐。

（4）教师邀请幼儿学跳"五人新疆舞"。

2. 队形复习或学习导入

即先复习熟悉的队形，再自然地迁移学习与此有联系的新队形，或直接从感知、理解、学习新队形开始。

（1）从复习开始

手绢舞（中班集体舞）

（1）从幼儿已熟悉的单圈舞蹈开始。全体幼儿面向圆心，右手拿一条红手绢，双手叉腰站成单圈，模仿用红手绢"捉迷藏"及"召唤同伴"的动作。具体动作包括：原地小碎步、两臂小举前后挥动手绢、双手蒙脸抖动手绢等动作。

（2）由单圈变成双圈。教师邀请一半幼儿手拉手站成一个圆圈，然后向后转，背对圆心站好；另一半幼儿每个人自选一个舞伴站在他的对面。全体幼儿跟随音乐做上述动作。

（3）学习队形变化。幼儿双手叉腰，用有红手绢的手指向对面朋友叉腰的手，顺着手指的方向小碎步向前走，不转身，不回头，再原路走小碎步退回来。（在队形变化中幼儿会发现原来站在对面的朋友不见了，接着又找到了。）

教师带领幼儿学习队形变化，同时清唱旋律，并配以双手蒙脸，抖动手绢，小碎步向前走，寻找小朋友的动作。

（4）学习交换舞伴。请里圈的小朋友原地走小碎步，外圈的小朋友顺着红手绢的方向，小碎步移到下一个舞伴面前。教师带领幼儿交换舞伴，同时清唱旋律。里圈幼儿左手叉腰，右手上举抖动手绢，原地走小碎步；外圈幼儿向右走小碎步，移动一个人的位置，与下一个里圈舞伴面对面站好。最后一拍里、外圈幼儿同时将右手指向新舞伴并喊"嗨"。

（5）随乐舞蹈2~3遍。

（2）从感知、理解、学习新队形开始

卷炮仗（大班韵律活动）

（1）教师提问："谁能把毛巾卷成炮仗？"（教师把一块毛巾平铺在凳子上，凳子要放在合适的空间，要让全班小朋友看到卷"毛巾炮仗"的整个过程。）

（2）教师："请小朋友看看'炮仗'底部的线是什么样的？"（教师环走一圈，让所有的幼儿都注意看线条的形状。）

（3）教师："请一个小朋友上来把炮仗底部的线画下来，其他小朋友闭上眼睛空手画，老师说'1、2、3'，小朋友睁开眼睛，看看你们画的线和黑板上的小朋友画的线是不是一样。"

（4）教师张开双臂，同时提出新要求："谁能把老师卷成炮仗？"（请个别幼儿上来将老师卷成炮仗，如一手蜷曲放至胸前，另一手紧抱该手臂。）

（5）教师把小朋友分成两组，请每组小朋友卷成一个小炮仗。

（6）教师："现在，老师请小朋友一起站起来，我们来卷一个大炮仗。"

教师首先当带头人，带领幼儿卷炮仗——学习走螺旋队形。然后请幼儿当带头人，带头的幼儿站在第一个，老师站在第二个位置上。

3. 舞谱导入

在幼儿园舞蹈教学活动中，教师常常会制作舞谱以帮助幼儿学习舞蹈。用舞谱导入，就是指利用舞谱帮助幼儿学习舞蹈的方法。

种太阳（大班集体舞）

（1）教师向幼儿提供五张画有"太阳"和"箭头"的图片，第一至四张图片分别表示面向圆心聚拢、面向圆心散开、在大圆圈上顺时针转、在大圆圈上逆时针转，第五张为包含四张小图片的大图谱（图4-3）。

（2）教师引导幼儿认识各种图片的含义，并练习按图走队形。

图4-3（a）：全体面向圆心聚拢。

图4-3（b）：全体面向圆心散开。

图4-3（c）：全体顺时针方向转动（向没有戴手腕花的方向移动）。

图4-3（d）：全体逆时针方向转动（向戴手腕花的方向移动）。

图4-3（e）中①：走成一个大圆圈。

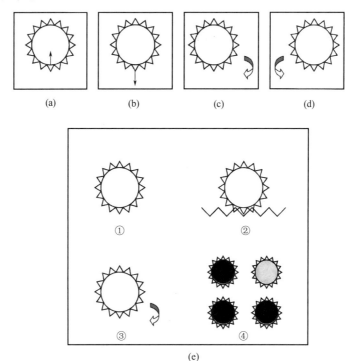

图4-3 "种太阳"活动图片

②：边走边双手高举做出太阳光芒四射的动作。

③：全体顺时针方向转动。

④：由一个大圆变成四个小圆。（幼儿根据右手上所戴颜色的花环，围成红、黄、蓝、绿四色太阳。）

（3）请幼儿将图4-3中（a）～（d）的图片随意排列。

（4）在歌曲的前半部分（第1～4乐句），教师带领全体幼儿按照排列后的图片结构跳简单的圆圈舞。在歌曲的后半部分（第5～10乐句），教师带领全体幼儿按照图4-3（e）跳舞：第5～6乐句按图4-3（a）；第8句分别按图4-3（b）和（c）；第9～10乐句按图4-3（d）。

（5）教师组织幼儿重复以上步骤（3）和步骤（4）。尝试用不同的队形结构来跳舞。

（6）教师可以根据幼儿掌握情况，将手部及脚部动作复杂化。

（三）动作创编的导入方式

即幼儿即兴创编动作，并独立地或在老师的帮助下将所编动作组织到音乐中去。

案例

炒豆子（中班集体舞）

（1）创编炒豆子的动作。

① 教师创设炒豆子的情境。鼓励幼儿自由探索炒豆子的动作。

② 教师边清唱旋律边反馈幼儿的动作。

③ 全体幼儿听教师哼唱旋律，练习炒豆子的模仿动作，逐步做到合拍地做动作。

（2）请幼儿两两相对手拉手创编翻豆子的动作。学习方法与学习炒豆子的方法基本相同。

（3）将炒豆子、翻豆子的动作连起来做。

和幼儿一起商议，选定某个炒豆子和翻豆子的动作，随后听教师哼唱旋律合拍练习，第1～4小节炒豆子，第5～6小节翻豆子。

（4）学习站队形跳集体舞。

① 在教师的带领下站成双圈，男外女内。教师语言提示：男孩子手拉手围成一个大圆做"锅"，每个女孩子找一个男孩子和他面对面站做"豆子"。

② 边听教师讲解，边看示范动作：两人拉手转圈交换位置。

③ 听教师唱曲谱第7～10小节，学习里外圈互换位置的方法。

（5）听教师哼唱旋律，在教师的语言提示下完整地跳舞。

（6）在音乐的伴奏下，练习完整地跳"炒豆子"的舞蹈。在练习过程中，逐渐减少对教师提示语的依赖。

（四）游戏导入的模式

即用游戏的方法学习动作或队形。

案例

萨沙（大班韵律活动）

（1）教师和幼儿共同围坐在圈上拍手击掌。（每人右手手背上贴一个小贴花。）

① 教师伸出双手，左手掌心向上，右手掌心向下。引导幼儿关注右手手背上有一个小贴花。

② 教师：你会像我这样伸出双手吗？

③ 教师将贴贴花的手（右手手掌）放在右边小朋友的左手掌心上，幼儿观察与模仿。如此，圈上所有人的手掌与手掌便相互连接起来。

④ 提醒幼儿观察拍手击掌的方法：先拍一下自己的手，然后用贴贴花的手（右手）拍打旁边（右边）小朋友的手（左手掌心）。幼儿观察与模仿。如此，圈上所有人的手掌便相互拍打起来，右手为主动手（拍），左手为被动手（被拍）。

⑤教师清唱音乐第1～2句,带领幼儿随乐拍手,并相互击掌。

⑥播放音乐,拍手击掌,巩固音乐结构和拍手动作结构的相互匹配。

(2)尝试和朋友打招呼。

①教师双手在胸前绕圈,模仿开火车,同时念唱:火车轮子咕噜转,对着朋友"嗨"!(此言语指令可帮助幼儿明确:前面的动作不需要合准节拍,但是乐句的结尾处要合准节拍,即齐呼"嗨"!)

②教师邀请幼儿边朗诵边做上述动作,并在每个乐句的句末"嗨"时和旁边的朋友打个招呼。

③随音乐第3～4句做动作。

(3)尝试和朋友"顶锅盖"。

①复习两人结伴游戏"顶锅盖":一幼儿做"锅盖"(右手掌心向下),另一幼儿做"钉子"(左手食指顶在锅盖下)。教师清唱音乐第5～8句。当唱完最后一句歌词时,"锅盖"要迅速抓住"钉子"。着重引导幼儿理解游戏规则:在唱到最后一个音时才能"抓"或"逃"。

②在圈上玩"顶锅盖"的连环游戏。大家面向圈内,每个人伸出右手并且掌心向下扮"锅盖",伸出左手的食指向上,顶住旁边的"锅盖",教师检查。如此,圈上所有人的手便相互连接起来。

③教师清唱音乐第5～8句。在最后一个音处,左手食指迅速从"锅盖"下逃离,同时右手要迅速抓住右边朋友的食指。这样的同时反应需要幼儿不断地练习和体验,所以在此环节中,教师要反复哼唱曲谱,引导幼儿仔细倾听最后一个音,并让幼儿反复练习。

④播放音乐玩"顶锅盖"的连环游戏。

(4)跟着音乐完整地游戏。

①教师:我们跟着音乐和朋友一起玩这个游戏。

拍手的时候要跟上节奏,和朋友打招呼说"嗨"的时候,可以想出不一样的表情和动作。"顶锅盖"时要听清乐句。结束时要快速反应,自己不被别人抓住还要尽量抓住别人。

②在前奏处,加入口令,然后随乐依次做拍手击掌、打招呼、顶锅盖等动作。

(五)语言导入的方式

1.讲述故事导入

即教师先向幼儿讲述故事,随后幼儿根据故事情节进行创造性的动作表演。

案例

小老鼠和泡泡糖(中班韵律活动)

(1)教师向幼儿讲述小老鼠的故事:有一只小老鼠,在妈妈睡午觉时,悄悄地溜出去玩。他跑几步就左看看、右看看,跑几步就左看看、右看看。到了草地上,小老鼠一不小心踩到了一个黏糊糊的东西。它不知道这是泡泡糖,赶忙用手去拽。呀,泡泡糖粘到了手上,它用另一只手去拽,又粘到了另一只手上,拽来拽去,泡泡糖像根绳子一样把小老鼠捆了起来。这时候,一只猫冲了过来,小老鼠像个球似的飞快逃回了家。

(2)教师引导幼儿按故事情节进行创造性的动作表演。

参考动作：

A 段：

1～2 小节：按节奏做老鼠出洞跑的动作。在第 2 小节 <u>5 6</u> 处做左看一下、右看一下的动作。

3～8 小节：动作同 1～2 小节。

B 段：

9～11 小节：做小老鼠用力拽泡泡糖的动作。在第 11 小节 <u>4 6   1</u> 处做泡泡糖弹回来打到自己的动作。

提醒幼儿在游戏中注意：泡泡糖弹回来的时候可粘在身体的任何一个地方。

12～17 小节：动作同 9～11 小节。

18～19 小节：做小老鼠迅速跑回家的动作。

2. 朗诵儿歌导入

即教师先带领幼儿朗诵儿歌，随后幼儿根据儿歌的内容探索动作，再逐渐过渡到边念儿歌（或在心中默念儿歌）边随乐做相应的动作，最后过渡到单纯听音乐做动作。

案例

木头熊（小班韵律活动）

（1）全体幼儿席地而坐。教师出示一个玩偶小熊，带领幼儿用较慢的速度学习儿歌《木头熊》。

（2）教师一边慢速念儿歌，一边鼓励幼儿边说边根据儿歌的内容自由地做动作。当说完最后一句的最后一个字时，教师把脚举起来，带头开心地大笑。

（3）教师带头"认真"地把自己的脚"藏"起来，并鼓励幼儿用自己的方法也把脚藏起来。随后，教师和幼儿一起用正常的速度边念儿歌边做动作，最后大家一起把双脚举起来，一起哈哈大笑。

（4）教师播放音乐《洋娃娃和小熊跳舞》，幼儿随音乐边说儿歌边做相应的动作。

（5）教师请每位幼儿找一个朋友，面对面地随音乐做动作，体验与同伴一起游戏的快乐。

（六）音乐欣赏导入的方式

即先欣赏音乐，理解音乐较复杂的结构，在此基础上将学习动作与音乐相配合。

案例

单簧管波尔卡（大班韵律活动）

（1）教师出示图形乐谱，告诉幼儿这是一个美丽的花园。

（2）教师站在图的左侧，左手食指上套一个指偶玩具，并告诉幼儿这只小白兔要跟着音乐到花园里去玩。

（3）教师播放音乐，并随音乐的进行在图画上移动左手。幼儿安静观看和倾听，感受回旋曲 ABACA 的曲式结构，并体验乐曲欢快、流畅的性质。

移动方法：

引子：在左侧入口处三片白色叶子处点动三次。

A段：在"花丛"中移动。从第一朵花起，每个乐句的第一强拍向前移动一次，移动的准备动作要大而明确，然后按节奏在原处转动7次。A段音乐共有四个乐句，每句各移动到一朵花上。

B段与C段：在"树丛"中移动。从左侧的第一根枝条起，每个乐句的第一强拍从主蔓上枝条的根部开始向梢部移动。B、C段音乐分别有两个和四个乐句，每句各移动到一根枝条上。

（4）教师重复上述动作，幼儿用右手食指跟随音乐和教师的指示做动作。

（5）教师组织幼儿为乐曲创编舞蹈，要求音乐相同的地方做相同的动作，音乐不同的地方做不同的动作。小白兔走到花的地方要做像花一样的旋转的动作，走到枝条的地方要做像枝条一样飘扬的动作。

（6）教师和幼儿共同选定三个动作，组成含有三个动作的舞蹈：一个旋转的动作（表现A段音乐）、两个不同的飘扬的动作（分别表现B、C段音乐）。教师带领做时，应在每个乐句的第一强拍上用较大幅度的动作突出乐句的句首。

（7）由幼儿志愿者带领大家跳舞。要求每个志愿者重新编三个动作。如果动作不足，教师应鼓励其他幼儿补充。在志愿者带做时，教师应密切注意他的动作，必要时可以和他一起做，以保证"小老师"的动作能较为正确、连贯、完整。

五、韵律教学活动的指导策略

（一）创造性律动教学的指导

广义上讲，幼儿园所有的伴随音乐进行的身体艺术表现活动，都应该是富有创造性的韵律活动。狭义上讲，这里特指以发展幼儿的创造性为主要教育教学目标的韵律活动，如创编动作、创编动作组合或提出其他有创造性的意见或建议等。

1. 创编动作

（1）自由的即兴表演　在这种活动中，教师可先向幼儿提供大致的表现内容，如"扇舞"与"刀舞"，以及相关的音乐，如《马刀舞曲》。必要时还可以提供或引导幼儿自己制作道具，如请幼儿将纸折叠成"纸扇"，女孩子打开"纸扇"可即兴跳柔美的"扇舞"，男孩子用橡皮筋将"纸扇"捆住，可即兴跳"刀舞"。在幼儿自由的即兴表演过程中，教师应随时发现和鼓励幼儿有与众不同的表现，一旦发现有特别独特的即兴动作，教师便可专门提出，并鼓励幼儿间相互交流与学习。

（2）有引导的动作创编　在这种活动中，教师首先要向幼儿提供某一种或几种改变原有动作的思路，如："皮影人除了站着造型，还可以怎么造型？""皮影人除了身体向前造型，还可以怎么造型？""手臂除了向下造型还可以向哪里造型？""除了手臂，还有哪些关节也可以变出各种各样的造型？"等，然后再通过分析自己或幼儿提供的范例来逐步引导全体幼儿学习怎样更好地进行动作创编，如教师示范皮影人的动作造型：身体下蹲、前倾、手臂上举、脖子前伸、右脚尖向上，幼儿加以观察与模仿。在此基础上，教师鼓励幼儿创编出更多新的动作造型。

2. 创编动作组合

（1）按情节创编　在这种活动中，教师首先要向幼儿提供将要表现的故事情节。如教师可以温柔地讲述："春风吹起，春雨绵绵。滴答滴答的春雨滋润着小花和小草。小花在小雨温柔的呼唤下渐渐醒来，她轻轻地抖动着花瓣，舒展着身姿，享受着春雨的滋润……"然后再引导幼儿学习如何用相应的动作来表现这些情节，"如果你是小雨，你会用什么动作来敲醒小花？""小花是怎样接雨水喝的？"

（2）按音乐创编　在这种活动中，教师首先要引导幼儿感知体验音乐的结构和情感，如引导幼儿感知歌曲《郊游》中 ABA 的结构，体验 A 段音乐的欢快和 B 段音乐的优美。在此基础上再引导幼儿学习如何用相应的动作来表现这些结构与情感，如引导幼儿探索表现出高高兴兴去郊游的场景和优美的景色，并能按音乐结构加以表现。

3. 提出其他创造性意见或建议

（1）创造机会，让幼儿对学习中的程序或方法问题提出意见或建议　韵律活动中，当幼儿记不住动作的时候，教师可以组织幼儿进行讨论，引导其选用适合自己的方式帮助自己学习，如图谱参与法、语言提醒法、观察模仿法等。

（2）创造机会，让幼儿对韵律活动的队形变化或人际交流方式变化提出意见或建议例如：请幼儿探索"邀请舞"的不同邀请方式，并对他们提出的方案逐一进行尝试。

（3）创造机会，让幼儿对分组、角色分配、道具使用等有关问题提出意见或建议　在韵律活动中，幼儿对角色、分组，以及喜欢使用什么道具也会有自己的看法，所以教师要注意，尽量创造机会让幼儿发表自己的意见或建议。

（二）集体舞蹈教学的指导

在长期的集体舞教学实践和研究过程中，许多教师发现，与一般音乐教育活动相比，集体舞蹈教学在组织过程中有其独特之处。如为了达成集体舞蹈中所追求的"人人参与"和"在队形的空间变化中进行人际交流"的教育要求，舞蹈学习中音乐和动作方面的困难应该被控制在最低水平。也就是说，幼儿在集体舞蹈学习中，应该更多地享受因人际交往、自我享用和适应空间带来的快乐，而不应该在音乐感知、动作记忆与学习方面投放太多的精力。为此，我们提供以下可供参考的幼儿园集体舞蹈教学的设计思路及教学策略。

（1）集体舞蹈的学习应从单圈舞开始　圆圈舞蹈是人类最早的集体舞蹈形式。有关著作中曾提到，圆圈队形象征着天地的统一和不可分，象征着社会的凝聚力，象征着自然的繁衍，象征着隔离和安全等。在幼儿园，虽然各种舞蹈队形都可尝试使用，但我们认为幼儿应该从圆圈队形开始学习集体舞蹈，而且应该从幼儿最容易掌握的单圈舞蹈队形开始学习集体舞蹈。因为单圈队形呈"全封闭"的空间状态，属于最稳定的舞蹈队形。在单圈队形下，当全体师生面向圆心站立时，教师的动作示范可以被所有幼儿同时无障碍地清楚观察到，幼儿的学习情况也能同时无障碍地尽收老师的眼底，因而十分方便幼儿的观察学习，减少迷惘和焦虑，也十分方便教师的及时反馈和调整，提高心理安详舒适的水平。而且在单圈舞中，即使没有复杂的队形变化，幼儿也可以获得和圈上诸多朋友进行神态和目光交流的快乐。一般地，单圈舞可以有两种形式：一种是幼儿站在圈上集体共同舞蹈，另一种便是圈上的邀请舞。

（2）应用"面向圈里"和"面向圈上"作为表示两种特定的圆圈队形状态的指示语　在幼儿刚开始接触圆圈舞蹈时，教师就应该教给幼儿两种不同的指示语："面向圈里"和"面向圈上"，并反复练习，以使幼儿对两种指示语形成动力定型。"面向圈里"，即所有舞蹈者的身体和面部都朝向圆心方向站立；"面向圈上"，即所有舞蹈者的身体都按逆时针方向站立。有时，因舞蹈的需要，教师也会要求幼儿按顺时针方向站立。这时，教师可先请幼儿"面向圈上"，即按逆时针方向站立，然后通过"向后转"的动作，全体幼儿便均按顺时针方向站立了。

（3）设计舞蹈动作时，应考虑圆圈的不同状态　在"面向圈里"的空间状态下，一般应该做"向里""向外"，以及正面"向上""向下"的运动，而尽量避免做"左右"运动。因为此时上、下、前、后方向较之左、右方向有更大的空间，可降低因左右分辨混乱或左右干扰所造成的不必要的困难。在"面向圈上"的空间状态下，则一般应该做"向右""向左"的运动，而尽量避免做向上、下、前、后的运动。同样也是因为那些方向有更大的空间。在用语言对幼儿讲解时，若"面向圈里"，教师最好说"向前""向后"，而不说"向里""向外"；若"面向圈上"，即全体幼儿面向逆时针方向站立，一开始教师最好说"圈里的手（或脚）"，而不说"左手（或左脚）"；最好说"圈外的手（或脚）"，而不说"右手（或右脚）"。待幼儿经验稍丰富时，偶尔也可以这样补充说"圈里的手，也就是……"待幼儿先反应再交代是哪只手。

（4）教师示范及与幼儿共舞时应和幼儿一样站在圆圈上　教师与幼儿同样站在圆圈上，不仅有利于形成师生平等的氛围，而且有利于幼儿观察教师的姿态和运动方式。在单圈"面向圈里"的空间状态下，教师的动作示范可以被所有幼儿观察到，所有幼儿也均处在教师的视线关怀之中；在单圈"面向圈上"的空间状态下，紧靠教师前面或后面的幼儿往往不容易看清教师的动作细节，这时聪明的教师可以引导幼儿以自己看到的幼儿为榜样，间接了解教师的示范动作；在双圈"面对面"站立的空间状态下，教师一般应该站在外圈上；当幼儿所组成的双圈"面向圈上"作逆时针方向运动时，教师一般应该站在圆圈内，并以正面迎着幼儿的正面，与幼儿作反方向运动，以便能够为幼儿提供正面示范的榜样和与幼儿进行目光交流。

（5）复杂的圆圈舞蹈学习可以先从围坐成圆圈开始，再逐步过渡到站圆、走圆　一般来讲，教师应该知道如何根据空间状态的稳定性水平来主动调控幼儿集体舞蹈学习的稳定性水平。集体舞蹈是运动性的活动，本身的稳定性就相对较低。所以，教师在进行集体舞蹈教学时应注意以下一般规律：坐着做上肢动作最稳定，坐着做下肢运动次之；坐着比站着稳定，站着比移动稳定；在规定空间状态下移动，比在自由空间状态下移动稳定；个人独立空间状态下移动，比合作交往空间状态下移动稳定。据此，为了集中注意力或减缓疲劳进程，有些复杂的圆圈舞蹈可以先让幼儿围坐成圆圈学习，待幼儿对舞蹈的基本的大轮廓熟悉后，再让幼儿学习站着、走着舞蹈，并逐渐增加队形变化、舞伴交换等因素。

（6）可以利用某些身体标记来帮助幼儿减轻空间方位认知的负担　空间方位认知是一种比较复杂的知觉。因为物体的方位总是相对的，是与所参照的客体的方位相比较而言的，所以往往成为幼儿认知的难点。即便是在规定空间的状态（如圆圈队形）下，幼儿要在快速运动的过程中迅速作出"左右"的反应也不是一件容易的事情，更何况在集体舞蹈中，还有其他许多教育价值需要追求，不值得花费太多的时间来专门训练幼儿左右反应的"动力定型"。因此，利用某种可随幼儿一起运动的身体标记来帮助幼儿进行"以自身为定位参照标准"的左右方位提示，就显得很有价值了。

📚 案例与评析

花之舞（大班集体舞蹈）

舞蹈设计者选用了红、黄两种不同颜色的手腕花（即女孩扎头发的花色松紧圈）作为身体标记，让每个幼儿右手戴上红色手腕花，左手戴上黄色手腕花，站成单圈队形，男、女孩间隔，女孩面向圈上站立（逆时针方向站立），男孩面向女孩（顺时针方向站立），两两结伴，玩"花儿捉迷藏"的游戏。

具体步骤：

（1）男、女孩将戴黄花的手（左手）背于身后（表示"黄花捉迷藏"），戴红花的手（右手）两两相握。

（2）相握的手不松开，男孩在圈外沿顺时针方向向前走，女孩在圈内沿逆时针方向向前走，先肩并肩后背靠背站立。这时幼儿可以发现在他（她）面前出现了一个新朋友。

（3）相握的手不松开，另一只手（左手，即戴黄花的手）上举和迎面相遇的新朋友先招手，随后相握。

（4）左手相握由上向下抖动三次，同时，原先相握的右手（即戴红花的手）松开背在身后（表示"红花捉迷藏"）。

（5）相握的左手（戴黄花的手）不松开，男孩在圈内沿顺时针方向向前走，女孩在圈外沿逆时针方向向前走，先肩并肩后背靠背站立。这时幼儿可以发现在他（她）面前又出现了一个新朋友。

（6）同第三步动作。戴红花的手相握，戴黄花的手背在身后。

如此重复上述动作，当和第四个朋友迎面相遇时，两人便一起在胸前先拍手三次（教师提示：拍拍手），随后将两手的手心相贴，圈外的手上举，圈内的手平举，眼睛注视圈里，头微抬，伸出圈里的脚，脚跟点地，做出准备跳舞的姿态（教师提示：开花啦）。

在熟练上述游戏的基础上，再学习舞蹈的前半部分。

分析：从上述舞蹈中可见，幼儿在移动的过程中，必须间隔地从迎面而来的舞伴右侧和左侧绕行，在平面空间中形成两条相互缠绕的"麻花"状纹样。这种缠绕是全体人员同时从右侧开始的，如果有一个人在开始时发生错误，整个队形的变化将无法开始。同时，由于这种缠绕必须是全体人员同时进行的，如果有一个人在中途发生错误，整个队形的变化将无法继续，与舞伴共同舞蹈的乐趣也就无法追求。所以，舞蹈设计者选用了可为幼儿提供身体左右侧自我提示的"红""黄"两色手腕花，来帮助幼儿解决空间辨认困难，完成比较复杂的队形变化（此种舞伴交换方式亦被称为"S形大左右"），实在是高明之举。

（7）双圈舞蹈的教学应该从单圈队形开始　在双圈队形的空间状态下交换舞伴时，一般可以采取单圈逆时针（或顺时针）移动，每次移动一个人的位置的方法。

（8）要注意尽可能早地加入音乐的伴唱或伴奏　一般地，教师应先用伴唱跟随幼儿，然后再用速度较慢的琴声，待幼儿活动进入较熟练状态时再使用更有鼓舞性的录音音乐伴奏。

（9）幼儿园的集体舞蹈是简单而多重复的，并有明确的象征性意义的　一般来讲，幼儿适应复杂性的能力是有一定限度的。所以，集体舞蹈中的动作设计一般应考虑在一个八拍中不要变换动作，每一种或一对（两种动作先后相连）动作展示一次后，至少要重复或稍加变化地重复一次。为求得平衡感，有时下一个八拍还可以在反方向再做一次同样的动作。每一个舞蹈中的基本动作一般是一个，最多不要超过两个。因为有机重复的动作结构设计本身能方便幼儿学习、记忆，同时还可大大增强舞蹈作品的整体统一美感效果。如《快乐的火把节》选用了黎族舞中的摆手动作来统一整个舞蹈，教师在第一次教学时，将此舞蹈中再现 A 段的动作结构设计为：碎步快摆手 4 拍，停下后向圈内拍手 4 次；碎步快摆手 4 拍，停下后向圈外拍手 4 次。这样的设计导致大多数幼儿弄不清每次停下后到底该向哪边拍手。在第二次换班教学时，再现 A 段的动作结构改为：碎步快摆手 8 拍，停下后向圈内拍手 4 次，再向圈外拍手 4 次。这样一改，动作有了重复，幼儿学习的困难顿时大大减轻了，第一遍连贯表演时就几乎没有人出错，大大提高了幼儿反应的正确性。

此外，为减轻幼儿记忆动作的负担，激发幼儿参与舞蹈的兴趣，教师所设计的动作甚至队形往往还要赋予明确的象征性意义。如"开花啦"即是头、手、脚组合的开花造型的一种比喻说法，而"花儿捉迷藏"实际是双向 S 穿花队形的比喻说法，它使得原本概念性的动作和队形赋予了象征意义，同时使集体舞蹈增添了生命力和审美性，十分易于幼儿的理解和掌握。

（10）帮助幼儿自己学会控制理想的队形 在幼儿学习站圆和走圆的过程中，教师应该运用指导或引导方法，帮助幼儿自己学会控制队形的理想状态，同时还应该尽量避免推搡或拉扯幼儿的急躁行为。

在圆圈舞蹈中，如何维持圆圈队形的理想状态是需要专门学习的。对于年龄较小的孩子来说，由于他们头脑中尚没有圆的概念，因而即使让他们"站"成一个圆都是很困难的。很多老师还往往喜欢让幼儿"拉拉手，拉拉手，拉成圆圈慢慢走"，结果是圆越变越小。仔细分析，可以发现，幼儿在拉手转圈的时候，其脚尖的方向是面向圆心的，受运动惯性的影响，幼儿往往会不由自主地向圆心靠拢。反之，当他们转过身体"面向圈上"转圈时，因为其脚尖的方向是面向圈上的，因而效果要好很多。这就提醒我们，在幼儿刚开始练习走圆时，最好不要拉手转圈。有效的做法有以下三步：

第一，先让幼儿围成圈坐下，让幼儿首先从视觉通道来感知什么样的空间状态是圆形的；

第二，请一个幼儿在圈外逆时针方向绕着圆形走（如可以玩类似"丢手绢"的游戏）；

第三，逐步过渡到两、三个幼儿一个跟着一个在圈外沿逆时针方向走（如可以玩改编了的"逛公园"的游戏），如此，圈外的人越来越多，圈内的人越来越少，直至圈内剩下最后一个人，大家便绕着该"中心人物"（即圆心）走，待所有的幼儿均获得关于走圆的运动知觉后，方可将这个"圆心"撤走。

对于年龄大的孩子，教师要注意让幼儿自己学会调整理想的圆形状态。

案例

《以色列家庭圆圈舞》A 段人际连接，大圈内缩成小圈的教学步骤

现在大家"面向圈上"（检查）！把圈里的手（右手）伸出来（同时示范，下同）！（停顿、检查）手心向上！（检查）放在自己的肩膀上！（此处不易理解，特别注意检查、纠正）现在轻轻向圈里横跨一大步，（检查）好！再横跨一小步，（检查）好！看看圆不

圆！自己调整一下！（检查）好！现在把圈外的手（左手）轻轻放在前面小朋友肩膀上的手心里！（快速观察判断）现在还是有人够不着！我们一起再向圈里跨一小步！（检查）好了，现在都连起来了，像一家人一样！现在我们可以跟着音乐跳舞了！

在这个片段中，教师使用了"小单位、快节奏、分散讲解，边讲解、边示范、边练习、边检查、边反馈调整"的教学策略，所用语言简短、明确，幼儿很少有理解、记忆、反应的负担。这对幼儿自己学会调整理想的空间状态是行之有效的。

（11）为幼儿提供更多的人际交流机会　由于集体舞蹈的重要价值之一就是人际交流，所以，教师应该在集体舞蹈设计中注意为幼儿提供较多与不同舞伴交往的机会，并在教学中始终注意激发和引导幼儿学习、应用体态交流、目光交流的技能并同时享受人际交流的快乐。

在幼儿园的集体舞蹈中，往往有队形的变化。各种舞蹈队形的学习，是发展幼儿空间概念和人际交往能力的重要渠道。但是，需要我们注意的是，培养幼儿与人交往的愿望，激发幼儿由内而外的交往需要，远比选择何种交往模式重要得多。如我们常常要求幼儿在舞蹈时，要积极地与同伴进行眼神交流，但仅在舞蹈中能面对他人、注视他人还远远不够，更重要的是要看幼儿有没有感受到与目光注视对象进行心灵交流的愉快，从对方的笑容中得到满足。所以，教师千万要注意，不要因为过多地考虑了交往的模式，而忽视了幼儿在交流中快乐感的满足。这方面，成功的经验是教师自己首先要带头体验音乐活动带给自己的快乐享受，并及时表扬具有良好交流态度和交流行为的幼儿，以自己和个别幼儿的示范榜样来调动幼儿的交流热情，并帮助幼儿习得良好的交流技能。

第二节
分析幼儿园韵律教学活动案例

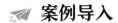 **案例导入**

狮王进行曲

——幼儿园中班韵律活动

【活动目标】

（1）幼儿能够在音乐伴奏下，通过三种律动活动感受乐曲中每小节力度的强弱变化。

（2）幼儿能够在《狮王进行曲》的律动活动中体会出进行曲威武雄壮、气势辉煌的氛围。

（3）幼儿能够感受到进行曲在行进过程中具有协调统一步调的作用。

【活动准备】

（1）活动道具：小皮球、拖把、塑料充气锤。

（2）乐曲《狮王进行曲》的音频资料、与军队阅兵相关的图片或视频及播放设备。

（3）律动活动场地。

【活动过程】

（1）导入。教师播放音乐，同时展示与军队阅兵相关的图片或视频，提出问题：为什么他们的步伐能这么整齐？

（2）教师提示幼儿，在齐步走喊口令"一二一"时，喊"一"迈左脚，喊"二"迈右脚。

（3）教师随着音乐踏步，在乐曲的强拍，教师踏左脚；乐曲的弱拍，教师踏右脚。

（4）教师带领幼儿做律动活动。在乐曲伴奏下，教师带领幼儿抛接小皮球，感受节拍的强弱变化。

（5）教师手拿拖把，演示擦地的动作，让幼儿观察哪个动作用力大，哪个动作用力小。

（6）教师带领幼儿做擦地动作，要求幼儿做出的动作要能够明显表现出强弱的差别。

（7）教师带领幼儿模仿钉钉子的动作，并提出要求：拿钉子的动作要轻，钉钉子的动作要重，让幼儿在动作中感受强弱。

（8）播放音乐，一共连续播放三遍。第一遍用抛接皮球感受音乐力度；第二遍用擦地动作感受音乐力度；第三遍用钉钉子动作感受音乐力度。

（9）活动结束。提示幼儿把道具放回原处，养成物归原处的好习惯。

要求：根据案例分析以下问题。

（1）材料中的韵律活动是借助韵律表现音乐的哪方面内容？

（2）你认为材料中的韵律活动，教师在指导时，需要注意什么？

📚 案例与分析

一、韵律教学活动案例

小班韵律游戏：狐狸和石头

【设计意图】

木头人及捉迷藏的游戏是小班幼儿最喜欢的游戏形式，小班幼儿的自我控制能力还在发展之中，但在游戏的情境中，幼儿能努力进行身体动作的自我控制，保持造型不动。此活动选取了《Bingo》的音乐，设计了狐狸妈妈和狐狸宝宝玩捉迷藏的游戏情境，狐狸妈妈一回头，狐狸宝宝就要变成石头保持造型不动。本游戏主要培养幼儿的自我控制能力，帮助幼儿感知音乐的结构并学习合乐做动作，体验游戏的乐趣。

【活动目标】

（1）在捉迷藏的情境中感知音乐 ABAB 的结构，并在音乐 A 段学习走走走走停的动作，在 B 段做石头造型，静止不动。

（2）在故事和游戏的情境中，尝试在创编时变换不同的身体姿态。

（3）在狐狸挠痒痒时，石头能保持不动，体验游戏带来的乐趣。

【活动准备】

（1）物质准备：播放器。

（2）经验准备：幼儿玩过木头人的体育游戏。

（3）乐曲:《Bingo》。

【活动重点、难点】

（1）活动重点:学习在音乐 A 段做合乐动作,B 段做静止造型。

（2）活动难点:当狐狸来挠痒痒时,石头能保持造型不动,发展身体的自我控制能力。

【活动过程】

"狐狸和石头"活动过程见表4-4。

表4-4 "狐狸和石头"活动过程

程序	进程
导入部分	1. 教师讲述故事激发幼儿兴趣 教师:森林里,狐狸妈妈和宝宝们在玩捉迷藏的游戏,妈妈走到哪儿,宝宝就悄悄地跟在后面,只要妈妈一转身,宝宝就要变成各种各样的大石头,一动也不动;妈妈继续走,宝宝继续跟在妈妈的身后,妈妈挠痒痒,宝宝变成石头,一动也不动
基本部分	2. 教师和幼儿共同整体感知音乐 （1）教师完整播放第一遍音乐,引导幼儿初步感知音乐 ABAB 的结构。 教师:今天老师带来了一首关于狐狸宝宝和狐狸妈妈捉迷藏的音乐,我们一起来听一听! （2）教师加上动作并完整播放第二遍音乐,幼儿再次感知音乐结构。 教师:我们再来听一遍,这一次我来当小狐狸,你们看看我是怎么和妈妈捉迷藏的?（教师合乐做走、停和回头摆造型不动的动作。） 教师:刚刚你们都看到我做什么动作了?分别表示什么呢? （3）教师播放第三遍音乐,提醒幼儿可以教老师一起做动作。 教师:看一看我还做了哪些动作? 3. 学玩游戏:狐狸和石头 （1）幼儿在座位上学习走走走停和静止不动的动作。 教师:现在我们一起来当一当狐狸宝宝,站到椅子旁边,走路声音千万不能被妈妈听到哟!等一下我和你们一起,我停下来了,你们要怎么样?停下来。 教师:狐狸宝宝走路要轻轻地,不被妈妈发现。妈妈回头时,你们要变成小石头一动不动。 （2）幼儿站在座位前练习玩游戏。 教师:这次我们要到家门口来玩一玩,狐狸宝宝们准备好了吗?只要我停下来了,你们就要停下来哟!你们都不能被妈妈发现哟!走路声音也要轻轻地哟!全体起立,准备出发喽! （3）再次单独练习走走走走停的动作。 教师:狐狸宝宝会不会跟节奏走走走停,我们一起来试一次吧,全体起立,准备好哟!（教师清唱 A 段。） 教师:狐狸宝宝会跟着节奏一步一步走了,但是啊,还有的狐狸宝宝没有及时停下来,会被妈妈发现的。我们再来一遍,争取不被妈妈发现,脚步声也要轻轻的哟! （4）学习变换石头造型。 教师:刚刚我发现有的狐狸宝宝停下来时变成了和我们都不一样的小石头,你们还会变什么样子的小石头呢?等一下我们一起到前面的空地上来玩一次。记住要轻轻地走哟! 教师:你们能变出这么多不同的小石头呀,还一动不动的,真厉害,那等会儿和妈妈捉迷藏时一定不会被妈妈发现的是不是?
结束部分	4. 完整地听音乐分角色玩游戏 （1）教师和幼儿共同完整地听音乐,分角色第一次玩游戏。 教师:现在我要变成狐狸妈妈喽,你们是狐狸宝宝,等狐狸妈妈转身的时候,你们就要怎么样?变成小石头一动不动哟,不管妈妈怎么动,你都不能动哟。 （2）总结反馈后再次完整地听音乐并分角色玩一次游戏。 教师:刚刚有的狐狸宝宝太棒了,妈妈挠痒痒都一动不动,真像一块石头。那我们再来试一试

【总结与提升】

（1）故事的导入环节,教师创编的故事角色和情节均和音乐 ABAB 结构一致,故事创编的目的不仅是帮助幼儿感知音乐的结构,也让音乐情境化和游戏化。

（2）第二环节在学"玩狐狸和石头"的游戏时采取了循序渐进的教学策略。先在座位上学习一个角色,再单独练习,创编石头造型,到最后的分角色游戏。通过逐渐添加新元素来帮助幼儿轻松地学习。

【延伸活动】

在复习活动中，教师可以根据幼儿的水平不断增加不同的挑战，如石头造型的挑战，请幼儿和教师一起当狐狸妈妈的角色等。

动作建议：

A段：走走走走，停下来。走走走走，停下来。

走走走走，走走走走，走走走走，走走走走，停下来。

B段：一直停住不动（妈妈挠痒痒）

中班韵律活动：毛毛虫变蝴蝶

【设计意图】

绘本是最适合幼儿阅读的图书。本活动以经典绘本故事《好饿好饿的毛毛虫》为原型，设计了一个中班的集体韵律活动，重点在于通过毛毛虫和蝴蝶这两个具体的形象帮助幼儿感受和体验不同的音乐情绪，同时也帮助幼儿更深层次地了解毛毛虫变蝴蝶的完整过程，将科学与艺术两大领域进行有机的融合。

本活动的音乐借鉴了"第九届全国幼儿园音乐教育观摩研讨会"上江苏省南京市秦淮区晨光幼儿园魏云老师的优质公开课：小班律动《毛毛虫变蝴蝶》的音乐。该音乐结构工整，情绪对比鲜明形象，很适合幼儿感受和体验不同的音乐情绪。本活动的动作设计比较简单，因此加入了幼儿集体律动的核心经验之一——队形（单圈），使游戏更具趣味性和挑战性。

【活动目标】

（1）感受和体验不同的音乐情绪；能够在B段扮演蝴蝶飞到前一个花园里去采花蜜，初步体验音乐的乐句感。

（2）通过教师和同伴的示范以及单圈游戏的经验，能够在圈上进行完整的随音乐律动游戏。

（3）享受随音乐扮演毛毛虫慢慢蠕动和蝴蝶欢快飞舞采花蜜的乐趣。

【活动准备】

（1）物质准备：《毛毛虫变蝴蝶》的活动音乐；小圆点（单圈）。

（2）经验准备：单圈游戏的经验；绘本阅读《好饿好饿的毛毛虫》。

（3）乐曲与动作：

A段：一只毛毛虫软绵绵，一伸一缩慢慢爬；一只毛毛虫软绵绵，不吃不喝不唱歌。（动作：模仿毛毛虫慢慢扭动身体，然后变成茧。）

间奏：音效（动作：毛毛虫长大了）。

B段：前奏8拍+歌词16拍（小蝴蝶飞来又飞去，唱歌呦跳舞采花蜜，美丽的花翅膀美丽的小花朵，猜猜谁最美丽）×2（动作：模仿蝴蝶飞4拍+采花蜜4拍，然后重复）。

尾奏：旋律（动作：飞回家）。

【活动重点、难点】

（1）活动重点：体验音乐的不同情绪（A段毛毛虫慢慢蠕动，B段蝴蝶欢快飞舞采花蜜）。

（2）活动难点：在圈上扮演蝴蝶有序地飞到一个花园里采花蜜。

【活动过程】

"毛毛虫变蝴蝶"活动过程见表4-5。

表4-5 "毛毛虫变蝴蝶"活动过程

程序	进程
导入部分	1. 故事导入 教师：一只好饿好饿的毛毛虫，吃了好多好多的东西，吃得好饱好饱啊。它慢慢地、慢慢地扭动着自己圆鼓鼓的身体，爬到了一棵树上，变成了一个茧。过了一段时间之后，噔噔噔噔，毛毛虫变成了一只美丽的蝴蝶飞出来了，小蝴蝶高兴地飞一飞，采一采花蜜，飞一飞，采一采花蜜，最后开心地飞回家了
基本部分	2. 教师做完整的随音乐律动示范，帮助幼儿熟悉音乐、梳理动作 （1）通过故事的脉络帮助幼儿梳理A段动作。 教师：有一首音乐就是说的毛毛虫变蝴蝶的故事。现在我是一只大毛毛虫，我吃得好饱啊，我要跟着音乐慢慢长大喽。 第一遍：教师完整示范，合乐。 教师：你们知道毛毛虫是怎么变成蝴蝶的吗？毛毛虫是怎么爬上树变成茧的啊？请小毛毛虫们来慢慢地扭一扭自己圆鼓鼓的身体。（教师清唱，可先个别幼儿再全体。） 第二遍：A段，全体随音乐律动。 教师：小毛毛虫们变成茧之后还能不能动啊？我们再来试一试。 第三遍：A段，全体随音乐律动。 （2）通过教师的示范帮助幼儿梳理B段动作。 教师：这次小毛毛虫们都成功地爬上树变成茧了。马上要变成什么啦？请你们仔细看，看我这只大毛毛虫变成蝴蝶之后做了什么。 第四遍：教师完整示范，合乐。 教师：谁看清楚我变成蝴蝶之后做了什么？（幼儿回忆飞舞和采花蜜的动作之后，教师边示范边讲解边带幼儿练习。） 教师：小毛毛虫们准备好跟着音乐慢慢长大了吗？ 第五遍：全体随音乐律动。 教师：我刚刚看到有的小蝴蝶是跟着音乐一下一下飞和采花蜜的，真美！（提取高级榜样。） 3. 邀请幼儿到自己的"花园里"随音乐律动 教师：我们的家前面都有一个小点子花园，你们看到自己的花园了吗？想不想到自己的花园里去采花蜜呀？请小毛毛虫们轻轻起立，站在自己的花园里，面向圈内，跟着音乐慢慢长大吧。 第六遍：全体随音乐律动，面向圈内。 教师：刚才我们变成蝴蝶面向圈内飞的时候，我们的小翅膀都碰到一起了，这样太容易受伤了。我们得想想，看有什么办法既能够让我们在自己的花园里张开翅膀飞，又不碰到别的小蝴蝶。（讨论并引导幼儿把方向调整为面向圈上。） 第七遍：全体随音乐律动，面向圈上。 4. 更高的挑战：从非移动到移动 （1）先在"自己花园"采花蜜再到"大花园"采花蜜。 教师：刚刚我们面向圈上飞的时候，我看到有的小蝴蝶很自然地就想往前飞了，你们想不想在自己花园里采完花蜜之后往前飞飞，在我们这个大花园（教师用手示意大花园是指圈上）采采花蜜啊？小毛毛虫准备好。 第八遍：全体随音乐律动，在圈上移动。 （2）先在"自己花园"采花蜜再连续到"前面一个花园里"采花蜜。 教师：刚刚我们在大花园采花蜜的时候出现了一个问题，有的地方没有花蜜，只有哪里有花蜜呀？那这样，我们先在自己的花园里采花蜜，然后飞到前面一个小蝴蝶的花园里采花蜜，然后再飞到前面一个小蝴蝶的花园里采花蜜，这样往前一个花园一个花园地采花蜜，你们说好不好啊？小毛毛虫准备。 第九遍：全体随音乐律动，在圈上定点移动。
结束部分	5. 结束活动 教师：这边的花蜜都被我们采光了，我们回教室去采花蜜吧

【总结与提升】

（1）本次活动在动作设计上偏简单，重点在于让幼儿体验毛毛虫和蝴蝶不同的音乐情绪，难点在于在圈上进行定点移动。当然，最后在圈上进行定点移动这一挑战是否要在第一课时完成需根据班上幼儿的实际掌握情况。若幼儿对故事、动作和音乐还不够熟悉，则可在第二课时再完成。即一次活动的负载量需要根据本班幼儿的实际情况而定，切忌一心只想着完成所有流程而忽略幼儿的感受。

（2）在圈上进行定点移动的教学可采取本次活动的方式：即先在圈上进行非定点移动，再在圈上进行定点移动，并通过"花园"的游戏情境，给幼儿一个理由，让幼儿在游戏中进行定点移动。若幼儿通过此种方法不能很好地进行圈上定点移动游戏，则可在此基础上采用先部分再全体的高级榜样示范方式：即先由教师带一个幼儿进行圈上定点移动游戏的高级示范，再由教师带部分幼儿进行，最后再邀请全体幼儿，在此过程中帮助幼儿强化游戏的规则。

（3）队形是幼儿集体律动活动的核心经验之一，在圈上进行游戏更是幼儿应掌握的基本队形。建议在活动之前用游戏的方式（如快速反应游戏），帮助幼儿建立和掌握单圈游戏的重要概念：面向圈内、面向圈外、面向圈上、在圈上行进。

【延伸活动】

此活动可有第二课时——我是一只美丽的蝴蝶，即在第一课时的基础上，为幼儿建立一个美的概念：跟着音乐一下一下飞，一下一下采花蜜，并在合乐上提出更高的挑战。从学科角度来讲，就是从第一课时感受音乐的乐句感，到第二课时体验音乐的节拍感和乐句感。

大班韵律活动：化石

【设计意图】

《化石》是著名的法国作曲家圣桑的管弦乐组曲《动物狂欢节》的其中一首，由几首不同的经典乐曲组合而成。乐曲结构上展现出乐段划分明显且和谐的特点，能够促进大班幼儿对乐段的辨别，增加其对乐段的敏感度。大班幼儿开始慢慢关注恐龙、化石等距离日常生活较远的事物，所以"化石"这一情境在大班幼儿看来，因为相对遥远而显得神秘，更加充满了吸引力，对其在音乐活动中的兴趣起到很好的促进作用。此外，通过音乐活动中情境的扮演和游戏，幼儿也能够获得对于"化石"的更多感性经验，从而促进其去进一步了解"化石"及相关事物。

【活动目标】

（1）尝试跟随音乐做断顿（左看看右看看）和连续（悄悄走）的动作，了解听音辨方向的游戏玩法。

（2）在故事情节的提示下，感受乐曲ABCAD的模式，分辨不同乐段；并凭借对乐段顺序的记忆，尝试预测之后的乐段。

（3）遵守听音辨人的游戏规则，猜测者不偷看，被猜测者不泄密。

【活动准备】

（1）小椅子摆成圆圈。

（2）幼儿有对化石的认识，知道动物化石是由很久之前的动物变成的。

【活动重点、难点】

（1）活动重点：在故事情节的提示下，感受乐曲ABCAD的模式，分辨不同乐段；并凭借对乐段顺序的记忆，尝试预测之后的乐段。

（2）活动难点：能遵从规则，做到猜测者不偷看，被猜测者不泄密。

【活动过程】

"化石"活动过程见表4-6。

表4-6 "化石"活动过程

程序	进程
导入部分	1. 故事导入 　教师：博物馆的化石趁守夜人熟睡的时候，都想动起来玩一玩。他们左看看，右看看，悄悄走一走。突然，守夜人醒了，把钥匙藏在了一个化石的身旁，去了洗手间。化石们都想看一看钥匙，所以他们传了起来。然后他们又玩起了看看悄悄走的游戏。守夜人听到钥匙的声音，赶紧起来寻找。他到底有没有找到呢？
基本部分	2. 梳理动作 　教师：你们觉得可以有哪些小动物化石呢？恐龙化石是什么样的？小狗化石是什么样的？ 　他们左看看右看看是怎么做的呢？我们一起来试一试，左看看右看看。他们悄悄地走一走，怎么走呢？脚底有没有声音？没有的。我来试一试，悄悄走一走。 　3. 教师随音乐示范动作，引导幼儿梳理动作在故事中的含义 　（1）教师：听，我们来到了化石博物馆，快来看看发生了什么事情吧！ 　（2）教师随音乐示范化石的动作，提醒幼儿注意观察。 　（3）教师：动物化石们做了哪些事情？先玩了一看悄悄走的游戏，然后定住造型不能动，为什么？（因为守夜人醒了）之后手传过来传过去是干吗的？（传钥匙。）然后又玩看一看悄悄走的游戏。接着又定住造型不能动，是为什么？（守夜人要来找钥匙了。） 　4. 幼儿尝试跟随教师做动作，并梳理动作顺序 　（1）教师：是不是刚才你们说的那样呢？先发生了什么？后发生了什么？怎么才能知道呢？（请老师再做一次。） 　（2）教师：这次你们都变成一个动物化石，一二三变！每次定住不动的时候，你们就要变成一个小动物化石哟！ 　（3）幼儿跟随教师做动作，鼓励幼儿做与别人不一样的动物造型。 　（4）教师：先发生了什么？后发生了什么？（动物化石玩看看悄悄走的游戏—守夜人藏钥匙—传钥匙—看看悄悄走—守夜人找钥匙。） 　5. 尝试游戏一次，教师鼓励幼儿梳理游戏规则 　（1）教师：这次我们真的派来了守夜人。请你们仔细看一看，他是什么时候藏钥匙，又是什么时候去找钥匙的。 　（2）配班教师做守夜人，游戏一次。 　教师：守夜人，你站在了这个化石的面前，是不是觉得钥匙在他的身上？那你来找找看。 　（3）教师：守夜人是在什么时候藏钥匙的？什么时候去找的？ 　6. 第二次游戏，请一名幼儿与配班教师一起做守夜人 　（1）教师：守夜人觉得一个人看那么多化石太累了，于是要聘请一个小徒弟帮助他一起守夜。谁愿意做守夜人的徒弟？（请一名幼儿与配班教师一起做守夜人。） 　（2）教师：这次，要记得什么时候守夜人要来藏钥匙哟，不要被守夜人发现我们能动哟！ 　（3）完整游戏一次。教师：你站到了这个化石的旁边，你觉得钥匙在他的身上吗？那你来找找看。 　7. 第三次游戏，幼儿尝试探索游戏方法 　（1）教师：你们觉得守夜人要怎样才能找到钥匙呢？那我们的动物化石要把钥匙藏在哪里才不会被发现呢？ 　（2）请一名幼儿做守夜人（配班教师）的徒弟，进行游戏，"化石"角色部分教师尝试退出示范。 　（3）配班教师：小徒弟，我耳朵不太好了，你有没有听出来是哪边发出的声音？ 　（4）教师：这次小徒弟很快就找到了藏钥匙的那个人，我们来问问他，你是用什么方法找的？这次我们的动物化石藏得很好，没有被守夜人和他的徒弟发现，你藏在哪里？
结束部分	8. 第四次游戏，配班教师尝试退出 　（1）教师：现在啊，老守夜人退休回家了，那我们的小徒弟就成了真正的守夜人了，你需不需要招一个小徒弟帮你的忙？（根据幼儿情况，如说需要，就鼓励其找一个小徒弟。） 　（2）完整地进行游戏1~2次

【总结与提升】

（1）此活动中，需要幼儿快速反应变成一个小动物的造型并且保持不动。如果孩子在此方面有较多经验，可以尝试每次动物造型不同；如果幼儿经验有限，可鼓励幼儿每次做相同的动物造型。

（2）幼儿在听音辨方向的游戏中会自发产生很多思考和策略，教师应当鼓励幼儿表达并在集体中进行讨论，这是锻炼幼儿解决问题能力的好机会。

（3）此次活动中，教师是一步一步慢慢退出指导的，最终达到幼儿自主游戏的目标。这样的做法能够让幼儿淡定自如地进行活动，而不产生顾此失彼的忙乱情况，引发不自信和慌乱的情绪。

此次活动中，活动情境故事的设计可以更加流畅，这样能够更好地为幼儿理解音乐服务，从而达到更好的教学效果。

【延伸活动】

此次音乐活动让幼儿对乐段的划分和乐曲结构有了主动认识的经验，教师可以在以后的音乐活动中有意识地帮助幼儿进一步增加关于乐曲结构方面的经验。

听音辨方向的游戏可以在体育活动或日常过渡环节中多次进行，此游戏对幼儿的听觉、注意力和判断能力都有促进作用。

二、韵律教学活动案例分析

小班韵律活动：小手爬

【活动目标】

（1）熟悉歌曲旋律，能根据歌词合拍地做小手"爬"的动作，并能在工整的乐句中，感受与表现旋律的上行与下行。

（2）在老师的引导下，能创编出其他的上行、下行的动作方式，创造出其他的行动主体，以及其他行动的起点和终点，能根据创编的内容，采用对应部分替换歌词的方式边唱边表演。

（3）积极参加创编活动，愿意吸纳同伴的创编思路，并能享受到创造、表演游戏带来的快乐。

【活动过程】

"小手爬"活动过程见表4-7。

表4-7 "小手爬"活动过程

程序	进程
导入部分	1. 告知幼儿要玩一个有趣的游戏，并交代游戏的玩法 教师说出某个身体部位的名称后，幼儿立刻将双手轻放在该部位上。 2. 教师用忽快、忽慢、忽重、忽轻的方法说出身体部位的名称，尽量用体态、语调、脸部表情去诱导幼儿，使他们能开心地笑
基本部分	3. 示范、模仿，引导幼儿参与学习创造性律动 （1）教师边清唱歌曲，边示范做"小手爬"的动作：将双手从双脚脚背开始，一拍一拍地贴着腿、身体、脸部往上"爬"，一直"爬"到头顶上，正好唱完第一大句。接着，双手从头顶开始，一拍一拍向下"爬"，第二大句唱完最后一个字时，正好"爬"到双脚的脚背上。 评析：通过用小手"爬"的生动有趣的动作过程来感受、表现乐句开始和结束，有助于幼儿感知音乐的结构。 （2）教师再次边唱边做动作，同时引导幼儿关注动作和音乐的匹配关系。"小手先爬到哪里？小手最后爬到哪里？""唱到哪个字的时候小手正好爬到头顶上？唱到哪个字的时候小手正好爬到小脚上？" （3）教师带领幼儿边唱边按节拍做动作，并用较夸张的动作提醒幼儿在每句结束时爬到头顶或脚背上。 （4）教师引导幼儿学习和创编其他的上行和下行的动作。提问幼儿：除了"爬"以外，你的小手还会用其他的方法上上下下吗？（如双手交叉轮流上下移动、两手同时跳、两个食指点……）引导幼儿创编出小手的不同动作，并按照音乐边唱新歌词边一拍一拍用新编的动作贴着身体上行和下行。 （5）当幼儿熟悉动作后，可让幼儿想一想向上"爬"，除了"爬"到头顶上，还可以"爬"到哪些地方？（如眼睛、头发等）向下"爬"，除了"爬"到小脚上，还可以"爬"到哪些地方？（如膝盖、小腿等）做动作前，先说好向上爬"爬"到哪儿，向下爬"爬"到哪儿，明确了创编内容后，再请幼儿边唱歌边做动作。 （6）评析：用小手"爬"到身体的其他部位，这就要求幼儿根据乐句的长短，有意识地控制"爬"的速度，使得在乐句的最后一个音正好能爬到相应的身体部位，这也有助于幼儿对音乐的结构感知。 （7）要求幼儿在做动作前，先说好"爬"的起点和终点，可使幼儿对自己的动作创编有一个清晰的认识。 （8）想象自己是一只猴子、一只壁虎等，想想会在哪里爬？向上，爬到什么地方？向下，爬到什么地方？然后按照前面的要求边唱新歌词边一拍一拍按节拍做相应的动作表演
结束部分	4. 幼儿用自由、放松的姿势，轻闭双眼 教师用优美、柔和的声音按3/4拍演唱歌曲两遍。第二遍应比第一遍唱得更慢、更轻、更优美

案例分析

1. 活动目标的设定

整套活动目标主语统一，行为发生的主体均为幼儿，目标制订符合系统化和行为化的原则。其中，随乐合拍地做上肢的简单动作是小班年龄阶段幼儿所要达成的目标，而活动目标（2）中的创编任务并不一定要求幼儿在一个单位时间内全部完成，因为幼儿要完成上述创编任务至少得具备两个条件：第一，幼儿具备"对应部分替换歌词"的创编经验；第二，幼儿具备按一定的思路创编动作的基础。因此，本创编活动完全可以根据幼儿的学习情况分层次、分时间段完成。

2. 活动过程的设计

（1）导入环节　游戏化的导入方式，可以激发幼儿的兴趣，振奋幼儿的精神，起到很好的"唤醒"的功能。

（2）"示范、模仿，引导幼儿参与学习创造性律动"环节

① 通过用小手"爬"的生动有趣的动作过程来感受、表现乐句开始和结束，有助于幼儿感知音乐的结构。

②"唱到哪个字的时候小手正好爬到头顶上？唱到哪个字的时候小手正好爬到小脚上？"此处教师采用了"精确化的提问策略"，这是音乐教学中的一项非常有效的策略，这种提问方式则具体明确，幼儿在思考该问题时比较容易寻找到有效的参照标（幼儿的注意力集中在关注"哪个字"上，这个"字"就是参照标），因而也有助于幼儿的主动学习。

③ 通过创编其他的上行、下行动作，可进一步增加对节奏、句子的感受性和活动的趣味性。

④ 用小手"爬"到身体的其他部位，这就要求幼儿能根据乐句的长短，有意识地控制"爬"的速度，使得在乐句的最后一个音正好能爬到相应的身体部位，这也有助于幼儿对音乐的结构感知。要求幼儿在做动作前，先说好"爬"的起点和终点，可使幼儿对自己的动作创编有一个清晰的认识。

⑤ 教师为幼儿提供了三种创编思路：创编上行、下行的方式；创编身体的不同部位；创编不同的动作主体和行动的起点、终点。

案例分析

小班韵律活动：小兔看花

【活动目标】

（1）初步感受音乐 ABA 的结构和性质，学习跟随 A 段跳跃的音乐节奏，较合拍地做蹦跳步。

（2）在教师的启发下，尝试用不同的身体动作表现"花"的姿态。

（3）知道找空间大的地方活动，愿意和同伴及教师玩捉迷藏。

【活动准备】

（1）音乐：A、B、AB。

（2）小兔手偶、花园图。

【活动过程】

"小兔看花"活动过程见表 4-8。

表4-8　"小兔看花"活动过程

程序	进程
导入部分	1. 出示图片，激发幼儿兴趣 揭开盖布，引出活动。 教师：春天到了，花园里开满了美丽的花。还有谁也来看花了呢？仔细看！ 2. 出示手偶 教师边听音乐边演示手偶，帮助幼儿初步熟悉音乐节奏和结构。 （1）出示手偶，完整听音乐做第一遍动作。 （2）教师边听音乐边演示手偶（第二遍），提醒幼儿跳一下拍一下手。 （3）教师带领幼儿学习小兔跳，提醒幼儿，教师跳一下他们跳一下
基本部分	3. 带领幼儿探索小兔跳，学习小兔跳 （1）个别幼儿探索学习。 教师：兔妈妈想带兔宝宝们去花园里玩，谁愿意在中间的花园里学学小兔跳？个别幼儿尝试，教师通过语言帮助幼儿掌握节奏。 教师：他是怎么跳的啊？双脚并拢，一下一下地跳。 （2）全体幼儿学习小兔跳。 教师：我们也来向他学习一下一下地跳好吗？ ①幼儿站在座位前，教师通过语言口令帮助幼儿掌握节奏。 教师：兔宝宝们站在家门口，双脚并拢，我们也来试一试！"一蹦一跳！" ②教师反馈幼儿的同时立即哼唱A段两句，引导幼儿在座位前学习，帮助幼儿明确节奏。 教师：兔宝宝们都很棒，双脚并拢，一下一下地跳！这次兔妈妈要用音乐来提醒兔宝宝了，仔细听音乐！ ③教师可以反馈个别幼儿动作，激发幼儿的兴趣，引导幼儿一边听音乐一边在座位前做小兔跳（A段）。 ④带领幼儿到花园里听音乐学小兔跳（A段）。 （3）个别幼儿表演小兔跳。 教师：刚才兔妈妈发现有只兔宝宝跳的时候声音很轻，肯定不会压到小花小草，捉迷藏的时候肯定不会被发现。我们来看看他怎么跳的。 教师小结：跳的时候跳得低一点，声音轻一点。 （4）全体幼儿练习，重点是声音轻。 4. 带领幼儿完整欣赏音乐，熟悉游戏规则 （1）教师带领幼儿完整地做一遍游戏，帮助幼儿了解B段变成花儿后不动的游戏规则。 教师：这次兔妈妈要和兔宝宝们到花园里玩捉迷藏了，兔妈妈来找时，我们要变成一朵花，一动也不能动，这样就不会被兔妈妈发现了。 完整游戏，教师在过程中用语言进行指导。 教师：看看这次谁能跳得和他一样轻，知道保护小花小草。 教师：这次很多兔宝宝都跳得很轻，花园里的小花小草都很喜欢你们。 刚才兔妈妈来找时，你们有没有被兔妈妈发现？你们做了什么动作才没有被发现呢？ （2）教师引导幼儿创编花的造型。 教师：花园里除了有这样的花外，还有什么样的花呢？谁能用动作做做？ ①教师反馈幼儿做的花造型。 教师：他的花是开在头顶的，开得高高的；她的花开在身体两侧，大大的…… ②教师带领幼儿完整地做一遍游戏，鼓励幼儿创编不同的花。 教师：这次在花园玩的时候看看哪个兔宝宝能变成和别人不同的花。 （3）教师和幼儿分角色进行完整游戏。 ①教师讲解游戏规则。 教师：这次我是兔妈妈！你们是谁？我过来看你们时，你们就要变成一朵小花，能不能动？ ②教师哼唱B段音乐，帮助幼儿进行练习。 播放音乐，完整地做游戏
结束部分	5. 游戏结束，教师小结 教师：今天和小伙伴们玩捉迷藏的游戏开心吗？那和你的小伙伴们抱一抱，谢谢他们陪我们一起玩

案例分析

1. 活动目标的设计

韵律活动的教学目标以韵律活动的关键经验为主，兼顾创造性及社会性等不同领域的发展。"小兔看花"的活动目标（1）是指向幼儿音乐学习的关键经验及韵律教学活动中的关键经验，如初步感受音乐ABA的结构和性质，学习跟随A段跳跃的音乐节奏，较合拍地做蹦跳步等；活动目标（2）中强调在教师的启发下，尝试用不同的身体动作表现"花"的姿态，主要培养幼儿的创造性思维；活动目标（3）知道找空间大的地方活动，愿意和同伴及老师玩捉迷藏，有利于培养幼儿的规则意识及社会性的发展。由此可见，韵律活动的教学目标是关注幼儿的全面发展及可持续发展，而不只是追求知识、技能的学习。

2. 音乐的选择

在音乐选择方面，其 ABA 的结构及稳定的节奏适合小班幼儿。

"小兔看花"的音乐是 ABA 的结构，音乐感染力强，速度和节奏稳定，动作的交换频率少，整个 A 段就是蹦跳步，B 段是花的造型，且具有重复性，适合小班幼儿感知和动作参与表现。

3. 活动过程的设计

整个教学活动的设计符合韵律的教学流程，具体流程包括故事—动作—音乐—其他。故事、动作也是基于音乐的框架及幼儿的生活经验，采取了够用的原则。如活动的开始环节是出示图片进行故事导入，然后用动作帮助幼儿感知音乐，再到"先分层后分段""难点前置"等原则的具体运用；如先将 A 段小兔跳的动作进行难点前置且分层的练习，再到分段练习 B 段摆不同的花的造型；再如小兔跳动作的练习中采取了循序渐进的空间运用原则。具体分析为：先个别幼儿探索小兔跳的动作，再到集体幼儿练习小兔跳的动作；空间上，先站在椅子（原地）前面做小兔跳动作，再到中间（自由空间不位移）做小兔跳动作，最后到花园里（自由空间的位移动作）做小兔跳动作。

角色扮演方面，先全体一种角色再到分角色表演。为了帮助幼儿更好地理解音乐的结构，学习韵律动作，教师采取了先和幼儿一起扮演小兔的角色，再和幼儿进行分角色的游戏，即教师扮演兔妈妈，幼儿扮演小兔，循序渐进的教学设计给幼儿的学习提供了支架，有效地支持了幼儿的学习。

⚙ 拓展训练

（1）幼儿园韵律活动的内容包括哪几个部分？

（2）以小组为单位，收集一个创造性律动教学方案，尝试运用有关创造性律动教学的基本结构与设计的知识对此进行分析，并在班级中进行模拟教学，然后进行小组互评、自评。

（3）简述幼儿园韵律活动教学的几种导入方式。

（4）自选一个题材，自由结伴即兴进行创造性韵律活动表演，并互相交流。

（5）了解集体舞蹈教学设计与指导的一般思路，并以小组为单位，设计一个有趣的集体舞，并能写出基本符合要求的集体舞蹈教学方案。

📄 学习总结

本章以幼儿韵律教学活动的设计与指导为核心，系统提供了韵律教学活动材料的选择、韵律教学活动目标的设计、韵律教学活动的基本结构、韵律教学活动的导入方式、韵律教学活动的指导策略等基础知识，并列举了一些韵律教学活动案例，进行分析。

第五章
幼儿园打击乐器演奏教学活动的设计与指导

🌱 导学

在本章中你会学习到幼儿园打击乐器演奏教学活动的设计与指导，以及幼儿园打击乐器演奏教学活动的案例分析。

📑 学习目标

（1）掌握探索性打击乐器演奏活动的指导方法。能够为不同年龄阶段的幼儿选择演奏材料。

（2）能够为不同年龄阶段的幼儿设计幼儿园打击乐器演奏教育活动。

（3）树立正确的音乐教育观，体验幼儿园打击乐器演奏教学活动的重要价值。

◌° 思维导图

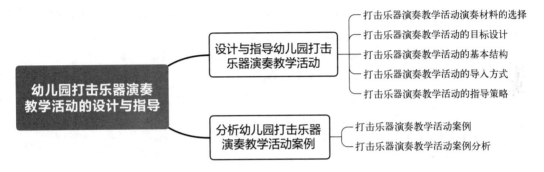

第一节
设计与指导幼儿园打击乐器演奏教学活动

✈ 案例导入

郊游

——幼儿园大班打击乐活动

【活动目标】

（1）感受 A 段音乐的欢快、B 段音乐的优美，体验共同演奏的乐趣。

（2）探索歌曲的表演动作，以及演奏时乐器的配置方案。

（3）讨论打击乐器的演奏方案，根据乐曲的变化设计配器方案，学习用不同的乐器来表达音乐的不同情绪，能够用铃鼓、碰铃、圆弧板、双响筒等乐器演奏歌曲。

【活动准备】

（1）幼儿已会唱歌曲《郊游》。

（2）铃鼓、碰铃、圆弧板、双响筒等乐器。

【活动过程】

1. 复习歌曲，进一步感知歌曲结构的情绪

（1）这首歌有几段？哪几段是一样的？第一、三段音乐听起来怎么样？

（2）第二段音乐怎么样？

2. 创编动作

（1）在引导幼儿观察操作卡片画面进行讲述后，鼓励幼儿探索用什么动作表示手拉手、很高兴去郊游的情景。

（2）鼓励幼儿探索怎样表演第二段音乐中表现的优美景色。

（3）老师根据幼儿想象的动作组合成歌表演，并进行集体练习。

3. 讨论配器方案，为歌曲伴奏

（1）请幼儿思考用什么乐器演奏音乐优美部分？B段的比较抒情，可以延长的，适合用什么乐器？

（2）请幼儿思考用什么乐器演奏大家欢快地去郊游的部分？提示幼儿A段脚步部分适合用双响筒。

（3）请幼儿看老师指挥做现用乐器的模仿动作，用乐器看指挥演奏。

（4）请幼儿和小伙伴交换乐器看指挥演奏。

要求：根据案例分析以下问题。

（1）材料中的打击乐活动的基本结构是？

（2）你认为材料中的打击乐活动可以如何改进？

❖ 知识讲解

　　幼儿园打击乐器演奏活动泛指所有通过简单打击乐器进行的艺术表现活动。这种活动可以具体分为预成性的演奏（按既定的设计方案演奏）和生成性的演奏（探索性演奏）。幼儿园打击乐器演奏领域的教育内容主要有：打击乐曲、打击乐器演奏的简单知识技能，以及打击乐器演奏的常规。

一、打击乐器演奏教学活动演奏材料的选择

　　打击乐器演奏教学活动的材料包括乐器、音乐和配器方案三个部分。为幼儿选择打击乐器演奏材料时，也要分别从下面三个方面来考虑。

（一）乐器的选择

　　在为幼儿选择打击乐器时一般应考虑乐器的音色、形状、大小，以及演奏方法是否适合不同年龄阶段幼儿发育的特点。

1. 乐器的音色要好

　　目前市场上所能见到的幼儿打击乐器中，常有一些是以代用材料制成的。虽然教师为了解决当前教学的需要，也可以选用代用材料制造的打击乐器。但在选购时，也应注意乐器的音色。如塑料制成的单响筒、双响筒、沙球、圆弧板等，一般音色尚好，使用寿命也较长。但铁合金制成的锣、钹等，则一般音色较差，选购时应谨慎。

2. 乐器的形状、大小、重量应适合幼儿持握

乐器太重、太大、持握不方便都会影响幼儿使用乐器，因此在乐器选择的时候，形状、大小、重量等是否适合幼儿是需要教师认真考虑的。为幼儿选择时，铃鼓最好选用12厘米左右的；碰铃铃口的直径最好在3厘米左右；三角铁钢条的横断面直径最好在3厘米左右；木鱼的底面积一般不应大于幼儿的手掌面积等。

3. 乐器的演奏方法要适合特定年龄幼儿运动能力的发展水平

不同的演奏方法适合不同年龄阶段的幼儿，因此哪个年龄阶段的幼儿选用哪种类型的打击乐器也是教师在组织打击乐活动中需要认真考虑的。3～4岁的幼儿可以选用的乐器有铃鼓、串铃、沙球、圆弧板和碰铃。演奏前三种乐器时，都可以采用右手持乐器，再用右手拍击左手使乐器发音的方法。圆弧板的奏法略有不同，一般是左手手掌托住圆弧板不动，右手先上提然后再向下拍击使乐器发音。碰铃的演奏法也与此类似，左右手各持一个碰铃，然后用类似拍手的方法使之相互撞击发音。这五种乐器的奏法很类似幼儿拍手的方法，均以臂的大肌肉动作为主。除碰铃外，各乐器演奏时对手、眼协调的要求也不高，因此比较适于3～4岁的幼儿。另外，大鼓也是这一年龄段幼儿可以选用的。

4～5岁幼儿除了可以继续选用上述乐器以外，还可以选用木鱼、蛙鸣筒、小钹和小锣。敲击木鱼时需要使用腕部的小肌肉，对于手眼协调也有一定的要求；刮奏蛙鸣筒时需均匀地持续用力；击奏小钹和小锣时需要有控制地用力。这些演奏要求比较适于4～5岁的幼儿。另外4～5岁的幼儿还可以选用铃鼓的摇奏法。

5～6岁幼儿还可以增加选用双响筒和三角铁。这两种乐器的演奏对用力均匀和手眼协调都有较高的要求，因此比较适合于5～6岁幼儿。另外，5～6岁幼儿还可以选用圆弧板的捏奏法、沙球的振奏法和小钹的擦奏法等。

（二）音乐

为幼儿选择打击乐器的音乐时，除了应注意节奏清晰、结构工整和旋律优美、形象鲜明外，还应考虑其他方面的因素。

为3～4岁幼儿选择的音乐，最好是幼儿比较熟悉的歌曲或韵律活动的音乐。音乐的节奏最好比较简单，结构大多数应是短小的一段体。

为5～6岁幼儿选择的音乐，除了可以继续选用歌曲或韵律活动的音乐外，还可以选用一些器乐曲。音乐的节奏也可稍复杂一些，结构可以是一段体，也可以是两段体或三段体。在选择的音乐中，最好能够包括一些比较鲜明的、有规律的对比因素，即乐曲的乐句与乐句或乐段之间存在比较明显的差异。

（三）配器方案的制订

虽然幼儿打击乐器的演奏不同于专业演奏，但是也有其特点，在制订配器方案时需要遵循一定的原则，并按一定的配器步骤进行。

1. 制订配器方案的原则

为幼儿选择的打击乐曲配器方案应具有以下特点。

（1）适合幼儿的实际能力　首先，适合幼儿使用乐器的能力，即配器方案中选用的乐

器种类和演奏方法应是特定年龄阶段幼儿能够接受的。在幼儿园阶段，打击乐器的选配应遵循"以大肌肉（手臂）动作为主，手眼协调要求较低的动作逐步过渡到部分利用腕、指动作和手眼协调要求较高的动作"为原则。

其次，适合幼儿对变化作出反应的能力，配器方案中的节奏变化和音色变化，其频度和复杂程度应是特定年龄阶段幼儿能够接受的。幼儿打击乐器演奏活动配器方案见表5-1。

表5-1　3～6岁幼儿打击乐器演奏活动配器方案

年龄	配器方案	备注
3～4岁	一般在乐段之间变化音色。节奏基本上是一拍一次或两拍一次的均匀节奏，整个乐段中间没有音色变化	小班后期，可尝试让幼儿对音色的安排做出选择
4～5岁	一般可在乐句之间变化音色。节奏主要是一拍一次或两拍一次的均匀节奏，偶尔也可以出现不同长短的音符组成的节奏型。如：×—×—|××××|×—|×× |等。有时也可在乐句最后一个音上有变化音色的设计，如最后一个音可以全体乐器合奏	在中班末期，偶尔也可以采用在乐句中间变化一次音色的设计
5～6岁	不仅可以在乐段之间、乐句之间变化音色，甚至乐句之中也可以变化音色，还可以考虑在乐段之间、乐句之间甚至乐句之中变化节奏	

（2）有一定的艺术性　幼儿园打击乐活动配器方案设计也强调艺术性，具体包括以下两个方面。

首先，配器产生的音响效果能够与音乐原来的情绪、风格、结构相一致。如乐曲《小看戏》是一首东北民歌，原曲设计时用小锣按 ×× 节奏型在每句末尾演奏，就很贴切。

其次，有一定的个性和趣味性，能够通过重复强调出作品的整体统一性，也能够通过适宜的变化增加作品的丰富性。

2.打击乐曲的配器步骤

为打击乐曲配器时，可按以下五个步骤进行，具体内容见图 5-1。

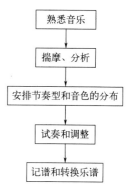

图5-1　打击乐曲的配器步骤

（1）熟悉音乐　对音乐进行反复哼唱、弹奏、倾听和感知、体验。

（2）揣摩、分析　揣摩音乐的情绪、风格和趣味，注意抓住音乐作品的主要特点，对非主要细节做省略处理或模糊处理。分析音乐的节奏特点和结构特点，感知音乐结构中的部分与主体的关系，重复与变化的关系。

（3）安排节奏型和音色的布局　可以通过节奏和音色的改变强调变化，也可以通过节奏和音色的改变强调统一。对于小年龄的班级或比较简单的作品，可多采用相辅相成的处理方法，即音乐的节奏密，配器的节奏也密，音乐的节奏疏，配器的节奏也疏。对于较大年龄的班级或比较复杂的作品，偶尔也可以采用相反相成的处理方法，即音乐的节奏密，配器的节奏就疏，音乐的节奏疏，配器的节奏就密。

（4）试奏和调整　通过试奏，了解初步的配器方案中存在的问题，并对此进行调整，从而进一步完善配器方案。

（5）记谱和转换乐谱　即用简单的动作、图形或语音等辅助性符号按既定的节奏型和音色布局加以记录，形成动作总谱、图形总谱或语音总谱（这三种总谱统称为"变通总谱"），帮助幼儿记忆演奏方案。三种总谱的特点和具体设计方法如表 5-2 所列。

表5-2　打击乐器演奏活动三种总谱的特点和设计方法

	动作总谱	图形总谱	语音总谱
总谱功能	表现节奏、音色、速度、力度的变化及其结构		
配器工具	身体动作	形状和色彩	嗓音
配器材料	节奏动作、模仿动作、舞蹈动作、滑稽动作等	几何图形、乐器音色的象征性图形、乐器形象的简化图形等	有意义的字、词、句子、象声词、歌词的衬词和无意义音节等
注意事项	不宜用较难的身体动作表现比较密集的节奏	避免复杂化、细致化的设计倾向	注意使创造出的语音有趣、易记、上口

中班打击乐器演奏活动"八月桂花遍地开"就是按照上述的配器步骤设计的。

案例

八月桂花遍地开（中班）

1.熟悉音乐、分析作品

《八月桂花遍地开》是一首旋律优美，情绪悠扬、轻快的江苏民歌。全曲结构工整，共由四个乐句组成，符合启、承、转、合的曲式结构。反复吟唱，可知第三乐句在节奏、力度等方面和其余三句呈鲜明的对比。

2.安排节奏型

在为乐曲选择节奏型时，可根据上述音乐结构的特点，考虑用同一种节奏型表现乐曲的第一、二、四乐句（如× ×× | ×× | 或×× × | ×× × | ），而用另一种合适的、有对比性的节奏型表现第三乐句（如可采用× × | ×× × | 的节奏型）。再仔细推敲、揣摩，可以感受到× ×× | × ×× | 的节奏相比较×× × | ×× × | 更具有摇荡跳跃的舞蹈感，因而更符合乐曲的特点。

3.根据音乐结构、性质确定配器方案

（1）因第一乐句悠扬轻快，节奏型为× ×× | ，富有舞蹈感。因此，可考虑用碰铃演奏每小节的第一拍即四分音符节奏，以增加舒展悠扬、清丽优美的感觉；每小节的第二拍，节奏转八分音符，此时，碰铃的延音已消失，为了体现活泼、轻快的旋律特点，可考虑用音色较清脆的圆弧板演奏。

（2）第二、四乐句的配器方案同第一乐句。

第三乐句轻松、诙谐，旋律两小节为一分句，可以认为是同一动机重复出现两次，节奏型为× × | ×× × | × × | ×× × | ，可以考虑用全体乐器演奏的方式演奏× × | 处，以强化突出乐曲原来潜伏的热情，而×× × | 处，则用碰铃演奏，表现轻松、诙谐的趣味，并与× × | 处形成对比。

4.试奏和调整

通过试奏，教师努力在头脑中建立一个大致的总体音响的表象。如有必要，可对原配器方案进行适当的调整，以期获得更好的整体音响形象。如为了体现乐曲悠扬的情绪特点，第一、二、四乐句的最后一小节可考虑选用× —| 的节奏型，并用铃鼓摇奏的方式伴奏。此外，乐曲最后两小节可采用三种乐器（碰铃、铃鼓和圆弧板）按节奏型× ×

| × × | 齐奏，以产生较强的稳定感和结束感。

5. 记谱和转换乐谱

教师可根据配器的情况来选择或创造合适的变通总谱。在动作总谱、图形总谱或语音总谱都可以使用的情况下，可根据本班幼儿的特点、爱好和发展要求等因素来决定采用何种乐谱。

配器建议：拍手——碰铃；拍腿——圆弧板；抖动右手腕——摇奏铃鼓；跺脚——全部乐器。

注意：以上总谱主要是给教师教学使用，幼儿只需会随旋律做动作，并随乐演奏即可。

二、打击乐器演奏教学活动的目标设计

幼儿园中的打击乐器教学有的是一次活动的一个环节，如最后环节用来玩乐器感知音乐；有的打击乐器教学活动有两个课时，第一课时可以是欣赏活动或其他歌唱或韵律活动等，第二课时为打击乐器活动。打击乐器教学活动中的目标设计需要考虑欣赏的目标和乐器演奏的目标两个维度，第二课时打击乐器教学活动中的目标主要指演奏的目标。

打击乐器演奏目标的表述需要考虑幼儿的主动探究目标，而不是成人规定好的演奏方式，如引导幼儿根据音乐选择适宜的乐器和演奏方式等。演奏目标的制定需要考虑演奏的关键经验，如在表述时需要根据具体音乐的结构、段落、节奏等设计具体的目标，具体如下例。

大班打击乐器演奏《土耳其进行曲》的活动目标：

（1）以集体讨论的方式为逗号、圆点、圆圈、波浪线等符号选择合适的乐器。

（2）能用乐器表现乐曲的句子、段落及尾声的轻重。

（3）演奏过程中能看指挥、听音响，并努力与同伴的演奏保持一致。

三、打击乐器演奏教学活动的基本结构

传统的打击乐教学是一个声部、一个声部地教和学，然后再合起来演奏，并在合奏时要求各声部不要倾听其他声部的演奏，仅凭着指挥或听伴奏旋律来进行演奏，以免受到干扰。实践证明，这种教学方法教起来费力，效果差，教师和幼儿都难以得到感受、表现的愉快享受，因此幼儿学习的积极性并不高。研究发现，未能及时感受到具有完整的审美形象和审美情趣的整体音响是幼儿学习打击乐积极性不高的主要原因。因此，一种以整体音响形象作为学习的出发点和终止点的新的打击乐器演奏教学方法——"打击乐器演奏的整体教学法"便逐渐形成并被广大教师所接受。

"整体教学法"就是要求教师要竭尽一切可能帮助幼儿了解和把握所有声部合起来演奏时的整体音响形象，并要求各声部在演奏时随时注意倾听其他声部的演奏，在知你、知我、知他的基础上达到协调一致，从而使教学过程变得轻松愉快和富于审美情趣。

（一）常规式打击乐器演奏教学的基本结构

常规式打击乐器演奏教学采用了"先整体、后分部"的教学结构。这种教学结构适用

于各声部间交错进行、整体音响结构较为单纯的作品，一般教学步骤如图 5-2 所示。

1. 导入活动，引起兴趣

通过导入活动可起到激发幼儿的兴趣、调动其学习的积极性等作用。

2. 欣赏或进行简单的节奏活动

乐曲欣赏的目的是帮助幼儿初步感知、理解音乐，因而可以采用音乐欣赏中的多通道参与法来帮助幼儿把握音乐的情绪、风格、节奏等。

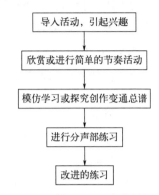

图5-2　常规式打击乐器演奏的教学步骤

多通道参与理论是目前在幼儿园广泛运用的一种组织、指导幼儿进行音乐欣赏活动的理论。它是指在幼儿音乐欣赏教育活动中，应借助听觉以外的其他感觉通道，让幼儿在倾听音乐的同时还有机会用歌唱、跳舞、奏乐、游戏、倾听和朗诵文学作品、观赏或创作美术作品等活动参与到音乐欣赏的过程中去，从而在参与中更好地感受音乐，更好地表达对音乐的感受。

在教打击乐《拔根芦柴花》时，教师可以让幼儿边观看表现愉快劳动场面的图片或舞蹈，边按乐曲的节奏一拍一拍地拍手，以了解乐曲活泼欢快的情绪和基本拍子。

在教打击乐《军民大生产》时，教师可以请幼儿先欣赏歌曲，然后教师一边演唱一边请幼儿跟着唱"嗬嗨"，以此感受劳动号子风格的音乐。

3. 模仿学习或探究创作变通总谱

此步骤旨在帮助幼儿进一步把握作品整体音响的横向（句子和段落之间）和纵向（声部与声部之间，配器与旋律之间）结构，进而能比较顺利地掌握打击乐曲的演奏方案。

在教打击乐《小红帽》时，教师先请幼儿观看教师的动作示范，然后采用整体模仿的方法跟随教师学习，从而掌握动作总谱。

$$
\begin{array}{l}
\text{节奏} \\
\\
\text{动作}
\end{array}
\left[
\begin{array}{c|c|c|c}
\underline{1\ 2}\ \underline{3\ 4} & 5\quad \underline{3\ 1} & \dot{1}\quad \underline{6\ 4} & \underline{5\ 5}\ 3 \\
\times\quad - & \times\quad - & \times\quad \times & \times\quad \times \\
\text{拍手} & \text{拍手} & \text{拍头 拍肩} & \text{拍头 拍肩}
\end{array}
\right. \cdots\cdots
$$

此乐曲使用了拍手、拍头、拍肩等动作。其总谱的意义是：跟随第一行的音乐，按照第二行的节奏，做第三行规定做的动作。三种不同的身体动作表示用三种不同音色的乐器演奏。如拍手——铃鼓，拍头——碰铃，拍肩——圆弧板。

除了用观察模仿的方式学习打击乐变通总谱外，有时，教师还可以引导幼儿集体为乐曲设计变通总谱，并组织幼儿进一步掌握设计出的演奏方案。

需要注意的是：对年龄较小、经验较少、音乐能力较差或是最初接触打击乐器演奏活动的幼儿来说，观察模仿学习仍是一种主要的学习方法，但创造性学习也应尽可能早地进入，只是要求的制订、方法的设计都要特别谨慎，要以大多数幼儿都能够胜任并能愉快、积极地参加为标准。

4. 进行分声部练习

此环节分两步：先徒手练习，后用乐器演奏。具体地，教师在幼儿已能熟练掌握总谱的基础上，将幼儿分成若干小组，指定各小组分别担任不同的声部。教师担任指挥者，指挥幼儿徒手用模仿乐器演奏的动作跟随音乐合奏，以使幼儿在用乐器进行实际演奏前先掌握配器的节奏和音色的整体布局。在此基础上，再请幼儿持乐器演奏。

5. 改进的练习

在幼儿已能初步演奏某作品的基础上，尝试进行各种创造性、发展性的学习活动。此步骤涵盖的内容有很多，教师可视情况选择其中某些内容进行教学。

（1）改变配器方案　改变配器方案的方法有两种：一是在讨论的基础上按新方案指挥和演奏，如可通过集体讨论改变原配器方案中的音色配置和节奏型等；二是教师即兴指挥，幼儿即兴演奏。

注意：在每次方案改变后，教师都要引导全体幼儿注意倾听，比较整体音响在结构和情趣上发生了何种变化。

（2）请个别幼儿指挥　教师可以邀请个别幼儿按原定的配器方案指挥演奏，也可请担任指挥的幼儿根据自己的情况部分地改变原定的练习方案。

（3）交换乐器演奏　幼儿自由交换乐器，看教师或幼儿的指挥演奏。

（4）累加乐器演奏　根据需要将特色乐器、加强乐器逐步加到乐队中去。每发生一种变化，教师都应引导幼儿倾听、比较并鼓励幼儿对这些变化加以描述。

在教打击乐《土耳其进行曲》时，教师出示大鼓和吊镲，请幼儿先倾听、辨别它们发出的声音，再从音长和音色两个方面指出可与三种图形（，＿＿＿＿·）中的哪一种相配，最后将这两种乐器加入，进行演奏。（如果认为吊镲的音色与碰铃相近，则两者应归为一组；大鼓的音色与响板相近，则应归为另一组。如果认为大鼓、吊镲均与碰铃的音色相近，则这两种乐器都应安排在碰铃组的后面，且与碰铃的演奏方案保持一致。）

（二）累加式打击乐器演奏教学的基本结构

这种程序适用于各声部都有一定的独立性、整体音响较为复杂的作品，一般步骤见图5-3。

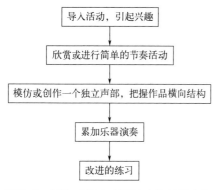

图5-3　累加式打击乐器演奏的教学步骤

1. 导入活动，引起兴趣

教师用容易引起幼儿学习兴趣的方式引出主题。

2. 欣赏或进行简单的节奏活动

可以采用音乐欣赏中的多通道参与法来帮助幼儿把握音乐的情绪、风格、节奏等。

3. 模仿或创作一个独立声部，把握作品横向结构

这里的声部相当于一件打击乐器或一个打击乐器组独唱的声部。教师可采用示范——模仿的方式教幼儿学习，并帮助幼儿掌握打击乐曲中某一特定主要声部的节奏和乐器演奏方法。或者教师引导幼儿集体为音乐设计一个打击乐配器的主要声部的演奏方案，然后再组织幼儿通过练习进一步熟悉所设计的演奏方案。

4. 累加乐器演奏

在幼儿充分掌握独唱声部的基础上，教师提议将其他具有伴奏性质的声部——加入；或等先整体后分部的程序掌握后，再将伴奏声部累加到独奏声部之上去。

在这个步骤中，最初往往需由个别幼儿指挥已熟悉的独奏声部，教师同时指挥不熟悉的伴奏声部；然后再把两个部分分别交给两名幼儿指挥；最后，再由一名幼儿单独指挥。

5. 改进的练习

此环节，可参考常规式打击乐器演奏教学的基本结构。

以上介绍了两种常见的打击乐器演奏教学的基本结构。实际上，在目前的打击乐器演奏教学过程中，上述两种教学结构往往是混合使用的。

四、打击乐器演奏教学活动的导入方式

幼儿园打击乐器演奏活动的导入，实际上是指在幼儿园集体音乐教育情境中使幼儿第一次接触某一打击乐器演奏活动的教学环节，也可以说是打击乐器演奏活动教学系列活动中第一层次的活动。在教学实践中，有很多好的经验，下面提供一些仅供参考的导入模式。

（一）总谱学习或创编的导入方式

打击乐总谱学习或创编是幼儿园打击乐器演奏活动常用的导入方式，具体包括总谱学习和总谱创编。

1. 总谱学习导入

该方法主要适应于：原配器创作比较复杂、精美、完善的打击乐作品。

具体做法是：先通过示范、模仿、练习，掌握作品配器的整体布局，再分声部合练。

> **案例**

雷神（大班）

分析：乐曲《雷神》从"横向"看由四个部分（A—B—过渡—C）组成并含有多种节奏型。

A部分：含两种节奏型。第一种节奏型为：× －| × × | × × | × 0 |，采用两种不同音色的乐器演奏，如第一小节用铃鼓摇奏，第三、四、五小节用碰铃演奏。第二种节奏型为：× －| × × |，也采取了前后两小节音色不同的设计，如第一小节用铃鼓摇奏，第二小节用圆弧板演奏。

B部分：使用了一种节奏型：× 0 |，并采用前三个乐句分别用三种不同的单纯音色轮流演奏，如碰铃、圆弧板、铃鼓（拍奏）轮流演奏，最后一个乐句全体乐器合奏的设计方案。

过渡部分：使用了两种节奏型。第一种节奏型为：× －| × × | × × | × 0 |，配器方案为前三小节不演奏，最后一小节合奏。第二种节奏型为：× × |× × 0 |，配器方案为第一小节不演奏，第二小节合奏。

C部分：共两个乐句，使用了一种节奏型× 0 |，采用两种不同的单纯音色轮流演奏。为了使乐曲有终止感，第二乐句的最后两拍使用了全体乐器合奏的设计方案。

鉴于上述配器方案比较复杂，教学时教师可以采用直接引导幼儿学习"语音总谱"和"身体总谱"的导入方式。

配器建议：摇手——铃鼓（摇奏）；拍腿——碰铃；拍肩——圆弧板；拍头——铃鼓（拍奏）；拍手——编制上的全部乐器。

2. 总谱创编导入

该方法主要适应于：结构较单纯，可以让幼儿有更多创造性表达机会的打击乐作品。

具体做法是：先让幼儿通过集体探索、讨论的方法获得作品节奏配置的整体布局，然后再根据指挥或即兴指挥逐一尝试演奏各种不同的配器方案。

案例

加油干（中班）

（1）幼儿欣赏教师演唱的《军民大生产》的歌曲，感受劳动歌曲的风格。

（2）教师演唱歌曲，幼儿跟着音乐拍手。教师从中提炼出几种简单的节奏型，如"× × ｜ × × ｜""× × ｜× × × ｜""× × × ｜× × × ｜""× × × × ｜× × × × ｜"等。

（3）引导幼儿根据音乐的快慢变化选用适当的节奏型拍手。如音乐慢的地方（第一、二、四乐句）按 × × ｜ × × ｜ 拍手，音乐快的地方（第三乐句）按 × × × × ｜× × × × ｜ 拍手（也可选用其他节奏型，只要能反应音乐的快慢即可）。

（4）引导幼儿创编身体动作总谱。如：第一、二、四乐句拍手，第三乐句依次拍腿、拍肩、拍头。

（5）幼儿分声部练习用打击乐器演奏。第一、二、四乐句合奏，第三乐句用三种乐器轮流演奏。

（6）教师改变第三乐句三种乐器轮流演奏的顺序，幼儿根据教师的即兴指挥进行演奏。

（7）幼儿练习指挥。可在教师的帮助下，先确定自己的指挥方案，再指挥演奏。

配器建议：拍手——铃鼓、碰铃、圆弧板；拍手、踩脚并口呼"嗬嗨"——三种乐器加大鼓；拍腿、拍肩、拍头——三种乐器中任选其一。

（二）主要声部学习的导入方式

该方法主要适应于本身含有主次两个部分，其主要部分设计得比较复杂、精美、完善的打击乐作品。

具体做法是先通过示范、模仿、练习，掌握主要声部（铃鼓声部）的演奏方式，再学习将其他配合的声部一一累加上去，强调的是从主要声部入手进行学习。

（三）歌曲演唱的导入方式

该方法主要适应于改编成打击乐作品的歌曲。目前在幼儿园打击乐器演奏活动中，深受幼儿欢迎的许多作品实际上原先都是幼儿所喜爱并演唱过的歌曲。具体做法是：先学唱歌曲，再进行打击乐器演奏活动。

案例

大猫小猫（大班）

1. 学唱歌曲

初步学唱歌曲，在教师的引导下，经过幼儿自己的探索，会用不同的演唱力度表现歌曲中不同的形象。

2. 学习歌表演

幼儿随音乐自由创编动作表演，注意动作幅度大小与声音力度强弱的关系。在学会歌表演的基础上，再用拍手的方式掌握节奏型。

3. 乐器演奏

（1）让幼儿尝试用较强的力度敲奏铃鼓，用较弱的力度敲奏碰铃，倾听其音响效果，并讨论用哪些乐器为不同的动物伴奏更合适。

（2）将幼儿分成两组，在教师的指挥下分别用铃鼓和碰铃边唱边演奏。

配器建议：大猫——用铃鼓演奏；小猫——用碰铃演奏。

（四）音乐欣赏的导入方式

该方法主要适应于原作品比较复杂、精美、完善，更值得让幼儿欣赏的音乐作品。

具体做法是：先让幼儿感知音乐、理解音乐，然后再引导幼儿集体探索、讨论、设计打击乐的配器方案，最后再尝试演奏并逐步完善演奏方案。

案例

工农兵联合起来（中班）

1. 欣赏全曲

（1）观看相关图片，介绍乐曲名称和音乐所表现的主题——团结起来力量大。

（2）幼儿随乐曲一拍一拍地拍手，熟悉音乐旋律。

2. 明确音乐性质

（1）教师提问：音乐是怎样的？好像是谁在做什么事？

（2）让幼儿感受乐句的长短和特强。为了表示音乐更有精神，更有力，在有些地方喊"嘿"。幼儿边听音乐，边看老师指图谱（×处表示喊"嘿"）。

（3）教师指图谱第二部分，让幼儿感受音乐的渐强（颜色的逐渐增多，表示声音在逐渐增强，人在不断增加，工人、农民、解放军先后走来，汇聚到一起）。

3. 随乐做身体节奏动作

（1）第一部分：全体拍手，一拍一下，在"▨"处跺脚并喊"嘿"。

（2）第二部分：依次做拍腿、叉腰、拍肩的动作，▨▨▨处为特强，可喊"嘿！嘿！嘿！"并拍手、跺脚三次。

（3）全体幼儿边看图边做身体动作（教师指图）。

（4）幼儿指图，全体幼儿做身体动作。

4. 分声部练习

（1）将幼儿分成三部分，根据教师指挥，进行第二部分的分声部练习，由一组至二组，最后至三组，逐步递增。

（2）教师指挥，在"嘿"处全体幼儿高呼并跺脚。

5.进行打击乐器演奏练习

（1）幼儿讨论，确定大鼓和钹在全曲中的演奏部分；在"嘿"处演奏。

（2）教师指挥演奏。

（3）教师指挥，即兴改变第二部分的演奏顺序。

（4）由能力强的幼儿参与指挥。

配器建议：拍手——碰铃、铃鼓、圆弧板等；跺脚——大鼓和钹；拍腿——碰铃；叉腰——碰铃和铃鼓；拍肩——碰铃、铃鼓、圆弧板；拍手、跺脚——编制上的所有乐器。

（五）用故事导入的方式

该方法主要适应于具有更多形象或情节描写性的打击乐作品，其中特别是一些将要请幼儿用打击乐器演奏来表现某个故事情节的纯打击乐作品。

具体做法是：先让幼儿倾听故事，然后再引导幼儿将隐含在其中的音乐结构及节奏抽取出来，转换成相应的打击乐器配器方案，最后再进行演奏或其他发展性学习活动。

案例

小兔和狼（小班）

（1）欣赏故事：一群小兔在草地上，它们蹦蹦跳跳吃青草。突然，来了一只大灰狼，小兔赶紧躲到草丛里去，大灰狼没发现小兔，只好走了。小兔又蹦蹦跳跳地从草地里出来吃青草。

（2）幼儿做出小兔跳、小兔吃草和大灰狼走路的动作。

（3）完整欣赏音乐，感受音乐ABA的结构，注意分辨A段音乐跳跃、B段音乐沉重的不同性质。

（4）分段听音乐并用相应的动作表现。A段音乐第1～8小节做小兔跳的动作，第9～16小节做小兔吃草的动作，第17～18小节做小兔跳的动作。B段音乐做大灰狼走路的动作。

（5）随《小兔和狼》的音乐，集体玩游戏。

（6）根据A段音乐节奏型的变化，编制相应的身体动作并练习，如用拍手的动作表现节奏型 × 0 |；用摇手腕的动作表现节奏型 × × | 等。

（7）学习用拍腿的动作表现B段的节奏型：× − × − | × − × − |。

（8）初步尝试根据小兔和狼的不同形象，选择打击乐器为A、B两段不同性质的音乐进行伴奏（如A段1～8小节用小摇铃拍奏，9～16小节用小摇铃摇奏，B段用大鼓演奏）。

（9）随乐完整演奏。A段由幼儿集体演奏，B段由老师或个别能力强的幼儿用大鼓演奏。

配器建议：拍手——小摇铃拍奏；摇手腕——小摇铃摇奏；拍腿——大鼓。

（六）用韵律活动导入的方式

韵律动作和舞蹈均属于韵律活动，也都可以作为打击乐演奏活动的导入方式。

1.用韵律动作导入

该方法主要适用于改编成打击乐作品的韵律活动曲。

具体做法是：先引导幼儿随乐做动作，然后再进行打击乐器演奏活动。

案例

洗手帕（小班）

1. 学习律动

（1）教师出示手帕并演示洗手帕的方法。

（2）组织幼儿倾听音乐，初步熟悉音乐旋律及其结构，听辨音乐强弱、快慢变化。

（3）请幼儿分段听音乐，引导幼儿以用力搓和轻轻搓的动作表现音乐的强弱与节奏的疏密。

（4）启发幼儿在乐曲末边说"晾起来"边做相应动作，以表现出劳动后的愉快心情。

（5）组织幼儿完整地边听音乐边做洗手帕的动作。

2. 打击乐器演奏

（1）引导幼儿为乐曲创编语音节奏谱。教师引导幼儿体会"用力搓"时嘴巴会发出什么声音？"轻轻搓"时嘴巴会发出什么声音？

（2）教师带领幼儿边听音乐，边朗读语音节奏谱，同时做相应的律动动作。

（3）在教师的指挥下，幼儿分声部练习语音节奏谱。

（4）在教师的提问及乐器演示下，幼儿尝试为语音总谱配器。

（5）教师哼唱旋律，幼儿尝试演奏。

（6）在琴声的伴奏下，幼儿根据配器方案，在教师的语言提示和指挥下演奏打击乐器。

配器建议：嗨——大鼓；轻轻搓——碰铃；用力搓——除大鼓外的乐器齐奏；嚓嚓——摇铃鼓；晾起来——全体乐器。

2.用舞蹈导入

该方法主要适应于改编成打击乐作品的舞曲。

具体做法是：教师首先通过舞蹈的形式帮助幼儿整体感受乐曲的情绪风格和节奏型，然后再引导幼儿将隐含在其中的音乐结构及节奏抽取出来，转换成相应的打击乐曲配器方案，最后再进行演奏或其他的发展性学习活动。

案例

匈牙利舞曲（大班）

1. 学跳集体舞

动作说明：

前奏：幼儿站成双圈，男孩站里圈，女孩手持红手绢站在外圈。里外圈幼儿双手叉腰，同时面向圈上。

A段：

1～4小节：里圈男孩双手上举，两手扭指与食指、中指作拍手状，其余手指自然张开，双脚原地踏步，每小节一次。外圈女孩，右手五指并拢，轻拍左肩，双脚原地踏步，每小节一次。

5～8小节：里圈男孩双手叉腰，保持不动，外圈女孩右手上举，手腕自然转动，轻摇红手帕，小碎步向前移动至前一位舞伴身旁。

9～12小节：动作同1～4小节。

13～16小节：动作同5～8小节。

B段：

1～4小节：男孩双手上扬轻拍手指，每拍一下，女孩静止不动。

5～8小节：女孩右手轻拍左肩，每拍一下，男孩静止不动。

9～12小节：女孩半蹲，双手摆在身体两边呈行礼状。男孩左手背在身后，右手按在胸前，弯腰呈行礼状，均保持不动。

13～16小节：男、女孩恢复面向圈上双手叉腰呈站立状。

2. 学习打击乐器演奏（将椅子分左右两边纵队摆放，男女孩分坐两边）

（1）幼儿观看教师舞蹈，尝试将舞蹈动作转为节奏动作，并用拍手的方式拍出节奏型（提醒幼儿向前移动时不拍手，和老师一起做摇手的动作）。

（2）在老师的带领下，听音乐拍节奏型（行礼时保持不动）。

（3）看老师指挥，分声部拍节奏（所分声部与跳舞时分角色的方式一致）。

（4）看老师指挥，拿乐器演奏（男孩双手套上自制的小竹板演奏，女孩用铃鼓拍奏和摇奏）。

3. 幼儿站成双圈队形，边演奏乐器，边进行集体舞蹈

配器建议：

A段：

1～4小节——男孩拍奏小竹板，每小节一下；5～8小节——女孩摇奏铃鼓；9～12小节同1～4小节；13～16小节动作同5～8小节。

B段：

1～4小节——男孩拍奏小竹板，每拍一下；5～8小节——女孩拍奏铃鼓，每拍一下；9～12小节——男女孩相互行礼；13～16小节——男、女孩恢复面向圈上双手叉腰呈站立状。

（七）游戏导入的方式

该方法主要适应于富有情趣、适合游戏的打击乐作品，特别是一些可边游戏边演奏乐器的打击乐作品。

具体做法是：教师首先通过创设游戏情境，帮助幼儿用游戏的形式熟悉音乐旋律、情绪风格、乐曲结构和节奏型，然后再引导幼儿在有趣的游戏活动中对某一种或几种特定的打击乐器进行探索，了解在何种情况下可能发出怎样的声音。最后引导幼儿运用探索中获得的有关经验进行配器及演奏的实践。

案例

拨弦（大班）

1. 学玩游戏"聪明孩子和笨老狼"

（1）幼儿听教师讲述故事，了解聪明孩子在笨老狼回头观察动静时应该怎么做。

故事大意：聪明孩子要穿过黑森林去姥姥家，但必须跟在熟悉森林的大灰狼后面才能

保证不迷路。笨老狼年纪很大了，眼睛和耳朵都不太灵了。所以，当老狼停下来仔细听和看时，只要聪明孩子不动、不发出声音，笨老狼就不会发现。就这样，聪明孩子终于到了姥姥家。

（2）幼儿倾听音乐，教师用手偶或木偶在图形乐谱上"行走"，遇到"重音"处教师做"突然回头看"的动作，以此帮助幼儿了解音乐的结构和情趣。

（3）教师扮演老狼，全体幼儿扮演聪明孩子，一起玩"走和停"的游戏：笨老狼慢慢地向前走，聪明孩子跟随其后；笨老狼突然站住并回头，聪明孩子站住不动。

注意，游戏中，教师应引导幼儿寻找预示笨老狼回头的信号：老狼一停下来不走了，就是要回头看了。

（4）幼儿跟随教师播放的音乐做游戏。由于音乐中有些小句是没有句末重音的，因此幼儿会感知到两个连接在一起的较长的长句，即重音和重音之间具有较大的间隔。为此，教师在走动时，短句子可向前走，长句子可原地边走边旋转，以此帮助幼儿感知长句子所造成的期待和紧张。

（5）在教师的引导下，幼儿通过讨论，自由创编吓唬老狼的声音，如狗叫声、开枪声等，并在游戏中加入创编的声音，以强化对重音的感知。

2. 学习打击乐器演奏

（1）幼儿坐成双马蹄形，每边各持一种乐器。教师手持木鱼扮演老狼。演奏要求：笨老狼走到谁家（哪组）门口，谁家的聪明孩子就敲响乐器吓唬老狼，让他走开。老狼退向面对全体的位置时，所有的聪明孩子一起敲响乐器。

笨老狼敲击木鱼的节奏是：× × × × |× 0 0 |。聪明孩子演奏的节奏是：0 0 |0 × × 0|（即在重音处演奏）。教师在音色安排时应尽量顾及第二、四大句使用相同的设计处理。

供参考的配器方案：

第一大句：第1小句重音处——铃鼓；第2小句重音处——圆弧板；第3小句重音处——碰铃。

第二、四大句：第1小句重音处——碰铃；第2小句重音处——铃鼓；第4小句——全体乐器。

第三大句：第1小句重音处——圆弧板。

（2）加入鼓和镲（在全体乐器合奏处演奏）。

（3）在幼儿能够熟练演奏的基础上，教师可改变配器方案，即兴指挥幼儿演奏。即采用"假装"走向某个声部，再后来又突然转向另一声部；或"假装"迷路，原地转圈，再后来又突然面对声部的方法来增加对幼儿的挑战性。

（4）请个别幼儿扮演"笨老狼"指挥各组演奏。

五、打击乐器演奏教学活动的指导策略

在前面的学习中，我们已介绍了幼儿在打击乐器演奏活动中通常可以接触到的几种打击乐器。不过，幼儿虽有喜欢敲敲打打的天性，但实际生活中他们接触上述乐器的机会并不多。因此，教师可以通过一定的方法帮助幼儿了解各乐器的名称、音色特征、持握与演

奏方法。如教师可以采用"故事伴奏法"帮助幼儿初步认识乐器。具体方法为：教师先讲述故事，然后再引导幼儿对某一种或几种特定的打击乐器进行探索，了解在何种情况下可能发出何种声音，最后引导幼儿运用探索中获得的有关经验为故事伴奏。

案例

小班故事伴奏《大象和小蚊子》

故事情节：有一只大象，长得可大了！脑袋大大的，身体大大的，屁股也长得好大好大（用夸张的声音讲述）。走起路来很慢很慢，"咚——咚——咚"（用较慢的、不太强的声音讲述）。

有一天，大象出门散步，它走累了，就在草地上打起了瞌睡。一群小蚊子"嗡——嗡——嗡"飞来了，它们发现了大象的屁股，一起说："哇！好可爱的屁股呀！让我们来叮叮它吧！"于是，小蚊子们就围着大象的屁股叮了起来。大象觉得屁股有点痒，就用尾巴来赶蚊子，"刷——刷——刷"。小蚊子被赶走了，大象又打起了瞌睡。大象刚睡着，小蚊子又飞了回来，大象只好又用尾巴赶。就这样，赶了一次又一次，大象终于生气了，它用好大好大的脚使劲一踩，"咚——"这一次，所有的小蚊子都被震得昏过去了！

伴奏建议：教师或个别幼儿演奏大鼓，表现大象"咚——咚——咚"的脚步声；其余幼儿学习用串铃摇奏模仿小蚊子飞，同时加入"嗡——嗡——嗡"的伴奏声。

"故事伴奏法"有利于激发幼儿对乐器的兴趣，提高幼儿探索的积极性和求知欲，同时也避免了枯燥、单调的训练，可使幼儿在不知不觉的故事欣赏、游戏活动中提高对各类打击乐器的认识，不失为一种有效的打击乐器演奏的启蒙活动。在具体的教学中，教师可以探索多种方法，帮助幼儿认识乐器、分辨乐器的声音。

（一）探索性打击乐器演奏教学的指导

在由教师较多地控制的打击乐器演奏教学活动的情境中，幼儿的确可以习得较多的知识和技能。但是，长期处在高控制的教学中进行学习的幼儿往往缺乏探索、创造和自主学习的意识和能力。为此，"让幼儿更自主、更富有创造性地参与打击乐器演奏活动"的教学设计已越来越受到广大教师们的重视。通过近年来的教学研究和各种国际学术交流活动的启发，我们发现了更多可供幼儿自由探索的打击乐曲演奏活动的方式。同时，我们也逐渐认识到：通过教师创造的适宜的物质环境和问题情境，幼儿完全可能更自主地探索和更自由地创作，而且这些由幼儿们合作探索、创作的音乐作品完全可以是充满审美激情和审美想象力的。

这方面的活动主要包括以下几种：从乐器入手的探索活动、从音乐入手的探索活动、从生活意象入手的探索活动、自主小乐队探索活动。

1. 从乐器入手的探索活动

（1）探索同一物体不同的发声方式　在探索同一物体的不同发声方式时，教师可以按照以下几个步骤进行。

第一，鼓励幼儿努力采用尽可能多的不同方式去使物体发出声音。

如用金属敲击棒敲击三角铁的边，可发出碰铃一般的声音；在三角铁内快速转动金属敲击棒，可以发出闹铃一般的声音。

第二，通过分享经验的活动，鼓励幼儿采用各种喜欢的方式来展示、描述自己的发现。

第三，在幼儿展示、描述发现的过程中如果发生某种困难，如不能再现自己刚做过的探索，或者只会做，不会用语言描述等，教师应该给予具体的帮助。

第四，教师给予的语言帮助，可以引导幼儿学习使用客观描述的方法，如敲铃鼓的中间声音响，弹鼓边上的声音脆，摇铃鼓的时候有小镲片发出的声音等；也可以引导幼儿学习使用类比描述的方法，如敲中间的声音像打雷，弹边上的声音像小鸡吃米；摇的时候像下雨，轻轻摇像下小雨，使劲摇像下大雨……

（2）探索不同的物体　探索不同的物体包括探索乐器、探索周围环境中的各种物体，如用手指击打书本，可发出较干脆的声音；用手掌摩擦书本，或抖动书本，可获得细碎连续的音响效果等。引导鼓励幼儿收集各种乐器和乐器的资料，并研究怎样制作自己的乐器等。

（3）探索乐器的使用　教师可以通过以下途径引导幼儿探索乐器的使用。首先，可将前面探索的相关经验及时应用到日常的节奏朗诵、歌唱、律动表演、舞蹈或带有节律性质的体育游戏中去；其次，引导幼儿尝试用一种乐器或几种乐器独立或合作即兴地"描述简单的场景"或"讲述简单的故事"；最后，教师可以提供各种包含乐器表演的综合性艺术表演活动音像资料，特别是像《破铜烂铁》这样思路广阔、富有创意的作品，以开阔幼儿关于乐器使用的眼界，然后再鼓励幼儿做创意尝试。

2. 从音乐入手的探索活动

乐器演奏活动是一种艺术表现活动，艺术除了要表达一定的思想内容以外，还需要表现人们对艺术形式美的种种认识。在这方面教师可以进行以下尝试。

（1）探索节奏型　音乐艺术中的节奏型就好像视觉艺术中的图案，简洁可辨的结构单元的严格重复或变化重复，能够形成一个独立作品的良好的整体感或统一感。在幼儿具备了最基本的稳定拍子的感觉后，教师就可以组织幼儿做两种游戏来探索节奏创编。

第一，节奏型即兴"创编—模仿"游戏（一人即兴奏出一个节奏短句，另一人或其他人完全地模仿），或做节奏型"即兴对话"游戏（一人即兴奏出一个节奏短句，另一人即兴奏出另一个节奏短句，就像相互交谈一样）。

第二，鼓励幼儿创编出最简单的节奏，并将这一节奏作为能够稳定持续的、不断重复的节奏型，为自己朗诵的儿歌、演唱的歌曲或由老师弹奏、播放出的音乐伴奏。

（2）探索乐句和乐段中的节奏型　乐句和乐段是音乐中比较大的结构单元。随着幼儿相关经验的不断增长，教师可以引导幼儿探索乐句和乐段中的节奏型，可通过以下方法进行探索。

① 通过仔细体验现成打击乐作品的演奏学习，逐步积累节奏型和音色的重复变化与乐句乐段的组织结构相互匹配的感性经验。

② 逐步通过引导幼儿做结构比较清晰的歌曲或乐器配器的活动，关注乐句乐段组织结构的规律，体验节奏型和音色的重复变化怎样与乐句乐段的组织结构相互匹配。

③ 通过观察幼儿自主自发的乐器演奏活动和教师提供的即兴乐器演奏活动，随时了解幼儿在结构感方面发展的情况，并以幼儿的实际发展为基础，向他们提供能够帮助他们"更上一层楼"的教学设计活动。

3. 从生活意象入手的探索活动

乐器演奏活动除了要表现人们对艺术形式美的种种认识以外，还需要表达一定的思想内容，而且对于幼儿来说，这种表达与他们的生活经验更接近，表达起来限制会更小，自由度也会更大。在这方面教师具体可以做如下尝试。

（1）提供情节简单的故事，可以直接通过教师的讲述，也可以通过图片、图书或某种实物操作、影像资料播放，鼓励幼儿将之转化为由乐器演奏出的"音响故事"。

（2）鼓励幼儿为图片、图书、某种实物操作、影像资料播放、哑剧表演等加配乐器演奏音响，而成为某种新创作的"配乐故事"。

（3）从一位幼儿独自的单一意象的简单述说开始，逐步发展成多位幼儿合作的多意象的复杂述说。

4. 自主小乐队探索活动

"乐队"的概念天生就是合作性的。其实，当"小舞台"或"音乐区"给小班幼儿提供了自主学习的机会以后，幼儿就获得了自己发现"乐队"概念的可能。而且，当他们在那些地方自发地探索各种合作的可能性，自然地面对各种合作不协调的困难时，"自主小乐队探索活动"也就自然地展开了。在小乐队探索活动中，教师可以尝试观察幼儿在活动中对具体情境的表现，了解如何帮助幼儿发展探索性，如何指导有利于幼儿协作性发展等问题。

（1）经常注意观察幼儿在合作过程中会发生哪些矛盾，他们会尝试哪些解决矛盾的策略。如果他们放弃了对矛盾的解决，又是因为什么。他们可能需要什么样的帮助。

（2）在经过认真思考后，教师可以在区角活动的现场自然介入幼儿解决问题的尝试，帮助幼儿反思他们的经验或教训。与乐器合作演奏有关的矛盾经常是：分工问题，谁的创意应该被集体采纳的问题，集体统一行动中的领导和服从问题等。

总之，虽然在"探索性打击乐器演奏教学"方面，积累的经验还很有限，但为了教师更自主、更有创意地教和幼儿更自主、更有创意地学，教师在自己的工作实践中还是不要轻易放弃这样的探索努力。

（二）教师指导打击乐器演奏的特殊技术

1. 哼唱曲调的技术

由于幼儿在初学演奏时跟随录音音乐较困难，因此，教师有必要用哼唱曲调的方法帮助幼儿随乐演奏。

教师在哼唱时要正确使用唱名法，要使哼唱的速度与幼儿最舒适的演奏速度相一致，即教师要用眼睛看着幼儿，根据幼儿的反应灵活调整自己的哼唱速度，直至幼儿的动作显示出比较自如的状态。音色、节奏型转换前要有意放慢速度，新音色或新节奏型开始时要重新换气，并用动作、音量、眼神表示"预备起"；曲调熟练，可以在任何需要的地方开始唱。

当然，当幼儿的演奏逐步熟练后，教师也应及时将哼唱改换成弹琴伴奏，并稍稍加快速度以使幼儿对练习产生新的欲望；待幼儿的演奏相当熟练时，教师还应将伴奏改换成录音播放的乐队的音响，这时速度可能会更快一点，教师应事先向幼儿说明，并激发幼儿挑战新情境的信心，而且乐队演奏的音响比较丰富，可进一步激发幼儿参与演奏的热情。

2. 节奏语言提示技术

教师应善于使用节奏语言提示技术，没有习惯使用这种技术的教师应学会事先设计和事先练习。

当然，采用语言节奏提示的技术还必须和其他技术结合使用，如语言音色转换前放慢速度，用眼神、身体动作等提前暗示。有时，在幼儿初学演奏时，教师还要能做到既哼唱曲调又穿插节奏语言。

3. 空间处理及空间移动技术

在打击乐器演奏活动中，幼儿座位安排的有序性和声部音色的混响效果都直接影响着活动的整体审美效果。因此，对各乐器组空间位置的处理应遵循一定的科学规律：即同音色组的乐器在空间处理时应集中安排在一起。

一般地，常规性的打击乐器演奏活动应该有"碎响乐器"组（铃鼓或串铃）、"圆润音色"组（碰铃或三角铁）、"脆响乐器"组（圆弧板或木鱼）和"混响音色"组（大鼓或大镲）。其他非常规乐器，使用时按常规乐器的音色性质分组。

在一般常规活动中，幼儿的座位可安排成半圆形（适合小班）、单马蹄形（适合小班）、双马蹄形、满天星形（一般适合于中、大班）、品字形、斜品字形几种队形。

在上述队形中，马蹄形是幼儿刚开始学习轮流演奏时较理想的空间处理方式。为了让幼儿更易明确何时演奏、何时不演奏，有时也可将幼儿的座位朝向稍作改变。

在打击乐器演奏教学活动中，教师作为指挥者，往往要在乐队队形中间进行移动，教师在空间内的合理移动常常出于以下一些重要的理由。

第一，让幼儿明白教师的指挥意图。如马蹄形的空间状态，是与半圆形很类似的一种半封闭的、稳定安详的、可使幼儿集中注意力行动一致的空间状态。这种队形有利于年幼的孩子体会三种不同音色乐器组的独立性和组内的一致性。在教学中，为了让幼儿了解音乐、配器和教师指挥手势之间的关系，教师往往需要适当地在马蹄形内"进"或"退"。如当一组或两组乐器演奏时，教师需要进入双马蹄形口的内部；而当三组乐器同时演奏时，教师则应退到马蹄形口的外面，如此可使每个演奏者都能看见教师的眼睛和指挥手势。

第二，让幼儿明白教师控制程度的变化。教师向幼儿靠近，意味着更多的控制和帮助；教师离开幼儿，意味着更多的信任和解放。这里的"一进一退"起到了教师对幼儿学习的"支架"作用。

第三，教师移动意味着对个别幼儿的特殊提醒和特殊关注。此类幼儿主要表现为走神、违纪、情绪低落、技术困难等。

4. 指挥的技术

（1）教师的指挥动作需要明确、准确并具有热情。

如：双手手心张开向上，表示"准备"，双手在胸前交叉握空拳以示"结束"。

在指挥时，教师应将身体倾向于被指挥者，用眼睛亲切、热情地注视被指挥者，并能用体态和表情激起被指挥者的合作热情。

（2）教幼儿学习分声部看指挥时，教师可以采用不同的指挥动作。

在这里，不同的指挥动作主要指乐器演奏的模仿动作和手势击拍动作。需要注意的是：应先用乐器演奏的模仿动作指挥，待大部分幼儿能熟练演奏时，再逐步过渡到用由上而下击节奏型的方法（击拍法）指挥。

此外，教师采用何种方法进行指挥，还应顾及幼儿的年龄及基础。当幼儿年龄比较小或幼儿基础较差的时候，教师的指挥应采用乐器演奏的模仿动作。如在指挥小铃演奏时，教师可以用两手食指轻轻相触的方式指挥，必要的时候可以还采用语言提醒和空间接近的方式予以指挥。对于年龄比较大的幼儿或者基础比较好的班级，教师的指挥可以直接采用击拍法。有时，演奏过程中会出现特殊的奏法，如铃鼓划圈摇、上举摇等，这时，教师应做出相应的模拟动作提示该乐器奏法的变换。

（3）教师指挥时，要按配器规定的节奏型来指挥而绝不能只是画拍子。

用画拍子的方式进行指挥容易干扰幼儿对节奏型的记忆和再现，所以，教师在指挥时应该使用击打节奏型法，从而减轻幼儿的记忆负担，使幼儿能够轻松自如地正确演奏和享受音乐。也就是说，教师的手指向哪一组或几组乐器，并由上向下击出节奏型，就表示被指到的乐器组应按教师击出的节奏型来进行演奏。

（4）应该学会在声部转换之前提前将自己头部和目光转向下一个将要演奏的声部。在组织建立声部时，尽量使用手势和眼神，而同时尽量减少语言指示。即使必须使用语言，也应经常注意辅以相关的体态。

案例

这是小兵（小班）

前奏：教师先面向全体幼儿，再慢慢将自己的头部和目光转向"碰铃组"，双手食指相触不动，暗示碰铃组幼儿：马上要演奏了，准备好了吗？

第一乐句：教师用模仿动作或击拍动作指挥碰铃组幼儿演奏，并在第一乐句结束前两拍，提前将自己的头部和目光自然地转向"铃鼓组"，暗示铃鼓组幼儿：马上该你们演奏了，请准备好！而此时教师的手臂应仍旧在指挥碰铃组，直到碰铃组演奏到最后一拍的尾部，教师的手臂才转向铃鼓组。

第二乐句：教师指挥铃鼓组演奏，并在乐句结束前两拍提前预示"圆弧板组"幼儿做好准备。

第三乐句：教师指挥圆弧板组演奏，同时慢慢退出马蹄形，并在乐句结束前两拍用目光环视所有乐器组，暗示幼儿：接下来要齐奏了，请作好准备！乐句未结束前，教师的手臂应坚持在指挥圆弧板组，直到圆弧板组演奏到最后一拍的尾部，教师的手臂才移至正前方。

第四乐句：教师站在马蹄形口外面，双手由内向左右两侧划出节奏型，暗示全部乐器应同时按教师击出的节奏型齐奏。最后一拍，教师的双手由外向内迅速收握空拳，交叉在胸前，表示结束。

第二节
分析幼儿园打击乐器演奏教学活动案例

✈ 案例导入

苹果丰收

——幼儿园大班打击乐活动

【活动目标】

（1）正确掌握4/4拍节奏，能够通过身体模仿动作、乐器演奏熟练掌握乐曲的节奏。

（2）能根据教师指挥的手势迅速做出动作反应，注意乐器相互协作演奏，演奏出苹果丰收的愉快场景。

（3）感受苹果丰收的快乐场景，体验与同伴创造性的配器和合作演奏的快乐。

【活动准备】

课件；苹果丰收音乐；铃鼓、碰铃、圆弧板若干。

【活动过程】

（1）伴着欢快的音乐幼儿模仿摘苹果的动作进入活动场地，体验摘苹果的愉快心情。

① 教师引导幼儿交流：你摘苹果时心情怎么样？

② 教师小结：摘苹果是一件快乐的事情，下面我们一起来听一首乐曲，这首就是表达了人们丰收苹果时的愉快心情，我们再看看人们是如何庆祝苹果丰收的。

（2）教师运用视听欣赏法，引导幼儿通过边看图片边欣赏乐曲相结合的方法，感受乐曲的节奏特点，了解丰收给人们带来的快乐。

① 幼儿欣赏后回答：这段乐曲感觉怎么样？那乐曲是几拍的呢？教师带领幼儿尝试拍打乐曲的节奏并简单介绍乐曲。

② 刚才苹果丰收了，人们都干了什么？请幼儿模仿，初步尝试用身体动作表现丰收的快乐。

（3）结合图谱，引导幼儿探索用身体动作表现苹果丰收的场景，掌握乐曲的基本节奏。

① 出示身体动作图谱，引导幼儿观察：图谱上有哪些劳动动作？请幼儿自主探索。

② 教师请个别幼儿示范，规范幼儿动作，我们现在完整表演一遍，提示幼儿男孩、女孩的动作幅度可以有差别。

③ 幼儿跟随音乐完整表演身体动作，提示幼儿注意用表情和眼神与动作协调。

（4）变换图谱，引导幼儿回忆乐器的使用方法并尝试自己练习演奏不同乐器的节奏并完整演奏乐曲。

① 教师变换图谱，请幼儿观察：图谱有什么变化？你发现了什么乐器？引导幼儿初步掌握乐器图谱的节奏。

② 请幼儿取出自己椅子下的乐器，演示乐器的使用方法，教师规范幼儿的动作及姿势。

③ 跟随音乐幼儿演奏乐曲，提醒幼儿控制好自己的乐曲并注意节奏的准确性。

④ 利用回放体验法请幼儿欣赏刚才演奏的片段，引导幼儿自我评价：你们认为刚才演奏得怎么样？哪里演奏得好？怎样会演奏得更好？

⑤ 幼儿完整演奏乐曲一遍后交换乐器再次演奏。

⑥ 请幼儿来当小指挥，带领大家演奏。

（5）演奏结束，请幼儿分组收好乐器，提示幼儿轻轻放到指定的地点，出活动场地。

要求：根据案例分析以下问题。

（1）材料中的活动目标是否合适？

（2）你认为材料中活动过程有何需要改进之处？

案例与分析

一、打击乐器演奏教学活动案例

小班打击乐器演奏活动：小罐的声音

【设计意图】

根据《纲要》中指出，幼儿园教育要与幼儿的兴趣相适应。偶然间听到《一百只老鼠》这首歌曲，它是一首旋律欢快、节奏鲜明、富有感染力、符合小班幼儿年龄特征的音乐。整个活动以游戏为主线，引导幼儿在玩中学、在学中玩，充分体验参与音乐活动的乐趣。

【活动目标】

（1）运用小罐子尝试打击节奏型：× × × × |。

（2）在游戏情境下，自由探索小罐子的不同演奏方法。

（3）体验乐曲活泼、滑稽的风格，熟悉乐曲欢快的旋律。

【活动准备】

（1）知识经验：幼儿已有打击经验。

（2）物质材料：红豆小罐、沙子小罐若干，三角铁一个，音乐《一百只老鼠》伴奏版，节奏图谱。

（3）环境创设：宽敞的活动室，幼儿坐成马蹄形。

【活动重点、难点】

（1）活动重点：能在游戏情境下自由探索小罐子的不同演奏方法。

（2）活动难点：能运用小罐子尝试打击节奏型 × × × × |。

【活动过程】

"小罐的声音"活动过程见表5-3。

表5-3 "小罐的声音"活动过程

程序	进程
导入部分	1. 摇动小罐，激发兴趣 教师摇动不同的小罐子发出各种声音，引发幼儿兴趣
基本部分	2. 倾听音乐，了解节奏 （1）幼儿自由听辨不同物体在罐内发出的声音，讨论：小罐的声音像什么？ （2）教师和幼儿结合讨论情景，教师边用小罐子有节奏地敲击边讲故事，激发幼儿倾听歌曲的兴趣（不同的罐子响声代表着不同的声音）。 教师：故事好听吗？故事中有哪些声音？（幼儿说出雷声，教师摇动雷声的小罐），听一听（教师摇罐子）是这个声音吗？ 教师：你的小耳朵真灵，我这还有很多罐子，我们一起再来听一听（引导幼儿调动已有经验，用感官感知物体，表扬幼儿的耳朵灵）。 教师摇晃不同的罐子再次讲述故事，引导幼儿初步熟悉歌曲的风格，幼儿用嘴巴学一学罐子里的声音（咣咣咣、沙沙沙、咚咚咚），初步了解乐曲的节奏型 × × × × |。 3. 体验游戏，巩固节奏 游戏：小罐大闯关 玩法：出示图谱练习节奏，根据图谱将音乐分为三个部分，练习三个部分不同的节奏型进行闯关游戏，幼儿在听到音乐后，用相应的演奏方法进行演奏
结束部分	4. 集体演奏，完整表演 （1）幼儿自选里面装有不同材料的小罐，尝试分段表演。 （2）集体演奏

【总结与提升】

节奏是音乐的脉搏和精髓，是音乐生命力的源泉。一切音乐活动都离不开节奏。节奏感是音乐能力的重要组成部分。唱歌、跳舞、乐器都离不开节奏，培养幼儿对节奏活动的兴趣是十分必要的。通过培养幼儿的音乐听觉能力，利用形象的图谱、生活中的小罐作为打击乐器，激发幼儿的兴趣，并将节奏有效地融入故事游戏中，让幼儿在敲敲打打中培养对节奏活动的兴趣，既提高了音乐素质和能力，又从中获得了快乐。

（1）从听入手，感受节奏。整个活动始终以游戏化的方式进行，通过闯关游戏，让幼儿由浅入深地感知乐曲的节奏，体验在玩中学的乐趣。

（2）教具简易，生活中随处可见，幼儿兴趣极大，既能充分展示音乐的形象，又便于教师和幼儿表演操作。

【延伸活动】

（1）将小罐子投入表演区，让幼儿进行节奏探索。

（2）科学探索区投放半成品小罐及各种小材料，让幼儿对小罐进行探索。

中班节奏活动：我和小狗捉迷藏

【设计意图】

本活动真正以幼儿的兴趣为主，教师只是创造出游戏的场景，以优美的迪斯尼音乐《Bingo》为载体，让幼儿一边听着音乐一边看着节奏图谱进行声势律动，在开心、愉悦的气氛中学习节奏活动。

【活动目标】

（1）乐于参与《Bingo》的节奏活动，体验自由表达和创作的快乐。

（2）会根据图谱玩让字母藏起来的游戏。

（3）能根据音乐尝试表现各种节奏。

【活动准备】

（1）知识经验准备：幼儿有一定的节奏活动基础，会听音乐，看简单的图谱，用拍手的方式拍出不见的字母个数。

（2）物质材料准备：音乐《Bingo》、配套的图谱。

（3）环境创设准备：室内宽敞场地，幼儿坐半圆形。

【活动重点、难点】

（1）活动重点：会根据图谱玩让字母藏起来的游戏。

（2）活动难点：能根据音乐尝试表现各种节奏。

【活动过程】

"我和小狗捉迷藏"活动过程见表5-4。

表5-4 "我和小狗捉迷藏"活动过程

程序	进程
导入部分	1. 问题导入，激起兴趣 （1）教师：你们都喜欢小动物吗？你们最喜欢什么小动物呢？你们愿意和可爱的小狗捉迷藏吗？ （2）教师播放《Bingo》音乐，大家一起欣赏
基本部分	2. 出示图谱，回顾音乐 （1）出示图谱，逐步提问，幼儿随音乐看图谱做拍手律动。 （2）教师带领幼儿一起看图谱，解决幼儿在看图谱中遇到的困难。 3. 进行游戏，巩固节奏 （1）教师介绍游戏玩法和规则。 玩法：音乐开始第一部分，幼儿随着音乐有节奏地摆动身体，随着"Bingo"这几个字母依次不见的规律特点，用拍手来表示不见的字母个数。 规则：幼儿在听音乐的过程中，只有在唱到不见的字母时才能做拍手的动作。 （2）幼儿听音乐自由练习，开始游戏。 （3）发现游戏中的问题，并尝试解决，强调规则。 4. 分组讨论，大胆创编 （1）提问：这个游戏还可以用什么手势来表示呢？从而创设出新的玩法。 新玩法：六人为一组，选出一个农夫，当音乐响起时大家一起来摆动身体，小组的五人分别代表每一个不见的字母，幼儿用自己喜欢的方式来表现不见的字母个数。 新规则：在同伴做手势节奏乐时一定要仔细听，并能跟着音乐的节奏快速做出字母不见的顺序。 （2）教师和幼儿共同听音乐，并按新的玩法进行游戏。 （3）教师和幼儿共同讨论新游戏中的问题，产生新的规则。 （4）游戏2~3遍
结束部分	5. 教师和幼儿互评，评选出游戏中守规则的人

【总结与提升】

整个活动无论是从音乐的选材，还是从故事的趣味性来分析，都非常符合幼儿，通过一系列动物与主人的运动而创编的音乐游戏，并在游戏的过程中鼓励幼儿大胆创编，增进对音乐的兴趣。这个活动有以下几个亮点。

（1）准备材料简洁、易操作。没有过多的器材，对于中班的小朋友来说，幼儿先是养成良好的音乐习惯，而不是过于花哨地给音乐活动增加器材，这样幼儿才能更专注地进行音乐节奏的学习。

（2）音乐的节奏感强。无论是唱词还是音乐的节奏都较慢，每一个节奏都可以让幼儿听得非常清晰。

存在的不足：音乐活动注重欣赏，首先要让幼儿有美的感觉，他们喜欢了才愿意学。我将两遍音乐活动做了对比，发现了一个共同的问题，就是欣赏不足。幼儿都没怎么听歌曲，就已经要求幼儿学了，这是有违幼儿学习特点的。所以无论是哪位教师执教，一定要让幼儿先充分地欣赏乐曲。

【延伸活动】

（1）在音乐区投放图谱，让幼儿在进行区域活动时自由地选择喜欢的乐器进行练习。

（2）可以在早晚与幼儿问好和送别时，玩这种听字母来握手与拥抱的游戏。

大班打击乐器演奏活动：大象和小蚊子

【设计意图】

大象和蚊子是两种在形象、特征方面有着巨大反差的动物。这样的两种动物之间会发生什么好玩的事情呢？幼儿通过用身体的动作、乐器的形象感受两种动物的不同形象特征、行走特征和声响特征。在游戏的过程中，感受大象和蚊子一起游戏的快乐。

【活动目标】

（1）感受和体验游戏中蚊子"叮"与大象"赶"的有趣情节。

（2）初步学习用不同的身体动作表现乐曲的两个角色形象。

（3）能听音乐较完整地进行演奏和游戏。

【活动准备】

（1）知识准备：幼儿玩过打击乐器，会看图形总谱。

（2）物质准备：音乐、图谱、铃鼓、小铃若干。

（3）环境准备：森林音乐区环境。

【活动重点、难点】

（1）活动重点：学习用不同的身体动作表现乐曲的两个角色形象。

（2）活动难点：能听音乐较完整地进行演奏和游戏，并能迅速转换角色。

【活动过程】

"大象和小蚊子"活动过程见表5-5。

表5-5 "大象和小蚊子"活动过程

程序	进程
导入部分	1. 复述故事，幼儿尝试学做基本动作 （1）教师讲述故事，边指图谱边帮幼儿进一步记忆故事的顺序。 （2）幼儿尝试徒手做大象和蚊子的基本动作。 （3）幼儿倾听音乐，并徒手做相应的动作。 ①幼儿尝试随音乐完整地做一次。 ②再次随音乐完整地做一次，重点练习慢速节奏时的动作要领。 （4）教师和幼儿进行一对多的互动游戏。 ①教师做大象，幼儿尝试做蚊子，徒手互动游戏。 ②教师和幼儿交换角色，再次互动游戏，鼓励幼儿可以利用不同的身体部位进行"叮"与"赶"的动作
基本部分	2. 分角色游戏，幼儿尝试根据角色配器 （1）教师指图谱，幼儿分角色扮演大象和蚊子尝试游戏。 一名幼儿做大象，一名幼儿做蚊子，徒手互动游戏。 （2）幼儿分成两组，一组做大象，一组做蚊子，徒手互动游戏。 （3）幼儿尝试配器。 ①大象走路可以用什么乐器来表现？（铃鼓。） ②蚊子叮的时候用什么乐器表现？（小铃。） （4）幼儿模仿乐器的动作，分角色进行打击乐器展示
结束部分	3. 自选乐器，幼儿随音乐进行打击乐器展示 （1）幼儿按意愿选择乐器，并尝试敲击乐器。 ①全体幼儿坐在座位上听音乐，按不同的角色出场顺序进行敲击。 ②幼儿两两结伴，随乐分角色进行打击乐器展示。 （2）幼儿自由站立于活动室内，听音乐，分角色敲击乐器，积极表现大象和蚊子的动物形象。 幼儿互换角色，再次展示

【总结与提升】

打击乐器演奏活动从来都不是一次活动就能完成的，要有第一课时与第二课时的体现，而本次活动就是第二课时的展示。活动在打击乐器展示与打击乐器游戏中开始，也在展示与游戏中结束，这本身就是此次活动的一大亮点。当然，纵观此次活动，还有许多值得我们学习的地方。

（1）此次活动是第二课时，在第一次活动时，幼儿已经知道并熟悉《大象和小蚊子》的故事，在故事的引导下，幼儿已经能够用身体动作表现大象"走走走，跳跳跳"的动作和小蚊子"飞，停，飞，停"的动作，对故事的熟悉也直接影响幼儿对音乐的熟悉。在一遍遍做动作自然倾听音乐的时候，幼儿也是一次次被音乐洗礼，这对音乐活动而言也是重要的一步。

（2）活动中一次次徒手演奏也是为了使后面的打击乐器展示与互动游戏时能够做到不需要提醒，连贯进行。因为音乐游戏也是规则游戏的一种，规则游戏是有一定规则性的，只有在前面的徒手练习部分将规则隐藏在其中并使幼儿自然习得，后面才能既不出现游戏规则，而又体现了游戏规则。

（3）打击乐器演奏活动中，图谱的运用有很多种方式，而此次活动运用了图形总谱，利用简单但是与音乐契合度很好的图形总谱帮助幼儿认识故事，随着对故事的认识感知音乐，最后通过边看图形总谱边进行打击乐器展示。活动中基本不需要教师进行动作指挥，将活动的主动权全部交给幼儿，只要在规则范围内，大家都能够玩得很愉快。

（4）打击乐器演奏活动与音乐游戏的完美融合也是此次活动的一个亮点。一般的打击乐器演奏活动就是围坐成马蹄形或其他几种固定形状，边听音乐边在座位上进行敲击，反复进行，或者交换乐器，缺乏新颖，对幼儿的注意力与倾听习惯有较严的要求。而本次活动将音乐打击活动与音乐游戏相互渗透，在学会了徒手打击乐器动作之后就可以分角色玩游戏，徒手游戏玩好了，再自选乐器进行配乐，依然是边玩游戏边进行打击乐器展示。在两个可爱角色的相互较量中，幼儿能一直保持浓厚的兴趣，对蚊子要"叮"自己身体哪个部分也充满了好奇，在笑笑闹闹中既学会了打击乐器演奏，也多了一个音乐游戏可以玩。

【延伸活动】

将此活动作为音乐游戏的延伸，可在区角里投放乐器供幼儿游戏。

二、打击乐器演奏教学活动设计案例分析

小班打击乐器演奏活动：开汽车

【活动目标】

（1）初步熟悉音乐旋律，尝试用铃鼓表示开车和按喇叭的动作。

（2）学习运用已有经验，能通过红绿灯指示牌的提示迅速停下来和继续开车。

（3）游戏中能慢慢开车、轻声按喇叭，注意避让同伴。

【活动准备】

（1）幼儿人手一个铃鼓。

（2）红绿灯指示牌。

（3）音乐《开汽车》。

【活动过程】

"开汽车"活动过程见表5-6。

表5-6 "开汽车"活动过程

程序	进程
导入部分	1. 故事导入,激发兴趣 (1)教师:小司机要开车啦,看见红灯停下来,看见绿灯开起来,前方注意要按喇叭。 (2)教师:小司机是怎么开车的?谁愿意主动来做一做?按喇叭是怎么按的?谁愿意学一学
基本部分	2. 教师完整示范,带领幼儿学习动作 (1)教师:有一首关于开汽车的音乐,我们一起听一听。 (2)教师示范后提问:小司机开车时还遇到了什么事情? (3)教师再次示范并提问:小司机看到红灯怎么样?看到绿灯呢?提醒注意按什么?(喇叭。) (4)教师第三次示范并引导幼儿学做动作:我们都是小司机,坐在椅子上和我一起开车吧!(徒手动作。) (5)教师反馈幼儿慢慢开、轻轻按喇叭的动作。 3. 幼儿使用铃鼓,并尝试用不同的动作演奏 (1)教师出示铃鼓:我给大家准备了方向盘,怎么抓呢?谁来试一试?(上下转动的演奏方法。) (2)教师:用方向盘怎么按喇叭呢?谁来试一试?(拍奏的方法。) (3)教师:每人拿好方向盘(铃鼓),坐在椅子上,我们一起试一试,听音乐开车。(过程中,教师边用歌声提醒边使用红绿灯指示牌:看见红灯,快快停下来;看见绿灯,快快按喇叭;到站了,快快停下来……)
结束部分	4. 完整演奏 (1)教师到幼儿中间找空地方跟着音乐开汽车。 (2)教师反馈幼儿文明开车的要求,提醒幼儿注意避让。 (3)增加障碍(椅子),完整地游戏

案例分析:

1. 小班幼儿打击乐音乐的选择

小班幼儿打击乐音乐的选择要结构清晰,节奏明显,速度适中,方便幼儿感知和参与演奏。

在设计打击乐器演奏活动中,选择一首适合的打击乐音乐至关重要。《开汽车》的音乐结构不太明显,总体上是 ABAB 的结构;但 B 段增加了 1 个八拍按喇叭的动作,且速度很快。活动中,教师设计了开汽车的故事情节以及开、停、按喇叭、开、停的动作。教师考虑到了音乐的性质与故事的匹配,但由于音乐的结构和按喇叭的节奏不稳定且快,造成小班幼儿合乐演奏的困难。因此,打击乐音乐的选择需要结构清晰,节奏鲜明,速度适中,方便幼儿感知和参与演奏。

2. 游戏化打击乐器演奏的教学活动设计

游戏化打击乐器演奏的教学活动设计使活动具有游戏性和情境性。

活动中,教师采取了游戏化打击乐器的设计。教学过程中,教师用故事导入,再请幼儿结合故事和音乐匹配相应的情境化动作帮助幼儿匹配和理解歌曲。然后用铃鼓当方向盘,探索开汽车和按喇叭及其匹配的上下转动和拍奏的演奏方法,使幼儿在开汽车的情境中尝试演奏乐器,感知音乐的结构。

在乐器的使用中,教师采取了循序渐进的原则,先徒手感知动作,再拿乐器坐在椅子上尝试,最后在边开汽车的位移动作中边演奏乐器。

3. 打击乐器演奏中图片的使用

打击乐器演奏中图片的使用要有利于幼儿倾听音乐。

在"开汽车"的游戏中,教师边用儿歌指令帮助幼儿学习合乐演奏乐器,边使用红绿灯的指示牌。指示牌的使用是为了降低幼儿演奏的难度，提前给幼儿以提示，但可能带来的副作用就是幼儿会依赖指示牌，而不倾听音乐。因此，教师可以将红绿灯指示牌去掉，只在故事导入环节使用。在游戏过程中，给幼儿自主听音乐的机会，也降低教师的多种负担，既要演奏又要给予儿歌预令，还要出示指示牌等。

大班打击乐器演奏活动：拔根芦柴花

【活动目标】

（1）通过观看舞蹈，熟悉乐曲旋律，感受乐曲活泼欢快的情绪和节奏特点，并尝试跟随音乐进行打击乐演奏。

（2）采用观察模仿学习的方法，掌握身体动作总谱，并能根据教师指挥的手势，正确地做出动作反应并进行分声部演奏。

（3）注意倾听和控制自己奏出的声音，养成指挥者和演奏者密切合作的习惯。

【活动准备】

值日生在教师的指导下排好位置（建议排成双马蹄形），并安置好乐器碰铃、铃鼓、圆弧板。

【活动过程】

"拔根芦柴花"活动过程见表5-7。

表5-7 "拔根芦柴花"活动过程

程序	进程
导入部分	1. 导入，引起兴趣 教师请幼儿观看表现愉快劳动场面的图片或舞蹈，从中受到感染，引起兴趣
基本部分	2. 欣赏、熟悉音乐 （1）听乐曲，了解乐曲活泼欢快的情绪。 （2）按乐曲的节奏一拍一拍地拍手，了解乐曲的基本拍子。 3. 学习动作总谱 （1）观看教师的动作示范。 评析：最好教师能自己边唱谱边做动作，且速度应稍放慢，以便于幼儿看清楚。 （2）用整体模仿的方法跟随教师学习动作。 （3）用合作的方式练习身体动作总谱。 在幼儿已将上述这套身体节奏动作初步掌握，对音乐也进一步熟悉后，教师将节奏型 × ×× | 分解给两组幼儿，即要求幼儿将原先独立完成的节奏动作改成由两组幼儿共同合作完成（一组幼儿在第一拍上踏脚，另一组幼儿在第二拍上拍手）；将节奏型 ×× ×× | 分解给三组幼儿共同合作完成（第一组做拍腿动作；第二组做拍手；第三组做拍头动作）；原节奏 ×× 处，全体一起做动作，节奏不变。 此程序可根据情况重复2～3次。每次练习之前，教师都应提醒幼儿要注意看清教师的指挥手势。 4. 进行分声部练习 （1）请幼儿分声部用模仿乐器演奏的方法，边看教师指挥，边徒手演奏。 （2）教师要求幼儿轻轻地拿出乐器，根据上一步骤和配器建议，手持乐器看指挥分声部合奏，同时提醒幼儿注意倾听和控制自己奏出的声音。注意仍要打出节奏型而不是划拍子。 5. 改进的练习 （1）累加特色性乐器，同时教师提出声部平衡的要求，引导幼儿相互倾听，注意自己如何演奏才能使整体效果更好。 （2）幼儿自由选择，交换乐器演奏
结束部分	6. 幼儿自己收放乐器、整理场地

【延伸活动】

（1）改变配器方案演奏。

（2）请愿意担任"小指挥"的幼儿指挥全体演奏。

案例分析：

1. 活动目标的设计

（1）在打击乐器演奏活动中，要使幼儿奏出的音响与音乐相协调，即能运用打击乐器艺术性地表现音乐，需要幼儿既能熟练地操作乐器，也能敏锐地感知音乐。

（2）先认真观察教师的示范，再进行模仿和练习，使幼儿较快地把握作品的整体音响形象，是幼儿获得学习经验的一种有效的方法。看指挥做动作，旨在培养幼儿迅速地理解各种指挥手势、体态暗示，以及积极反应的能力。

（3）培养幼儿合作的态度及在演奏过程中努力保持整体音响之协调性的意识。

2. 活动准备的设计

请幼儿参与排放位置、安置乐器，是对幼儿进行自我服务能力培养的良好机会。

3. 活动过程的设计

（1）学习动作总谱环节，有助于帮助幼儿把握动作结构（节奏、音色、力度、速度及其布局等）与音乐旋律结构之间的关系，也需要幼儿有高度集中注意力的能力和快速反应的能力，有一定的挑战性。分声部合作表演，培养了幼儿的乐句感和曲式结构感以及与同伴、集体的协调能力。

（2）进行分声部练习环节，采用先徒手做模仿演奏的动作，其目的是让幼儿用乐器进行实际演奏前先掌握配器的节奏和音色的整体布局。因为过早加入乐器，易造成幼儿过度兴奋和活动秩序的混乱。

对于基础较为薄弱的班级，教师的指挥动作可与幼儿的动作一致，即采用模仿乐器演奏的动作进行指挥：用双手食指轻轻相碰的动作表示模仿敲碰铃的动作，用拍手的动作模仿敲击铃鼓的动作，用右手手掌拍击左手手心的动作表现圆弧板的演奏动作等。

（3）改进的练习环节，在奏后休止的时间内，击鼓者持锤的右臂和击钹者的双臂均展开向外侧划一大弧，如此做法可增加演奏在视觉上的热烈效果和演奏者自身对乐曲此处热烈气氛的感受强度。幼儿在自由选择、交换乐器演奏时，有时容易发生冲突，有时也会出现个别幼儿总是不能如愿换到乐器的情况，这时教师应鼓励幼儿想出应对此类情况的办法，而不是一味地鼓动大家谦让。

（4）结束环节让幼儿自己收放乐器、整理场地，体现了培养幼儿对乐器负责、对活动场地负责的基本观念和行为习惯。

✿ 拓展训练

（1）举例分析打击乐器演奏活动的基本结构。

（2）分小组尝试演奏一些现成的幼儿园打击乐作品，然后交流演奏和指挥心得。

（3）以小组为单位，尝试创编并演奏一个幼儿园打击乐作品，然后用这一作品设计一个幼儿园打击乐器演奏教学的教学活动方案，实习执教或模拟执教这一方案，最后交流心得。

📄 学习总结

　　本章以幼儿打击乐器演奏教学活动的设计与指导为核心，系统介绍了打击乐器演奏教学活动材料的选择、打击乐器演奏教学活动目标的设计、打击乐器演奏教学活动的基本结构、打击乐器演奏教学活动的导入方式、打击乐器演奏教学活动的指导策略等基础知识，并列举了一些打击乐器演奏教学活动案例，进行分析。

第六章
幼儿园音乐欣赏教学
活动的设计与指导

🌱 导学

在本章中你会学习到幼儿园音乐欣赏教学活动的设计与指导，以及音乐欣赏教学活动的案例分析。

📋 学习目标

（1）掌握多通道参与音乐欣赏活动的理论及其方法。

（2）能够为幼儿选择音乐欣赏作品，设计幼儿园音乐欣赏教育活动。

（3）树立正确的音乐教育观，理解幼儿园音乐欣赏教学活动的重要价值。

⊙ 思维导图

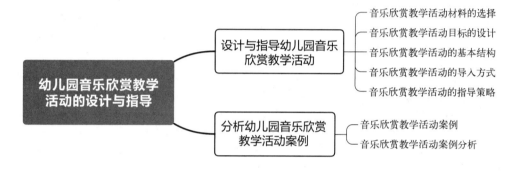

第一节
设计与指导幼儿园音乐欣赏教学活动

✈ 案例导入

春节序曲

——幼儿园小班音乐欣赏活动

【活动目标】

（1）能够在教师带领下，为乐曲进行打击乐伴奏。

（2）能够做出常规节奏和切分音节奏的转换，并能兼顾强弱拍的对比。

（3）能够在音乐的浸润中，感受到春节热闹的喜庆气氛，并能把这种欢乐祥和的情绪在新春佳节时传递给亲朋好友。

【活动准备】

（1）与过春节相关的图片或视频。

（2）管弦乐曲《春节序曲》的音频及播放设备。

（3）双响筒、小堂鼓、碰铃等打击乐器。

（4）活动场地。

【活动过程】

（1）教师播放管弦乐曲《春节序曲》，同时展示与过春节相关的图片或播放视频。

（2）教师再一次播放音乐，在辅助带班教师敲击双响筒的伴奏下，用律动的形式打出这首乐曲的主要节奏型。

（3）幼儿观摩教师示范之后，一位教师清唱乐曲旋律，另一位教师带领幼儿做扭秧歌律动活动。

（4）当大部分幼儿能够听着音乐，在教师的带领下做出相应动作时，教师可以给幼儿分发打击乐器。

（5）教师跟随音乐示范两遍，然后在慢速的音乐中，带领幼儿边欣赏乐曲边敲击打击乐器。当看到大部分幼儿已经能够在当前速度下完成操作时，教师可以适当提速，直至与原曲速度接近。

（6）教师用准备好的管弦乐曲《春节序曲》音频替代清唱。全班幼儿在热闹欢快的音乐浸润中，边聆听边演奏。

（7）活动结束，幼儿交还打击乐器。

要求：根据案例分析以下问题。

（1）材料中教师运用了什么方法来进行音乐欣赏活动？

（2）你认为材料中的音乐欣赏活动有何需要改进之处？

❖ 知识讲解

音乐欣赏是指以具体音乐作品为对象，通过倾听的方式及其他辅助手段来帮助幼儿感受、理解音乐，从而得到精神愉悦的一种审美活动。

幼儿园音乐欣赏领域的教育内容主要有：倾听周围环境中的音响，欣赏音乐作品，了解音乐欣赏的简单知识和技能。

一、音乐欣赏教学活动材料的选择

音乐欣赏中的材料由两部分组成，一是音乐作品，主要包括歌曲和器乐曲；二是为了帮助幼儿更好地感受和理解音乐作品所采用的辅助性材料。

（一）音乐作品的选择

在为幼儿的音乐欣赏活动选择音乐作品时，应着重考虑幼儿对音乐作品的可感性和可接受性。在这里，歌曲和所谓的有标题的器乐曲并不一定是仅有的、最为理想的选择。因为对于幼儿来说，作品的外在结构往往比作品的内在意义更具有吸引力。因此，音乐作品在形式上的特点是否鲜明突出、结构是否工整、长度是否适宜、可参与性是否充分等，都应成为选材的重要条件。

此外，给幼儿欣赏的音乐作品应当是有足够的音乐质量和审美价值的。为此，教师在为幼儿选择音乐作品时，需要遵循两个原则：第一，应该尽力为幼儿选择公认优秀的音乐作品；第二，尽力选择最好的音乐音响。

目前，世界历史上的许多著名音乐作品都已经普遍应用于早期幼儿音乐教育，并已经收到良好的效果。但是，我们也发现，大量中外著名音乐作品，以及一些为大年龄幼儿创作的音乐童话长而复杂，不符合幼儿的接受能力。因此，教师通常还要对所选的音乐作品进行一定的节选或改编工作。一般情况下，所需要做的工作主要是将长而复杂的结构删减压缩为短小简单的结构。

常用的节选改编方法有节选片段、压缩结构等方法。

节选片段，即选取作品中相对独立的片段。如《引子与狮王进行曲》和《水族馆》作为两首独立的欣赏乐曲，就是从圣 - 桑的管弦乐组曲《动物狂欢节》中节选出来的。

压缩结构，即删减作品中的某些部分，将另一些相对独立的片段摘选出来，再重新拼接而成。如聂耳的《金蛇狂舞》，原作品的结构是引子—A—B—A—引子—A—B—A—B—A。现将其中的重复部分删去，就构成了引子—A—B—A 的新结构，实际上也就是将原曲压缩成了一个单纯的带有引子的单三部曲式。

类似经过节选或压缩处理的音乐作品还有很多，如《土耳其进行曲》《挪威舞曲》《啤酒桶波尔卡》《铁匠波尔卡》《龟兔赛跑》《红绸舞》《北风吹，扎红头绳》等。经过缩编以后，这些乐曲的篇幅变得较短小，结构也变得较为单纯，有助于幼儿欣赏到大量真正的艺术作品，扩大欣赏面；同时也考虑到了幼儿对音乐的可感性和可接纳性。

（二）辅助材料的选择

教师在引导幼儿欣赏音乐时，除了要选择真正优秀的音乐作品，还要考虑采用适宜的辅助材料，如动作材料、语言材料、视觉材料等。只有这样，幼儿才能在音乐欣赏活动中由消极的旁听者转为积极的参与者，才能更好地感受和理解音乐作品，并从中获得审美享受。

在为幼儿选择辅助材料时，有一点要特别注意，即所选的动作材料、视觉材料、语言材料都应该是艺术性的，具有审美价值的。而且既然是辅助材料，就必定应是能够促进幼儿对音乐的感知和理解的，而不会对幼儿的欣赏产生负面影响的。

1. 动作材料

伴随音乐进行有情节的动作表演，是帮助幼儿感知、理解和表现音乐的最自然、最重要的途径之一。它不但能帮助幼儿很好地发展动作，同时也能很好地吸引幼儿投入到对优秀音乐的感受活动之中。正因如此，教师在组织幼儿欣赏音乐时，应当鼓励幼儿运用身体动作来表现他们对音乐的情感反应。

选择动作辅助材料的首要条件是：从音乐出发与音乐欣赏的要求相一致。这里所讲的"一致"是指所选动作应与音乐的节奏、旋律、结构、情感等方面保持一致。这样，幼儿对所欣赏的音乐才能产生更深刻、更全面的认识，并逐步意识到音乐与动作之间的内在联系，教师在引导幼儿欣赏《化蝶》时，就是采用与音乐节奏一致的动作引入的。

教师在引导幼儿欣赏著名小提琴作品《梁祝》的主题片段《化蝶》时，请幼儿按照音乐节奏用动作表示蝴蝶飞舞（每两拍手臂起伏一次）和蝴蝶静止造型的动作（每个乐句结束处），以此感受和表现作品柔和的旋律线和音乐表达中呼吸的感觉。

选择动作辅助材料需要注意的另一个条件是，要求所选动作应是绝大多数幼儿都能自然做出的。这样，在实施音乐欣赏活动时，就可以避免因动作难度偏高而影响幼儿音乐的理解和感受。

2. 语言材料

语言材料在这里特指含有艺术形象的有声文学材料，如故事、散文、诗歌、民谣等，其作用是帮助幼儿增强对音乐的感知和体验。

选择语言辅助材料的首要条件是：从音乐出发与音乐欣赏的要求相一致。这里所讲的"一致"不仅在于文学作品本身的结构、内容、形象和情感与音乐相一致；同时也在于讲述或朗诵文学作品时，其语言的音调、节奏、力度、音色、风格等因素与音乐也相一致。

案例

梦幻曲（中班）

《梦幻曲》是德国作曲家舒曼在1838年创作的钢琴套曲《童年情景》中的第六首。由于它如诗如梦的优美旋律能使人想起幸福美好的童年生活情景而深受大众欢迎，故常常被抽出来改编成各种乐器的独奏作品。全曲由四小节上行后逐渐下行的旋律变化重复八次构成。那渗透着宁静、冥想色彩的缓慢速度、柔和平稳的节奏、温暖细腻的旋律线都极易使人产生舒适的梦幻感觉。特别是为小提琴改编的独奏版本，更是由于小提琴那清纯甜美的音色而使乐曲的意境更加亲切感人。

《梨子提琴》是冰波的短文故事。该作品通过诗情画意般的描述，将梨子、小提琴、音乐、拟人化的小动物之间的友好关系巧妙地联系在一起，充满了儿童天真烂漫的幻想，其语言富于音乐的韵律感和节奏感。

《梦幻曲》与《梨子提琴》虽然是通过不同的符号表现出来的，但两者的情感基调是相似的，都具有一种梦幻般的色彩，都描绘了一种和谐美好的人与人之间的关系，在欣赏过程中都会使人产生相类似的情绪体验，因而可以将两者匹配呈现：教师用抒情优美的声调和梦幻般的表情在背景音乐中朗诵诗歌，并注意在音色、音量、语气、语速等方面与音乐所渲染的梦幻般的情调相一致（注意千万不要用戏剧化的声调来表现故事中的人物），并始终保持和渲染这种梦幻的性质。

故事《梨子提琴》

小松鼠捡到了一只大梨子，它把梨子切开来做成了一把小提琴。琴声传得很远、很远，这样好听的音乐，森林里从来也没有过。

狐狸听到了琴声，对小鸡说：我不捉你了，我要去听音乐。狮子听到了琴声，对兔子说：我不追你了，我要去听音乐。动物们都来到松树下听小松鼠拉琴。拉呀，拉呀。星星也来听，月亮也来听，森林里又美好又安静。

突然，小提琴上掉下来一粒东西。咦？这是什么呀？

小松鼠说：这是从小提琴上掉下来的一个小音符。第二天，地里长出了一棵小绿芽，它多像是一个小音符呀！

小绿芽很快长成了一棵大树，树上结了很多很多梨子。这些梨子呀，都被做成了小提琴。森林里到处可以听到音乐，到处都有快乐。

选择语言辅助材料的另一个条件是：应该主要使用有幻想、有情感的词、句，结构优美的文学性语言，尽量不用或少用理性的、分析性的语言。

3. 视觉材料

音乐是流动的，稍纵即逝。而作为视觉对象的图画、雕塑等却是十分稳定的，人们可以反复加以欣赏、观察，从而形成清晰的记忆表象。所以，适当地调动视知觉对帮助幼儿欣赏音乐是大有裨益的。研究证明：视觉材料有助于幼儿形象而精确地掌握音乐的性质、旋律、节奏、曲式结构等，强化音乐审美感受，提高音乐记忆效果。

选择视觉辅助材料的首要条件是：从音乐出发，与音乐欣赏的要求相一致。这里所讲的"一致"是指视觉材料的线条、构图、造型、色彩、形象、内容、情绪等都应与音乐相一致。如果所选的视觉材料是可在时空中流动的（如具动感的活动影像、木偶等），则在操作这些视觉材料时，其运动的方式也应与音乐保持一致。乐曲《拨弦》和《伏尔加船夫曲》就是这样设计的。

乐曲《拨弦》是德国作曲家德里勃所作舞剧中的一个片段。该片段可分四个乐句，每个大句（第三句除外）又可再划分为四个小句。各小句一般都以两个带重音的跳音结束，但其中也有一些小句没有用上述的结束方式。其中的规律是：第一大句的第一、二、三小句以重音结束，第二、四大句的第一、二、四小句以重音结束，第三大句只有两小句，其中的第一小句以重音结束。由于上述规律不易为幼儿所感知和记忆，所以，教师可采用如图6-1所示来帮助其理解音乐（图中的小三角符号即表示两个带重音的跳音，高低错位排列更显示出音乐的活泼与轻快）。

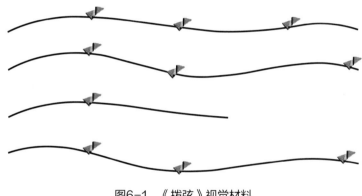

图6-1 《拨弦》视觉材料

小例子

在欣赏俄罗斯民歌《伏尔加船夫曲》时，教师所提供的图画色彩应是灰暗的，构图应是凝重的，以此表现沉重的音乐旋律。

选择视觉辅助材料的另一个条件是：形象生动、有个性，艺术感染力强，能为幼儿所理解和喜爱。另外，还需考虑制作、购买材料时，精力上和经济上的条件是否允许等。

二、音乐欣赏教学活动目标的设计

幼儿音乐欣赏目标的设计需要遵循幼儿发展的特点和规律，遵守欣赏的关键经验等；另外，还需要体现发展性、完整性和灵活性。

欣赏活动的目标需要具有感受与欣赏、创造与表达两个维度。

活动目标范例：

小班欣赏教学活动——寻物游戏"圣诞老人的红帽子"

（1）初步感受乐曲欢快的节奏和旋律，在教师动作、语言的提示下，学习用手铃一拍一下地演奏与暂停演奏，表现乐曲的 A 段。

（2）在教师的带领下，尝试摇响手铃，表现 B 段音乐的舞蹈动作。

（3）在教师的鼓励下，愿意随音乐做动作，寻找"丢失"的红帽子，感受找到帽子获得礼物的快乐。

三、音乐欣赏教学活动的基本结构

一般来说，成人，特别是音乐修养水平比较高的成人，在欣赏音乐时，可以通过无外显行为的内部操作来获得某种体验，即他们的脑子里虽然很"热闹"，外表却可以显得比较平静。而幼儿则不同，由于幼儿的动作尚未完全内化，音乐经验也不够丰富，因而还做不到仅凭倾听声音符号就能对音乐作品进行静态的艺术再加工，使大脑"热闹"起来。所以，幼儿音乐欣赏活动的主通道虽然是听觉，但其他辅助通道，诸如视觉、运动觉和言语知觉的参与也是必不可少的。因此，虽然音乐欣赏是一种以倾听为主要学习方式的活动，但是，教师在组织音乐欣赏活动时，还应该帮助幼儿开放其他感觉通道，应让幼儿在倾听音乐的同时还有机会用歌唱、跳舞、奏乐、游戏、倾听和朗诵文学作品、观赏或创作美术作品等活动方式参与到音乐欣赏的过程中去，从而在参与中更好地感受、丰富和强化所听到的音乐内容。这就是目前在幼儿园广泛运用的一种组织、指导幼儿进行音乐欣赏活动的理论——多通道参与理论。

以音乐欣赏为主要内容的"多通道参与模式"主要有三种基本的教学结构。

（一）"层层深入"式音乐欣赏活动的基本结构

"从整体入手、层层深入"的教学模式比较适合结构紧密、单纯、清晰的音乐作品。其一般教学步骤见图6-2。

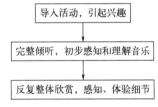

图6-2　"层层深入"式音乐欣赏活动的基本结构

1. 导入活动，引起兴趣

教师用容易引起幼儿学习兴趣的方式引出主题。

2. 完整倾听，初步感知和理解音乐

教师组织幼儿完整倾听整首音乐。必要时可以用图片和活动的直观教具或自己的表演来伴随音乐的进行，以帮助幼儿初步感知和理解音乐。

3. 反复整体欣赏，感知、体验细节

在此步骤中，教师应组织幼儿反复地倾听整首音乐，并同时通过不断改变参与的方式和要求来引导和帮助幼儿越来越深入、细致地感知和体验作品的形象、性质以及情趣。

案例

野蜂飞舞（大班）

——不断改变参与的方法

作品分析：小提琴独奏曲《野蜂飞舞》由俄国作曲家里姆斯基·柯萨可夫所作。该曲

情绪紧张、激烈，节奏快，且乐句不工整，乐段也不很明显，生动地表现了大黄蜂振翅疾飞的情景。全曲由半音阶的下行乐句开始，经过旋律轻快而有力的中段后，又回到了第一主题。最后半音阶上升乐句，则描写大黄蜂的离去，直到消失在视线以外。

为了帮助幼儿欣赏这首节奏、结构均不够清晰的作品，教师采用了语言、绘画、动作、游戏等多种参与的方式。

第一次欣赏：语言参与法，即用语言表达对音乐的理解。

具体做法：教师要求幼儿欣赏乐曲并感受乐曲气氛，用语言表述自己对音乐的感受。

第二次欣赏：美术活动参与法，即用线条表达对音乐的理解。

具体做法：教师帮助幼儿提取有关线条的已有经验（如锯齿线、波浪线、螺旋线、直线、斜线、弧线、城墙线、电话线等），请幼儿边听音乐边用合适的线条表现自己对音乐的感受，从而引导幼儿关注线条和音乐的共通性。

第三次欣赏：动作参与法，即用动作表达对音乐的理解。

具体做法：教师鼓励幼儿用各种不同的飞舞动作表现大黄蜂振翅疾飞的样子。

第四次欣赏：游戏参与法，即随音乐玩游戏，进一步加深对音乐的理解。

具体做法：听音乐，用各种野蜂飞的动作玩"找带头人"的游戏。（"找带头人"的游戏带给人的心情是一种紧张感，这就和《野蜂飞舞》这首乐曲有着共通性。即找领头人的过程是紧张的，音乐给人的感觉也是紧张、激烈的，于是我们就可以用此游戏来演绎音乐所传递的紧张感。）

案例

赶花会（中班）

——不断提升参与的要求

作品分析：《赶花会》是一首 ABA 结构的民族轻音乐曲。A 段乐曲欢快、跳跃，但结构不太工整，对中班幼儿来说比较难掌握，因此，只要求幼儿能按拍子均匀地做小鸭子赶路的动作即可。而 B 段乐曲较悠扬，四个乐句也很工整，幼儿较容易掌握，因此，可要求幼儿做一些感受和表现乐句的动作，并不断提升动作参与的要求，以此达到欣赏的目标。最初教师仅提极少极简单的要求，主要是鼓励幼儿自己去对音乐进行动作反应。然后，教师再在幼儿反应的基础上进一步引导，逐渐帮助幼儿提高反应水平，从而使幼儿感知和反映音乐中更细致的特征。

第一次欣赏：能跟着教师在音乐的引子处，做出鸭子睡觉的样子；在音乐的 A 段，做鸭子走路的动作；在音乐的 B 段，每一句做一次开花的动作。

第二次欣赏：能跟着教师在音乐的引子处，做出鸭子睡觉的样子；在音乐的 A 段，合拍地做鸭走路的动作；在音乐的 B 段，每一句做一次开花的动作，并能在每个乐句结束前将动作停止在一个自由地表现花的造型上。

第三次欣赏：能跟着教师在音乐的引子处，做出鸭子睡觉、起床、整理等动作；在音乐的 A 段，合拍地做鸭子走路的动作；在音乐的 B 段，每一句做一次开花的动作，并能在每个乐句的最后一个音上，将动作停止在一个自由表现花的造型上。

（二）"层层累加"式音乐欣赏活动的基本结构

"从局部入手、层层累加"的教学模式比较适合于结构稍复杂，且含有独立而鲜明的主题形象的音乐作品。其一般教学步骤如图6-3所示。

1. 导入活动，引起兴趣

教师用容易引起幼儿学习兴趣的方式引出主题。

2. 感知体验音乐作品中最具特色的部分

教师选用合适的参与方法，帮助幼儿把握作品中的某个细节部分。如一个节奏型、一个旋律动机、一个乐句、一个乐段等。

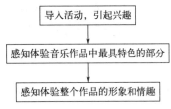

图6-3　"层层累加"式音乐欣赏活动的基本结构

案例

金蛇狂舞（大班）

作品分析：乐曲《金蛇狂舞》经删减压缩后的音乐 结构为引子—A—B—A 四个部分。A 部分节奏铿锵且连绵起伏，使人联想起中国节庆活动中飞旋腾越的龙灯舞；B 部分为中国曲式中螺蛳结顶的结构，其中有明显的对答乐句，且越说越短，情绪越来越高昂，使人联想起中国狮舞中狮子争绣球的场面。为了让幼儿重点感知对答乐句，教师采用配乐朗诵的方法将 B 部分进行了前置欣赏。具体分以下三步进行。

（1）教师首先提出过新年敲锣打鼓舞龙灯的情境，并出示模仿音响的示意图。

（2）教师利用上述挂图引导幼儿感知音乐中模仿锣鼓节奏的 B 段节奏，并将幼儿分成 AB 两组，学习吟诵以该段节奏为基础创编的锣鼓模仿音响。

A 组：一二三四五六七

B 组：七六五四三二一

A 组：正月里来闹新春

B 组：龙灯耍得快又急

A 组：一二三四五

B 组：来跳狮子舞

A 组：一二三

B 组：来敲锣

A 组：三二一

B 组：来打鼓

合：敲锣，打鼓，咚锵咚锵咚锵咚锵，咚咚咚咚，咚咚乙锵乙咚锵，咚锵乙咚锵！

（3）教师用哼唱进而用琴声或录音音乐为幼儿的吟诵伴奏。要求幼儿在声调、体态及表情方面注意表现对话应答和挑战的感觉。

3. 感知体验整个作品的形象和情趣

在幼儿已掌握了局部音乐形象的基础上，帮助幼儿感知、体验整个作品的形象和情趣。

大班音乐欣赏活动——金蛇狂舞

在幼儿已熟练掌握 B 段对答式结构的基础上，教师加入 A 段音乐，引导幼儿随 A 段音乐扭动手臂模仿舞龙灯的情境，并结合 B 段音乐的对答吟诵进行整体欣赏。结束处，教师说："一、二、三、四、五、六、七"，全体幼儿集体回应："锵锵锵！"

（三）"一一匹配"式音乐欣赏活动的基本结构

"一一匹配"的教学结构比较适合于各段落间对比鲜明的音乐作品和比较强调性质辨别的音乐作品。其一般教学步骤如图6-4所示。

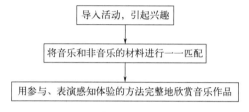

图6-4 "一一匹配"式音乐欣赏活动的基本结构

1.导入活动，引起兴趣

教师用容易引起幼儿学习兴趣的方式引出主题。

2.将音乐和非音乐的材料进行一一匹配

音乐与非音乐材料的匹配是强调先向幼儿提供一个或若干个他们更容易理解的其他符号系统的相应艺术形象（如动作材料、图形材料、语音材料等），以此感知理解其形象、内容等；然后再让幼儿倾听音乐，并引导幼儿集体探索、讨论，将音乐或音乐中的某部分与先前提供的其他艺术形象相匹配，从而帮助幼儿逐渐感受到各种不同艺术形式在表现相同情感、内容、结构等方面的共同点。

📚 案例与评析

单簧管波尔卡（大班）（1）

作品分析：《单簧管波尔卡》为引子—A—B—A—C—A 的回旋曲结构。作品乐句工整，节奏明确，曲调热烈、流畅，节奏具有明显的向前跳跃、滚动的感觉。C 段音乐的节奏拉开，显得更加悠扬而欢畅。

为帮助幼儿认识该曲的结构特点，增强对音乐的感知和体验，教师采用了如下设计。

（1）出示图形乐谱，引导幼儿进行观察（如观察画面的内容、结构和运动状态等）。

（2）要求幼儿边听音乐边看教师随音乐指图，理解图谱和音乐的结构、风格、情绪、性质等之间的匹配关系。

分析：图中从左至右，依次呈现花、浅绿色枝条、花、深绿色枝条、花（花代表乐段 A，浅色枝条代表乐段 B，深色枝条代表乐段 C），形象地显示出此曲 A—B—A—C—A 的回旋结构。而四朵花、两根浅色枝条、四根深色的枝条，又暗示着 A、C 段音乐均有四个乐句构成，B段音乐由两个乐句构成。此外，该图还蕴含了乐曲所要表现的情绪和性质。如图中旋转式的花形和摇曳的枝条使人联想到音乐性质分别是活泼跳跃和悠扬欢畅的。

3.用参与、表演感知体验的方法完整地欣赏音乐作品

教师可选用参与创造性韵律活动、打击乐、游戏、表演等方法引导幼儿进一步参与欣赏。

案例

单簧管波尔卡（大班）（2）

在幼儿已能理解图形和音乐之间的匹配关系的基础上，教师可进行以下后续的活动。

（1）创造性律动。幼儿集体讨论或由个别幼儿提出动作方案，由一位幼儿带领全体幼儿一起表演：用旋转跳跃的动作表现"花朵"，用两种舒展飘扬的动作分别表现"浅绿色枝条"和"深绿色枝条"，即音乐相同的地方做相同的动作，音乐不同的地方做不同的动作，以此用动作表现ABACA的回旋结构。

（2）打击乐演奏。教师组织幼儿讨论配器方案并演奏。

要求一、三、五段配器相同，二、四段配器不同，即以乐器演奏的方法感知和表现ABACA的回旋结构。

以上介绍了三种基本的教学结构模式，需要说明的是：这里所列的三种教学模式仅仅是欣赏教学中比较典型的设计思路。实际上，传统的"总—分—总"的教学模式也还是可以采用的（该教学模式的基本步骤为：在最初的整体倾听活动中主要强调感知体验总体的情绪及印象；在分部分倾听的活动中逐步深入到幼儿能够感知体验的细节，在最后的整体倾听活动中可以既注意整体又注意细节）。因此，在具体教学中，教师切不可受此束缚，或简单照搬某种模式，而应考虑幼儿的年龄、能力和作品的难度而加以灵活考虑。

案例与评析

狮王进行曲（大班）

作品分析：《狮王进行曲》为法国作曲家圣桑的《动物狂欢节》组曲中的第一首，一般总是与整个组曲的引子一起演奏，因此通常也被称作《引子与狮王进行曲》。

引子从钢琴的快速同音反复中开始，旋律的浪潮由弱渐强，一阵一阵地不断涌起，紧张、恐怖、压抑的情绪也随着不断增强并扩散开来。突然，钢琴从高音区迅速地向下滑奏，紧接着引子终止在乐队奏出的一个强音上，这似乎预告了将要发生的惊人事件。接着，是一阵模拟号角声的旋律，预示将有大人物出场。随着沉稳威严的旋律响起，作品的主人公狮王终于出现了。再接下去，我们听见了狮王的吼叫声，其中仍隐约有号角声伴随。突然，行进着的旋律分成了两支，一支在高音区，显得轻巧而活跃；一支在低音区，显得稳重而庄严，并不时响起狮王的吼叫声。两支旋律相互交织，此起彼伏，似乎在描绘一个人物众多、神态各异、热烈而纷繁的场面。最后，全曲在狮王的一声巨吼之后戛然而止。

对该作品的欣赏，我们可以有三种不同的设计思路。

第一种设计是为欣赏基础较为一般的班级设计的。具体步骤为：首先讲述一个关于狮王、狐狸和小动物之间的故事，然后出示结构图，根据图形谱提供的线索帮助幼儿初步了解作品的结构、形象和内容，最后用视、听、动同步参与的方法引导幼儿感受和表现音乐作品。

第二种设计是为欣赏基础较好的班级设计的。具体步骤为：首先引导幼儿回忆并模仿吹号和狮子吼叫的声音，同时做出相应的模仿动作，让幼儿感受这两种声音运动的特定的发力模式；然后仅出示结构图中表现吹号和狮子吼叫的两种图式，让幼儿与前述的两种声音模式相匹配，并鼓励幼儿简述匹配的理由；最后出示完整的结构图并引导幼儿想象和集体拟编故事，再用视、听、动同步参与的方法，引导幼儿感受和表现音乐作品。

第三种设计是为欣赏基础更好一些的班级设计的。具体步骤为：首先引导幼儿回忆并用嗓音和动作模仿吹号和狮子吼叫的形象；再让幼儿在主题音乐的伴奏之下模仿狮王走路的动作；接着让幼儿在主题音乐高音区变奏的伴奏之下，模仿小动物走路的动作；幼儿完整倾听音乐之后，在教师的帮助下集体讨论画出音乐的结构图；最后还可以分角色随音乐进行表演、做游戏以及打击乐器演奏，以便进一步感知音乐的魅力进而学会享受音乐。

音乐欣赏活动的设计思路和教学模式是较为自由和灵活的，不管采用何种思路、何种模式，有一个原则是必须遵循的，即每一个环节、每一个层次（每一次听音乐）都需要让幼儿的感知基础处在对音乐有适当冗余度（熟悉程度）的条件之下，随着幼儿感知音乐冗余度的逐步提高，程序才能逐步深入，对幼儿的参与要求才能逐步提升。

四、音乐欣赏教学活动的导入方式

幼儿园音乐欣赏活动的导入，实际上是指在集体音乐教育情境中使幼儿第一次接触音乐作品的活动环节，也可以说是音乐欣赏教学系列活动中第一层次的活动。目前，在"多通道参与理论"的指导下，一些行之有效的导入方法逐渐被人们创设出来，以下仅选择几种常见的导入方式予以介绍。

（一）用图片导入的方式

具体做法为：先提供视觉符号，然后借助该视觉符号来帮助幼儿掌握音乐的性质、旋律、节奏特征、曲式结构特征等。

案例

单簧管波尔卡（中班）

（1）教师出示挂图（见前），告诉幼儿：这是一个美丽的花园，并提问："花园里有什么呢？"引导幼儿观察画面的内容、结构和运动状态。

（2）教师提出带小兔子去花园玩耍的情境：有只小兔子想跟着音乐到花园里去玩。随后，教师播放音乐并用套在手指上的教具"兔子指偶"在挂图上运动，以暗示音乐的节奏和结构。

（3）教师邀请幼儿伸出食指边听音乐边模仿教师运动"指偶"的方式感知音乐的节奏和结构。

（4）教师用创编简单韵律动作的方式继续引导幼儿感知和享受音乐。

案例中的音乐欣赏活动便是通过先提供视觉符号，然后借助该视觉符号来帮助幼儿感知和理解音乐的。此处，虽然视觉符号和音乐是两种不同的艺术类型，但是因为它们有着相类似的情绪感受、审美感受，所以我们便可以用这样的图片来诠释音乐。类似这样的活动还有很多，如音乐欣赏活动绿毛虫、苹果树找医生、土耳其进行曲等。

（二）用文学作品导入的方式

具体做法为：先呈现语言符号（故事、散文、诗歌或歌词等），然后再将音乐作品与之匹配，从而理解、掌握音乐的形象、情绪。

如教师在组织幼儿欣赏贺绿汀的《森吉德玛》一曲时，就先请幼儿欣赏并学习诗歌《美丽的草原》。

第一段：蓝蓝的天空飘着雪白的云朵，

静静的河滩上是吃草的羊群，

羊群好像天上的白云，

伴着牧人的笛声，多么宁静安详。

第二段：欢乐的草原开满美丽的花朵，

火红的太阳下是奔跑的马群，

马群好像地上的鲜花，

伴着牧人的歌舞，多么热烈欢畅。

随后教师播放乐曲，并组织幼儿讨论：哪一段诗歌可以配着第一段音乐朗诵，哪一段诗歌可以配着第二段音乐朗诵，随后带领幼儿用适合的速度和力度伴着音乐朗诵。

（三）动作创编导入的方式

具体做法是：教师先引导幼儿创编动作，然后跟随被欣赏的音乐进行创造性表演。这种活动表面上看起来极像创造性韵律活动，所不同的是它的学习更侧重于音乐而不是掌握困难的动作技巧。

案例

墨西哥舞曲（中班）

情境设计：小雨和花

（1）教师邀请幼儿创编各种不同的下小雨的动作，并在哼唱 A 段音乐时带领幼儿用创编出来的下雨动作感知音乐的乐句。

（2）教师邀请幼儿创编各种不同的花的造型动作，并在哼唱 B 段音乐时带领幼儿用创编出来的开花动作感知音乐的乐句。

（3）教师带领幼儿用小雨和花儿喝水的游戏动作继续感知 B 段音乐，使幼儿体验合作交流的快乐，同时锻炼幼儿相互配合的能力。

（4）教师带领幼儿用完整的动作感知和享受音乐。

"动作创编在前，随乐表演在后"的音乐欣赏活动还有很多，如小鱼和水草（《水族馆》，圣桑曲）、小树和小精灵、挪威舞曲（格里格曲）、有趣的按摩（《动物狂欢节》终曲，圣桑曲）、惊愕交响曲（《惊愕交响曲》片段，海顿曲）等。

（四）歌唱活动导入的方式

具体做法是：用适合幼儿能力和作品难度的演唱方法随乐歌唱，以此对某些有特别意义的音乐旋律或旋律片段产生熟悉感和亲切感，从而达到欣赏的目的。

案例

欢乐颂（大班）

作品分析：《欢乐颂》是贝多芬著名的第九交响乐中的一个主题，这是一个几乎全世界家喻户晓的旋律，其音乐节奏简单，音域较窄，基本可算作是一首五度音程（1～5）的歌曲（除了在第三句末仅出现过一次低音"5"之外），因而中大班幼儿完全可以通过歌唱的形式来熟悉、了解、享受这首旷世之作的辉煌。当然，考虑到幼儿的理解能力和欣赏水平，歌词的改编是十分必要的。

在具体欣赏过程中，可采用同旋律、同节奏、不同歌词的合唱处理方法。

（1）学唱歌曲。理解歌曲的内容和情绪。

（2）学习用"啦"音节演唱全曲。要求唱得有弹性，就像用手一下一下拍球并让球高高跳起来的感觉一样。

（3）学习用"嗨"音节演唱全曲。要求唱得柔韧连贯，就像用手臂连贯地作大波浪状摆动的感觉一样。

（4）部分幼儿用一种音节伴唱，另一部分幼儿朗诵歌词。要求伴唱声部的音量不能超过朗诵声部的音量。

（5）部分幼儿唱歌词，另一部分幼儿第一、二、四句唱"啦"音节，第三句唱"嗨"音节。

以"歌唱导入"的方法欣赏音乐的活动还有很多，如"两只老虎（欧洲童谣）""歌唱二小放牛郎""加油干"等。

（五）游戏导入的方式

具体做法是：教师依据音乐创编游戏，并通过游戏的过程，帮助幼儿感知和理解音乐，即用游戏来诠释音乐。

案例

七士进阶（小班）

作品分析：《七士进阶》是一首德国民间舞曲。乐曲为 ABAB 的循环结构。A 段音乐活泼、欢快且节奏感强。B 段音乐在"5——"处可以任意长短，给人以悬念感和期待感；音乐"3"处迅速休止，由此形成独特的音乐性质：欢快、神秘且富于变化。基于以上特点，教师将其设计成一系列的音乐游戏，以此达到感受音乐的目的。如音乐游戏"猪笼草和小飞虫"便是其中之一。

具体教学步骤为：

（1）观看图片，了解猪笼草的外形特征及其特殊功能。

（2）教师用双手扮演猪笼草和小飞虫，示范游戏：右手手掌张开，表示猪笼草张大嘴巴，等待小飞虫；左手食指在右手掌下时上时下、时左时右地舞动，表示小飞虫在不断地躲闪，教师同时加入语令："飞——"。随后，教师突然说："抓！"此时，猪笼草迅速合拢，捕捉小飞虫，小飞虫则迅速躲避。

（3）请所有幼儿张开右手掌，当猪笼草，教师当小飞虫，听语令"飞——抓"，学玩游戏。

（4）教师清唱B段音乐，带领幼儿玩上述游戏："$\overset{tr\text{——}}{5}$—"处"飞"，"3"处"抓"。

（5）完整播放音乐，随音乐游戏，感知音乐ABAB的循环结构：

A段音乐：猪笼草随音乐自由舞蹈，小飞虫随音乐围绕猪笼草飞上飞下，飞左飞右。

B段音乐：玩猪笼草抓小飞虫的游戏。

以"游戏导入"的方法欣赏音乐的活动还有很多。如"进行曲""聪明孩子和笨老狼"等。

（六）打击乐器演奏导入的方式

具体做法是：教师通过引导幼儿参与设计和演奏打击乐曲的过程，来帮助幼儿感知和理解音乐。

案例

卡门序曲（大班）

作品分析：《卡门序曲》是法国作曲家比才的歌剧《卡门》中最为著名的器乐段落，常常作为音乐会的演奏曲目。乐曲简练生动。一开始呈示的快板主题A具有进行曲的特点，表现了斗牛士入场时英姿潇洒的形象和万众欢腾的气氛。接着由弦乐器演奏的B段旋律带有凯旋进行曲的特点，表现了斗牛士英姿勃勃的形象。最后，乐曲开头的狂欢主题A再现并在高潮中戛然而止，给人们的心中留下了不能平静的震荡。

在欣赏该曲时，教师可以借助图谱，引导幼儿通过参与设计和演奏打击乐曲的过程，来帮助幼儿感知和理解音乐。具体步骤有以下几步。

（1）为第一主题A创编一套用铃鼓演奏的方案。如：× — | × — | × — |
拍奏　　拍奏　　拍奏
×″ — |。
摇奏

（2）为第二主题B创编一套用三角铁和圆弧板配合演奏的方案。如：×　　×　|
三角铁　圆弧板
×　　×　| ×　　×　| ×　　×　|
三角铁　圆弧板　三角铁　圆弧板　三角铁　圆弧板。

（3）引导幼儿为乐曲的其余部分配器。如第一过渡全体乐器按 × × | 节奏轻奏；第二过渡全体乐器按 × × | 节奏强奏；结束部分全体摇奏至最后1小节，在强拍上强奏1次结束。

（4）连起来看指挥随音乐进行打击乐器演奏。

（5）用更完善的方法随着音乐演奏。如可以学习用即兴指挥的方法为B段音乐配器（即兴改变B段的配器方案或节奏型）。

五、音乐欣赏教学活动的指导策略

（一）创造性音乐欣赏教学的设计与指导

创造性音乐欣赏活动主要是指幼儿运用与众不同的方式将对音乐的体验、看法和由音乐引起的想象、联想表达出来的活动。创造性音乐欣赏活动强调让幼儿在倾听过程中或倾听之后，创造性地用动作、语言、图画等不同的符号体系来表达自己对音乐的感受并与其他幼儿相互交流的音乐欣赏活动。

1. 让幼儿有机会自己独立地选择动作，独立地对音乐作出反应

在这种活动中，教师往往只需确定动作的性质，而不需确定具体的动作。如在中班音乐欣赏活动"蝴蝶找花"中，当幼儿对乐曲《化蝶》的性质、结构有所了解后，教师只需鼓励幼儿用各种优美、柔和、舒展的蝴蝶飞舞的动作和蝴蝶静止时的造型动作来感受优美旋律并体会乐句感即可。

需要注意的是，在引导幼儿用身体动作表达对音乐的感受时，应注意不要对动作技能提出太高的要求，以防分散幼儿的注意力，增加其反应负担，降低愉快体验的水平。

2. 让幼儿有机会自己独立地选择语言，独立地对音乐做出反应

在这种活动中，教师往往只需按音乐欣赏的要求划定大致的范围。如欣赏一首优美抒情的音乐，只需确定幼儿语言所描述的形象和描述时所使用的语音语调应是优美的即可。以舒曼的《梦幻曲》为例，教师在让幼儿完整欣赏了配乐散文诗《梨子小提琴》后，可引导幼儿想一件自己认为很美好的事情，并学习用梦幻般的、抒情优美的声调随音乐讲述自己的事。如"织呀织呀，妈妈坐在我的床边一边为我唱歌，一边为我织毛衣"……

需要注意的是，在引导幼儿用语言表达对音乐的感受时，应尽量鼓励幼儿使用比喻性的表述，如"像小鸟一样轻快地跳舞"，而不提倡过多地使用抽象形容词，如"优美的、舒缓的"等。

3. 让幼儿有机会自己独立地创作视觉艺术作品，独立地对音乐做出反应

对于没有经验的幼儿来说，教师可提供较多的绘画作品来帮助幼儿理解音乐。

但是一旦幼儿有了自己的经验，教师就应该鼓励、引导幼儿参与到集体绘画或独立绘画的过程中来。如在大班音乐欣赏活动"狮王进行曲"中，教师既可以引导幼儿根据现成的图谱线索了解乐曲所表现的形象、内容和结构，也可以鼓励幼儿提出自己的创造性建议，即让幼儿探索用简单的视觉符号创造性地表现狮王走路、吼叫和小动物吹号、表演等内容，并在此基础上，集体商议制作属于自己的图形总谱。

在这种活动中，教师往往只需要求幼儿用绘画或剪贴等方法表现音乐的性质特征、曲式结构等即可。

案例

啄木鸟（中班）

教师可出示事先画好的图画（也可现场画），并以"苹果树找医生"的故事为线索，引导幼儿看图欣赏音乐，以此感受乐曲三个乐段的性质差异：第一段平稳而流畅；第二段欢快而跳跃；第三段舒展而优美。

说明：

A 段：四个乐句，节奏平稳、流畅，仿佛啄木鸟在逐一检查苹果树。

B 段：节奏跳跃（第一、二、三句中每句三个跳音，第四乐句一个跳音，共十个跳音。见树干上的十个洞眼），恰似啄木鸟在"笃笃笃，笃笃笃，笃笃笃"地为苹果树捉虫。

C 段：四个乐句，旋律优美，每四个小节画半个树冠，表示苹果树恢复健康，茁壮成长。

随后，在幼儿理解乐曲的基础上，教师可鼓励幼儿用绘画的方式创造性地表达自己的感受（只要画面内容能表达音乐结构及性质即可）。

在引导幼儿用视觉艺术作品表达对音乐的感受时，应将创作视觉艺术作品的环节处理成辅助性的体验活动，即对幼儿的绘画技能不能提出太高要求，这一点和身体动作的要求一致。

（二）其他相关表演艺术欣赏教学的指导

尽管在当今世界保持着原生状态的文化区域中，各种综合性的艺术表演仍然保持着它天然的审美魅力和自然传承的传统。并且在我国以及全世界现代文化区域中，各种综合性的艺术表演形式也已经发展到了很高的水平，同时也积累了许多专业表演人员培养的经验，但反映在我国普通学校的基础教育课程中，仍然只有彼此分开的音乐课和美术课。2001 年教育部组织制定了综合性的《艺术课程标准》，随后也陆续出版了教材，进行了教师培训，但到目前为止，绝大部分中小学仍旧只开设彼此分开的音乐课和美术课。

在这样的大背景之下，我国幼儿园传统的学科或领域课程中一直没有除音乐以外的其他表演艺术的教学内容，这方面的教学研究也一直处在相对空白的状况。21 世纪以来，幼儿园教师得到了更多自主选择和开发课程的自由，在强调贴近幼儿园的现实生活，强调打通幼儿领域经验壁垒的新的教育理念的影响下，教师们实际上已经做了许多有益的尝试，即将许多现实生活中已经存在和正在发展的综合艺术表演形式引进了幼儿园的课程。

所有这些欣赏学习活动，总的设计原则和实施原则与本章所述的音乐欣赏基本相同，都是采用幼儿能够接受的简单参与方式，让幼儿通过亲身实践来获得对该艺术作品和该种艺术表演形式的粗浅体验。下面的例子都是幼儿园老师亲自设计和实践过的。需要注意的是：以下方案实际上都是很好的综合性和自主探索性的教学设计范例，而且这些范例并不都是一次集体活动完成的设计，更多的是一些系列活动设计的思路。

1. 舞蹈、哑剧和武术的欣赏

舞蹈、哑剧和武术都是不通过语言表达，或不以语言表达为主要表现形式来进行创作和表演的艺术形式，因此对舞蹈、哑剧和武术的欣赏，其重点更多的是强调对动作和作品内容的体会与欣赏。

案例

俏夕阳（大班舞蹈欣赏）

（1）教师和幼儿一起欣赏真实的皮影戏（亲临现场或利用视频）。

（2）教师和幼儿一起欣赏舞蹈《俏夕阳》。

（3）教师和幼儿一起研究和练习一种最基本的行走动作（使用原作的音乐片段 A）。

（4）教师和幼儿一起研究教师根据原作音乐风格专门创作的音乐 B（旋律短句加锣鼓短句），研究和练习怎样在旋律短句处运动，怎样在锣鼓短句处静止造型。

（5）跟随音乐尝试完整表演。

（6）幼儿分成小组，轮流到教师提供的幕布后表演（幕布后打灯，如此可在幕布前看到类似皮影表演的效果）和欣赏别人的表演。

巴塞罗那奥运会（大班哑剧欣赏）

（1）教师和幼儿一起收集关于运动会各种体育项目的图片，并将这些图片在活动室中的某一面墙上布置成 A—空白—A 的格局。

（2）教师和幼儿一起分享各自关于体育项目的经验，在此过程中，教师鼓励幼儿尽可能多地使用动作来表现各运动项目的特点。

（3）教师和幼儿一起欣赏各自收集来的体育漫画，学习了解这些漫画的有趣之处，尝试绘制自己的体育漫画。最后将这些收集和创作的体育漫画布置在两个 A 格局之间的空白处，形成 ABA 的格局。

（4）教师和幼儿一起按照这个 ABA 格局中的实际内容进行哑剧表演，先表演正规的体育动作，再表演滑稽的体育动作，最后再重复表演正规的体育动作。

（5）欣赏由俄罗斯著名喜剧大师表演的哑剧《巴塞罗那奥运会》（视频）。

（6）教师引导幼儿分享各自所喜欢的内容，并总结出幼儿认为可以学习的内容。

（7）教师和幼儿一起讨论和尝试怎样把自己的哑剧表演修改得更有意思。

太极拳（大班武术欣赏）

（1）教师和幼儿一起欣赏太极拳，可以是现场表演或视频，使用背景音乐《高山流水》。

（2）教师和幼儿一起讨论，理解太极拳运动的特点和乐趣，重点引导幼儿体会"圆圈运动"的运动性特点和稳健的静止造型特点。

（3）教师和幼儿一起尝试模仿太极拳的运动。

（4）教师和幼儿一起欣赏太极剑，可以是现场表演或视频，使用背景音乐《高山流水》。

（5）教师和幼儿一起讨论，理解太极剑运动的特点和乐趣。重点引导幼儿体会圆圈运动的运动性特点和稳健的静止造型特点与太极拳是相同的。

（6）教师和幼儿一起尝试模仿太极剑的运动。

（7）教师向幼儿提供节奏更快、情绪更高昂的音乐，鼓励幼儿自由迁移先前打拳或舞剑的运动经验。

（8）教师向幼儿提供扇子，组织引导幼儿迁移先前的武术经验，集体为自己的班级创编一套扇子武术操。

2. 曲艺和戏曲的欣赏

曲艺和戏曲作品是中国传统的戏剧形式，它包括音乐、舞蹈、表演、人物造型等因素，因此对曲艺和戏曲的欣赏，应关注作品多方面的因素。

双簧（大班相声欣赏）

（1）幼儿欣赏教师现场表演的简单"双簧"。

（2）教师和幼儿一起讨论，理解"双簧"表演的特点和乐趣。

（3）教师和幼儿集体练习提供的简单内容。

（4）幼儿两两自由结伴练习，集中交流分享。

（5）教师和幼儿一起欣赏专业演员表演的"双簧"。

（6）教师引导幼儿分享各自所喜欢的内容，并总结出幼儿认为可以学习的内容。

（7）教师鼓励幼儿创作自己的"双簧"。

锄草（大班豫剧欣赏《朝阳沟》选段）

（1）教师和幼儿谈论唱词，幼儿基本理解主要意思后，鼓励幼儿用动作来表现，重点表演"杂草被锄死，苗儿长得好"，以及"心不要慌，手不要猛"。

（2）教师向幼儿教授歌词所述"锄草"的要领："前腿弓，后腿蹬"。

（3）在教师演唱伴随下，幼儿跟随教师模仿表演动作。每一遍结束时，教师以锄死了草或错锄死了苗的情景作为游戏的信号，让幼儿做"植物死亡状态的造型"。

（4）当幼儿逐步熟悉后，教师鼓励幼儿边做表演动作边自由选唱自己能够唱的部分。

3. 歌舞剧和木偶剧的欣赏

歌舞剧和木偶剧等是强调故事情节的艺术表现形式，对这类作品的欣赏，可以从故事情节的理解入手。

三只小猪（大班歌舞剧）

（1）教师组织幼儿欣赏动画片《三只小猪》，学唱其中的主题歌。

（2）教师引导幼儿集体创编简单剧本并绘成连环画。

（3）教师引导幼儿集体讨论三只小猪和大灰狼的表演。

（4）教师引导幼儿集体讨论怎样由许多人一起表演稻草、木头、砖头和这些材料搭建的房屋，以及怎样用人和扇子或手帕来表演"开幕关幕"。

（5）组织引导幼儿集体表演，每次都鼓励幼儿自由尝试各种不同的角色。

（6）教师再次组织幼儿欣赏动画片《三只小猪》，和幼儿一起研究怎样才能够表演得更好。

孤独的牧羊人（大班木偶剧欣赏）

（1）教师组织幼儿讨论：牧羊人是做什么的人？他生活在哪里？孤独是什么意思？牧羊人为什么会感到孤独？他如果不想让自己感到孤独可以做些什么事？

（2）教师在琴声的伴随下朗诵《孤独的牧羊人》歌词，然后帮助幼儿理解：愉快的歌唱可以使自己高兴也可以使大家高兴。

（3）教师和幼儿一起欣赏电影《音乐之声》中的木偶剧表演《孤独的牧羊人》。

（4）教师和幼儿一起欣赏木偶剧表演，并自由地跟随音响唱自己能够唱的部分。

（5）教师鼓励幼儿分成小组，选择不同材料制作木偶人绘制布景，组织排练和汇报演出。

4. 影视作品的欣赏

在幼儿阶段，动画片是幼儿生活中经常可以接触的，所以对于动画片的欣赏也是音乐欣赏活动中重要的部分（见下例中班动画片欣赏）。

案例

照镜子（中班动画片欣赏《加菲猫》片段）

（1）教师组织幼儿照镜子。

（2）教师组织幼儿玩假装照镜子的游戏。

（3）教师引导幼儿跟随音乐的结构玩假装照镜子的游戏。

（4）教师和幼儿一起欣赏《加菲猫》片段《照镜子》，并和幼儿一起研究怎样才能够表演得更好。

（三）教师指导音乐欣赏活动的特殊技术

1. 教师介入的技术

教师应该向幼儿提供适宜的参与欣赏活动的态度。这里的"态度"不仅是指一种积极参与、享受音乐的态度，更重要的是一种与音乐作品的情绪、风格相贴切的态度。如在音乐欣赏活动《好汉歌》（电视连续剧《水浒传》主题歌）中，教师的装束、语音语调、动作等都要和音乐作品本身所渲染的气氛，以及"好汉"的形象相一致。

教师应该向幼儿提供各种适宜听辨的、具有幻想情景的、富有情感的语言线索，以便更好地激励和引导幼儿集中注意地倾听和愉快地享受音乐。如教师在引导幼儿听辨《壳中鸟雏的舞》的音乐时，就可简单介绍毛毛虫变蝴蝶的过程，"毛毛虫要变成美丽的蝴蝶，先要……最后才能变成蝴蝶"，以此帮助幼儿整理动作顺序，了解音乐的情节。

在欣赏活动中，教师有时可以采用现场哼唱或演奏的方法来帮助幼儿感知音乐中的细节。哼唱和演奏的技术涉及：速度的适宜性、情绪的暗示性和激励性。

案例

音乐欣赏活动"赶花会"

为了帮助幼儿表现 B 段音乐各乐句的起、止和过程，教师便可现场哼唱以下旋律：

6 $\underline{3.1}$ | 2. 3 | $\underline{5.6}$ $\underline{5\ 1}$ | 2 － | ……

哼唱的方法是：用悠扬、流畅的嗓音演唱各乐句的前半乐句（暗示前半乐句做"花儿开放的过程性动作"），用轻松、灵巧的嗓音演唱各乐句的后半乐句（暗示后半乐句做"花的定格造型动作"）。

2. 动作处理的技术

在音乐欣赏活动中，动作是感知音乐和体验音乐的工具。有关动作的处理有以下几个方面需要注意。

（1）一般情况下，动作应该"前置学习" 如音乐欣赏《绿毛虫》中，当教师引导幼儿理解了图谱内容后，即可鼓励幼儿创编毛毛虫吃、毛毛虫长大、毛毛虫脱衣服（蜕皮）、毛毛虫睡觉等动作，然后带领幼儿合着音乐表现毛毛虫变蝴蝶的过程。

（2）一般应该首先做"整齐划一"的动作　以便于教师发现有困难的幼儿和及时帮助这些幼儿，也便于幼儿较长时间地集中注意力。待幼儿对音乐相对熟练后，教师便可以鼓励幼儿进行创造性的自我表达。

当幼儿创编了各式各样的"绿毛虫"动作后，教师可以和幼儿讨论配合各画面的动作，集体按此动作表现音乐。

画面1：双手握拳屈肘置于胸前，做吃食状。

画面2：双手握拳屈肘置于胸前，身体随音乐向上扭动，做长大状。

画面3：双手向身体两侧做拉开衣服状，然后双手向下摊开，做丢衣服状。

画面4：各种睡觉、做美梦状。

画面5：双手手心向外置于胸前，手指随音乐做动作，做啃咬状。

画面6：双手打开做蝴蝶状（该动作可由幼儿自由创编）。

（3）一般情况下，应避免在幼儿还不熟悉音乐的时候做空间移动　也就是说，应该先让幼儿在坐着的空间状态下学习配合着音乐做动作，然后是站着，进而走着或跑着做动作。如此，可避免幼儿过度兴奋而导致注意力的分散。

（4）所有在音乐欣赏活动中所应用的动作及其动作结构对幼儿来说都不应该太难　因为欣赏学习活动的重点是感知和体验音乐及其结构，而不是动作的习得（这一点与韵律活动中幼儿随乐动作的要求是有所不同的。韵律活动中的音乐是比较简单的，或者说对音乐的要求是比较简单的，但对动作的学习和提高是有要求的）。如果幼儿在动作学习中，有太多的技术负担和记忆负担，就会导致注意力分散、反应负担增加，进而降低愉快体验的水平。

第二节
分析幼儿园音乐欣赏教学活动案例

✈ 案例导入

"跳圆舞曲的小猫"活动过程

——幼儿园大班音乐欣赏活动

（1）故事导入。教师讲《小猫跳舞》的故事，在讲的过程中，穿插展示准备好的图片。

（2）引出主题。教师介绍今天要欣赏的音乐，是描绘了一个天真活泼的小猫在音乐的伴奏下跳起了优美的圆舞曲——《跳圆舞曲的小猫》。

（3）有针对性地讲解三连音的节奏型。

① 将有三连音的节奏配上歌词，形成幼儿易于掌握的念词，幼儿在有节奏感地反复念诵的同时，轻松掌握了三连音的节奏型。

② 教师在此基础上进一步向前推进，把刚才的念词加上乐曲中的旋律，将此课的难点部分简化分解成一首简单易学的儿童歌曲。

（4）教师带领幼儿在音乐中完成整套的活动。

① 教师带领幼儿面对面站立成两排，每两个小朋友一对。

② 乐曲 A 段，1～16 小节做互相拍手的游戏：第一拍，自己拍双手；第二拍，两个小朋友互拍右手；第三拍，两个小朋友互拍左手。17～31 小节做互相手拉手旋转的游戏：先做两小节的顺时针旋转，强拍时左腿要抬起；再做两小节的逆时针旋转，强拍时右腿要抬起。

③ 乐曲 B 段，教师带领幼儿面对面站立，每两个幼儿一对，互相手拉手跳华尔兹舞步：第一拍，左脚向前迈出一步；第二拍，右脚拖沓步；第三拍，双脚并拢；第一拍，右脚向后退回一步；第二拍，左脚拖沓步；第三拍，双脚并拢。

④ 乐曲再现段 B′段，重复 B 段的活动。

（5）活动结束。

要求：根据案例分析以下问题。

（1）根据活动过程，你认为应该设计怎样的活动目标？

（2）你认为材料中的音乐欣赏活动有何需要改进之处？

案例与分析

一、音乐欣赏教学活动案例

小班音乐欣赏活动——锯木头

【设计意图】

艺术活动是实施美育的主要途径，它有利于促进幼儿健全人格的形成。小班幼儿的认知都建立在已有的经验之上，喜欢模仿是他们的年龄特点，喜欢音乐是幼儿的天性。《锯木头》这首曲子节奏欢快，音色明亮，很容易让幼儿联想到生活中锯木头的情境。活动根据锯子、锤子、扳手的运用，帮助幼儿理解、欣赏。用幽默、诙谐、夸张的动作表现这首音乐，引导幼儿在体验、探索、表达和合作中充分领略音乐活动的乐趣。

【活动目标】

（1）能够感受音乐的节奏，能用肢体表现音乐。

（2）学习根据音乐旋律通过锯、钉、拧的表演理解音乐。

（3）乐于参与音乐活动，体验活动的乐趣。

【活动准备】

（1）《锯木头》音乐。

（2）锯木头、钉钉子、拧螺丝视频。

（3）卡巴萨、响板、单响筒器乐各五个。

（4）泡沫、积木若干。

【活动重点、难点】

（1）活动重点：感受音乐的旋律及节奏。

（2）活动难点：能够根据音乐节奏进行锯、钉、拧的表演。

【活动过程】

"锯木头"音乐欣赏活动过程见表6-1。

表6-1 "锯木头"音乐欣赏活动过程

程序	进程
导入部分	1. 通过故事引入活动 故事引入：森林里住着一只小猪，最近狡猾的大灰狼把小猪的草房子给弄坏了，小猪请我们一起帮忙重新盖一间小房子，我们每人拿一块木块出发吧！（教师和幼儿随音乐《锯木头》入场）
基本部分	2. 跟随音乐进入游戏 （1）我们搬了这么多的木块，休息一下吧。播放音乐，让幼儿说一说在音乐中听到了哪些声音。（引导幼儿说出音乐中有敲打的声音、拧东西的声音等。） （2）了解三种劳动工具的使用方法，结合音乐节奏进行表演。 教师：这些木头形状都不一样，没有办法盖房子，需要小朋友们把它们锯成一样的。我们需要用到什么工具？ 幼儿：锯子。 教师：老师今天带来了我们幼儿园的叔叔维修时用锯子的录像，大家看一看锯子是怎么工作的。（播放锯木头视频）快快伸出你的手臂，变一把厉害的锯子吧！（幼儿随教师听音乐用胳膊有节奏地做锯木头动作。） 教师：小朋友们真棒！除了胳膊还有哪里可以做小锯子？你们看看我的小锯子。（教师伸出手指头幼儿模仿。） 教师：木头已经锯好了，可是盖房子要使木头能固定在一起，应该怎么办呢？（用钉子来钉。） 教师：请小朋友看一看我带来的视频（播放钉钉子视频），让我们一起来学，用小手指变一根钉子吧！（幼儿随教师一只手握拳，另一只手伸出食指，随音乐做钉木头律动。）你看看我有几根小钉子？（教师伸出三根手指头进行钉钉子，幼儿模仿。） 教师：为了让房子更牢固，除了可以用钉子把木头钉在一起外，我们还可以用螺丝把木头固定在一起，请小朋友们来看一看怎么做！（播放视频。）现在我们一起来变成小螺丝拧一拧吧！（幼儿随教师伸出一只手，另一只手五指弯曲，随音乐做拧螺丝的律动。） （3）完整感受音乐。随音乐用锯木头、钉钉子、拧螺丝的表演来感受音乐的节奏。 （4）用不同的乐器表现音乐。 教师：今天我还带来了一些乐器，我们一起来看看这些乐器的声音像什么工具。（教师示范幼儿回答。） 单响筒——锯木头、响板——钉钉子、卡巴萨——拧螺丝，幼儿用自选乐器来完整地表演
结束部分	3. 在搭建房子的乐趣中结束游戏 老师带领幼儿用积木跟着音乐搭建一个房子感受参与的乐趣

【总结与提升】

教学活动通过锯木头、钉钉子、拧螺丝等幼儿感兴趣的成人劳动来感受音乐，幼儿表现出浓厚的兴趣。乐器搭配得很恰当，单响筒表示锯木头、响板表示钉钉子、卡巴萨表示拧螺丝，乐器和情境的合理搭配让幼儿更加明了地理解音乐情绪。

【延伸活动】

可以将这节课延伸为第二课时打击乐器演奏活动"锯木头"，提高幼儿对节奏的感知。

中班音乐欣赏活动——晨曲

【设计意图】

《指南》明确指出，中班幼儿要能更好地辨别人声与乐器的音色。本次教学活动所欣赏的乐曲《晨曲》是一首长笛和钢琴的器乐合奏曲，长笛的音色悠扬舒缓，钢琴的音色也是幼儿最熟悉的一种器乐音色。《晨曲》是挪威作曲家格里格为他的诗人朋友易卜生创作的一部大型音乐组曲《彼尔·金特》，从气势恢宏的写实到如入梦境的写意，都无可挑剔地再现了挪威的群山峡谷及挪威人真诚勇敢的心。《晨曲》作为其中的第一乐章，像是一缕宁静的阳光穿透心灵，极富表现力。本次教学活动通过对《晨曲》中不同器乐音色的辨别和认知，提高中班幼儿感受音乐的能力。

【活动目标】

（1）感受乐曲清新的曲风，能分辨长笛和钢琴的音色，并能用肢体表现音乐中的角色。

（2）尝试听音乐完成乐曲图谱内容。

（3）体验和伙伴合作参与表演的快乐。

【活动准备】

（1）经验准备：了解一定的乐器知识。

（2）物质准备：乐曲《晨曲》、纸、笔。

【活动重点、难点】

（1）活动重点：分辨长笛和钢琴的音色。

（2）活动难点：根据图谱用肢体表现音乐。

【活动过程】

"晨曲"音乐欣赏活动过程见表6-2。

表6-2 "晨曲"音乐欣赏活动过程

程序	进程
导入部分	1. 完整地听乐曲，说一说你在音乐中听到了什么 请幼儿充分发挥想象来讲述，了解乐曲中表现的内容
基本部分	2. 完整地感受乐曲，请幼儿用线条来表达自己听到的内容，让幼儿充分讲述自己根据音乐绘画内容 完整地感受乐曲，听辨两种乐器音色的不同，并在教师的引导下用正确的表达方式表现。（长笛的声音悠扬舒缓，可以用连贯的曲线表示，钢琴部分的声音低沉缓慢，可以用短线条或圆圈等来表示。） 3. 听乐曲尝试完成图谱，了解乐曲 ABABC 的结构 （1）在幼儿听音乐画图谱的基础上，教师出示不完整的图谱请幼儿完成图谱。 （2）再次听乐曲，纠正有错误的图谱部分。 （3）看图谱进行表演。 （4）看图谱，看一看 A 和 B 每一行角色出现了几次（四次），梳理每一句的结构。 （5）尝试听着乐曲并根据正确的图谱一起表演。 4. 你在音乐中听到了哪些小动物？（教师启发幼儿在熟悉音乐的基础上赋予音乐角色） （1）请幼儿说一说在音乐中有哪些小动物，他们在干什么。 （2）请幼儿戴上头饰扮演小动物跟着音乐一起表演
结束部分	5. 在日常游戏中，小朋友可以对这首乐曲创编新的角色，听着音乐创编新的游戏

【总结与提升】

教学活动首先将音乐和美术相结合，让幼儿运用线条或图形完成图谱的设计，并能借助图谱感受音乐的变化；接着运用图谱填空的形式让幼儿理解曲式段落结构，整节活动让幼儿理解和辨别长笛和钢琴的音色。此次活动的亮点有以下几个方面。

（1）绘画的利用是本节教学活动设计的亮点。

（2）图谱的设计让曲式结构一目了然，填空式的图谱增强了幼儿感受音乐的能力。

（3）最后的自由表演提高了幼儿的参与性、表现力和想象力。

【延伸活动】

可以根据音乐编排律动进行表演。

大班音乐欣赏活动——匈牙利舞曲

【设计意图】

《匈牙利舞曲》第五号，节奏自由，旋律有各种各样的装饰，速度变化激烈，带有一定的即兴性，是勃拉姆斯全部作品中最广为世人所知的乐曲。乐曲一开始即呈现出第一部分的第一主题，以匀称平整的附点节奏写成，柔和抒情而略带淡淡的忧愁。速度忽慢忽快的中间部分和后半部分表情丰富，体现了匈牙利吉普赛乐曲的即兴性特点。最后乐曲再现第一部分，在热烈而欢快的气氛中结束。大班幼儿具有强烈的表现欲，本次教学活动正是运用这一特点设计了利用彩带表演让幼儿在音乐中充分展现自我，来提高大班幼儿对音乐的感受力。

【活动目标】

（1）能利用彩带跟随音乐进行表演。

（2）理解音乐的变化，并用不同的线条表示。

（3）在活动中充分表现，体验表演的快乐。

【活动准备】

彩带、刮蜡画材料；音乐《匈牙利舞曲》。

【活动重点、难点】

（1）活动重点：能按不同角色、情节进行随音乐表演。

（2）活动难点：利用角色、情节技艺表演动作。

【活动过程】

"匈牙利舞曲"音乐欣赏活动过程见表6-3。

表6-3 "匈牙利舞曲"音乐欣赏活动过程

程序	进程
导入部分	1. 听音乐感受整个音乐旋律的变化 请幼儿说一说听到了什么，有什么不同的感觉。
基本部分	2. 再次欣赏乐曲，在教师的引导下，请幼儿说一说不同的旋律用什么样的线条来表示 教师将幼儿说出的线条画在刮蜡画纸上。 3. 听音乐，请幼儿按照画纸上的线条进行表演 4. 出示彩带，教师示范用彩带怎么做出不同的线条。在教师的带领下，幼儿跟随教师学习使用彩带做出不同的线条造型 5. 跟音乐看图谱，完整地进行表演
结束部分	6. 教师与幼儿分角色完整地表演全曲 7. 用彩带摆一个造型，教师给幼儿拍照

【总结与提升】

教学活动利用彩带这种艺术体操中出现的道具，充分调动了幼儿的积极性，幼儿的参与积极性高，整个环节非常兴奋。从平面的线条到立体的舞动彩条，彩条的变化帮助幼儿理解音乐的节奏。此次活动的亮点有以下几个方面。

（1）利用图谱帮助幼儿理解音乐的结构，很直观。

（2）教师富有激情的表演感染了幼儿，从而让幼儿充分地展现自己的表演才能和想象力。存在的不足：在活动中注重动静交替，在幼儿安静的时候，注意彩带的摆放及安全。

【延伸活动】

可以将本次活动延伸为语言活动，根据音乐的情绪变化编故事。

二、音乐欣赏教学活动案例分析

小班音乐欣赏活动——圣诞老人的红帽子

【活动目标】

（1）初步感受乐曲欢快的节奏和旋律，在教师动作、语言的提示下，学习用手铃一拍一下地演奏与暂停演奏，表现乐曲的 A 段。

（2）在教师的带领下，尝试摇响手铃，表现 B 段音乐的舞蹈动作。

（3）在教师的鼓励下，愿意随音乐做动作，寻找"丢失"的红帽子，感受找到帽子获得礼物的快乐。

【活动准备】

（1）剪辑好的《红鼻子鹿》音乐伴奏。

（2）可藏在手心的圣诞帽一顶以及事先藏好的糖果若干。

（3）手铃人手一个。

【活动过程】

"圣诞老人的红帽子"音乐欣赏活动过程见表6-4。

表6-4 "圣诞老人的红帽子"音乐欣赏活动过程

程序	进程
导入部分	1. 游戏"圣诞老人的帽子"导入，引发幼儿参与的兴趣 教师边念儿歌"圣诞老人的帽子，不见了，圣诞老人的帽子，变出来……"边藏帽子边变出帽子
基本部分	2. 跟随 A 段音乐玩游戏，并在乐段最后将帽子藏起来，帮助幼儿熟悉音乐旋律 3. 教师引导幼儿边听音乐边做拍手和找帽子的动作，感知音乐的节奏 教师：先拍手，帽子藏起来了。 小朋友们可以问：红帽子哪里去了？ 4. 教师变出帽子，幼儿跟着音乐感知 B 段音乐
结束部分	5. 出示手铃，创设圣诞老人变礼物的游戏情境，引导幼儿戴上手铃边听音乐边做动作，完成 游戏中，教师变出事先藏好的糖果与幼儿分享

案例分析：

1. 幼儿音乐欣赏活动的设计

幼儿音乐欣赏活动的设计要充分考虑幼儿的年龄特点，用幼儿感兴趣的方式参与感知和欣赏。

幼儿的学习需要在直观体验、动手操作中进行，因此幼儿的音乐欣赏活动也需要在直观体验和动手操作中进行。幼儿的音乐欣赏和成人不同，幼儿需要借助于游戏、动作或乐器演奏的方式来进行欣赏。

上述活动中，教师设计了寻找圣诞老人的红帽子的躲藏游戏，借助儿歌进行躲藏的游戏，幼儿在游戏和后续的拍手动作参与以及乐器演奏参与中感受和欣赏了音乐。

2. 幼儿音乐欣赏活动的目标和过程设计

幼儿音乐欣赏活动的目标和过程设计要考虑到感受与欣赏及创造与表达。

上述音乐欣赏活动的目标和过程设计中均体现了音乐的感受与欣赏及创造与表达的不同维度。在目标设计中，目标 1 提出初步感受乐曲欢快的节奏和旋律，在教师动作、语言的提示下，学习用手铃一拍一下地演奏与暂停演奏，表现乐曲的 A 段；目标 2 尝试摇响手铃，表现 B 段音乐的舞蹈动作；目标 3 愿意随音乐做动作等，都体现了欣赏和创造表达的内容。在教学过程中，教师也通过游戏、拍手、延期演奏等方式实现了上述教学目标。

中班音乐欣赏活动——啤酒桶波尔卡

【设计意图】

《啤酒桶波尔卡》为奥地利作曲家约翰·斯特劳斯所作。压缩后的乐曲结构为 ABA，乐句工整。A 段平稳有力，B 段第一部分滚动轻巧，第二部分连贯流畅，三段音乐形象鲜明。为帮助幼儿掌握乐曲的结构，特设计了游戏情节和相关图片。

【活动目标】

（1）初步熟悉乐曲的旋律，通过图片了解 ABA 的结构和滚动轻巧、连贯流畅的旋律。

（2）在教师的引导下，能创造性地运用身体各部位的转动方式来表现小老鼠的活泼、灵巧。

（3）通过扮演不同的角色进行游戏。游戏中，"小老鼠"能根据"啤酒桶"间的距离，有意识地调整自己行进的方式和动作的幅度，避免相互碰撞。

【活动准备】

（1）经验准备：了解一定的音乐知识。

（2）物质准备：辅助教学图片及音频

【活动过程】

"啤酒桶波尔卡"音乐欣赏活动过程见表6-5。

表6-5 "啤酒桶波尔卡"音乐欣赏活动过程

程序	进程
导入部分	1. 导入，引起兴趣 教师用生动的表情讲述故事，引起幼儿的兴趣。 故事大意：在一个大大的地窖里，住着一些大大的啤酒桶和一群小小的老鼠，它们都是好朋友。每到晚上，小老鼠就会跳起欢快的舞蹈，可啤酒桶并不觉得很开心，因为它没有手、没有脚，不能和小老鼠一起跳舞。于是，有一天，小老鼠请来了一个仙女，仙女对着啤酒桶用魔杖点了四下。哇！啤酒桶真的长出了手和脚，它笨手笨脚地挥舞着胳膊跳起了舞。小老鼠看见了，转动着眼珠，甩动着尾巴，开心极了。为了感谢小老鼠的帮助，啤酒桶打开了桶盖，请小老鼠喝可口的啤酒。天亮了，仙女的魔法就要消失了，啤酒桶收回了手和脚，地窖里又恢复了原来的平静
基本部分	2. 完整倾听音乐 教师组织幼儿完整倾听整首音乐，同时伴以动感的活动影像或木偶，以帮助幼儿初步感知和理解音乐。 3. 反复欣赏音乐，逐步感知、体验音乐中细致的部分 （1）教师出示图谱，组织幼儿视图完整倾听音乐，进一步帮助幼儿分辨啤酒桶生长四肢（A），小老鼠跳舞（B$_a$），啤酒桶打开桶盖倒酒（B$_b$）及啤酒桶四肢恢复原样（A'）的音乐。初步了解音乐的结构。 （2）教师组织幼儿分段欣赏音乐，创编啤酒桶和小老鼠的动作，进一步熟悉乐曲的旋律和结构。 A 段：引导幼儿创编啤酒桶一顿一顿吃力地生长上肢的动作。 评析："一顿一顿吃力地生长上肢"的动作可以帮助幼儿感受音乐平稳有力的特点。 B 段：第一部分，启发幼儿用身体创编出各种旋转性动作；第二部分，引导幼儿用动作表现酒桶盖子被呼的一声猛烈地打开，然后酒液流畅地淌出来。 （3）幼儿完整地跟随教师听音乐做动作。 引子的最后四拍，做仙女用魔杖指点酒桶的动作。A 段音乐：啤酒桶长四肢。8 拍为一个乐句。从第 1 拍开始上肢按乐句做向外伸展动作，第 8 拍收回准备再次伸展。 B 段第一部分（B$_a$）：小老鼠跳舞——可选取两种不同的旋转性动作，如小老鼠轻快地转动眼睛，或小老鼠轻快地甩动尾巴，一个 8 拍做一种动作，两种动作交替循环。 B 段第二部分（B$_b$）：啤酒桶开桶盖倒酒——幼儿用身体和手臂表现桶盖打开和酒液流淌。8 拍为一个乐句。第 1 拍做桶盖打开的动作，然后造型 3 拍不动，第 4~8 拍连续做倒酒的动作。 再现 A 段：啤酒桶恢复原状——幼儿的上肢按乐句收回，表现啤酒桶四肢消失恢复原状。每句第一拍开始收缩，第 8 拍伸展准备再次收缩。 （4）分角色跟随音乐做游戏。 请一半幼儿扮演"小老鼠"，一半幼儿扮演"啤酒桶"。每个"小老鼠"找一个"啤酒桶"，和它一起跳舞。要求幼儿紧跟音乐节奏。游戏时，注意相互间的距离，并能友好地进行交流合作
结束部分	4. 游戏结束后，每只"小老鼠"都要对"啤酒桶"朋友说一句悄悄话 如："今天真开心，谢谢你！""明天晚上咱们再来跳舞哦！"

案例分析：

1. 活动目标的设计

整套活动目标主语统一，行为发生的主体均为幼儿，目标制订符合系统化和行为化的原则。其中，目标 1：关注幼儿对音乐本身的感知和理解。目标 2：重在引导幼儿创造性地运用动作符号表达对音乐的感受。目标 3：着重培养幼儿空间共享的意识和能力。

2. 活动准备的设计

图片形象地表现了音乐 ABA 的结构。

3. 活动过程的设计

（1）导入环节，教师在音乐欣赏活动的开始之处为幼儿提供故事线索，一方面可吸引幼儿的注意，调动幼儿参与活动的兴趣；另一方面也可帮助幼儿感知和理解音乐。此外，故事以及后续由故事引出的充满幻想和浪漫色彩的音乐活动还传递给幼儿一个信息：予人欢乐就是予己快乐！

（2）完整倾听音乐环节，教师在操作活动影像或木偶时，其运动的方式应与音乐保持一致，以此帮助幼儿感受 A 段的平稳有力，B 段第一部分的滚动轻巧，B 段第二部分的连贯流畅的旋律特点。

（3）反复欣赏音乐，逐步感知、体验音乐中细致的部分环节。通过使用多种符号（动作、语言、图画等）综合地对音乐作品进行了解释，幼儿也通过多种不同的参与方法欣赏了音乐（语言参与法、图片参与法、动作参与法、游戏参与法等），从而获得了丰富而细腻的音乐享受。

❀ 拓展训练

（1）幼儿园音乐欣赏的材料有哪些具体的标准？

（2）幼儿园音乐欣赏教学活动的基本结构是？

（3）以小组为单位，分别收集一首优秀的歌曲或乐曲，写出基本符合要求的音乐欣赏教学方案，尝试并初步体验幼儿园集体音乐欣赏教学活动实施的过程，并交流。

📄 学习总结

本章以幼儿音乐欣赏教学活动的设计与指导为核心，系统提供了音乐欣赏教学活动材料的选择、音乐欣赏教学活动目标的设计、音乐欣赏教学活动的基本结构、音乐欣赏教学活动的导入方式、音乐欣赏教学活动的指导策略等基础知识。并且列举了一些音乐欣赏教学活动案例，进行分析。

第七章
幼儿园综合主题活动中音乐教育活动的设计与指导

🌱 **导学**

在本章中你会学习到支持预设单元教育目标的音乐活动、激励幼儿自主拓展的音乐活动的设计与指导,以及融入幼儿一日生活的音乐活动的设计与指导的相关知识。

🗔 **学习目标**

(1)掌握音乐活动如何与其他领域活动相结合。
(2)能够设计幼儿园综合主题活动中的音乐教育活动。
(3)树立正确的音乐教育观,理解幼儿园综合主题活动中音乐教育活动的重要价值。

🔬 **思维导图**

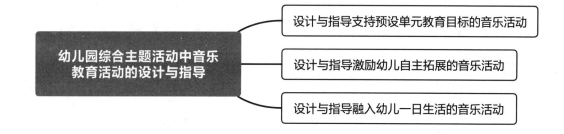

幼儿园综合主题活动中音乐教育活动的设计与指导
→ 设计与指导支持预设单元教育目标的音乐活动
→ 设计与指导激励幼儿自主拓展的音乐活动
→ 设计与指导融入幼儿一日生活的音乐活动

第一节
设计与指导支持预设单元教育目标的音乐活动

✈️ **案例导入**

李老师目前带的班级是刚入园不久的小班,为了帮助幼儿尽快融入幼儿园的生活,李老师准备组织一个"来上幼儿园"的主题活动。

请问:

(1)其中的音乐教育活动应当选择和设计怎样的内容呢?
(2)你会如何设计这个主题活动中的音乐教育活动呢?

✖️ **知识讲解**

在各种各样的综合主题活动中,人文主题或科学主题是比较常见的经验组织纽带。在这样的主题单元中,音乐教育活动除了要完成自身的、促进幼儿发展的任务之外,还需要为整个主题活动的各种教育价值追求提供有力支持。下面是一个典型的小班入园初期的综合主题活动,从中可以看出这种设计的主要思路。

一、单元名称

来上幼儿园

二、单元核心经验

（1）从逐步熟悉到初步能够亲近幼儿园的老师和小朋友。

（2）从逐步熟悉幼儿园集体生活到初步养成自我服务的习惯。

三、教育重点

（1）突出音乐活动中的师幼交往。引导幼儿先从逐步能接纳、亲近老师，再到逐步能接纳、亲近同伴。在音乐活动中应注意营造"相亲相爱"的交往氛围，并帮助幼儿初步学习适宜的交往方式。

（2）突出集体生活的"适应教育"。引导幼儿在自我服务活动中体验"我喜欢自己做"和"我能够自己做"的积极情感，并感受自己的点滴进步，享受成长的快乐。

（3）初步引导幼儿体验"在生活中歌唱"和"在音乐中成长"的乐趣。

"来上幼儿园"中的音乐教育活动见表7-1。

表7-1 "来上幼儿园"中的音乐教育活动

活动名称	活动类型	教育目标	
		音乐目标	辅助目标
1. 化蝶	欣赏与律动	学习用动作感受、表现拍子以及旋律起伏的乐句	主要侧重配合发展亲近老师、小朋友的态度
2. 大指歌	歌唱	学习用问答的方式歌唱与交流	
3. 月亮婆婆喜欢我	歌唱	学习边唱边表演	
4. 跳到这里来	歌唱与律动	尝试根据情境创编演唱新歌词，尝试根据歌词即兴做动作	主要侧重配合发展自我服务的能力和态度
5. 懒惰虫	歌唱	在游戏中学习感受和表现"弱起"的节奏，尝试自由地用动作进行表达	
6. 未出壳的雏鸟的舞蹈	欣赏与律动	学习感受和表现乐曲 AABA 的结构，以及欢快的节奏、连续上行的旋律、句末长音、轻快的摇摆的旋律等	主要侧重配合发展自我成长感和自我肯定的态度

案例

化 蝶

1. 相关领域

健康、社会。

2. 活动范例

蝴蝶找花。

（1）请幼儿观看教师随音乐在挂图上操作教具蝴蝶，每小节起伏一次，并同时飞越一处草丛，乐句结束处停在花朵上。

（2）请幼儿观看教师随音乐做蝴蝶飞舞的动作，每小节手臂起伏一次，每个乐句结束处停下轻轻拥抱某位幼儿（幼儿扮作花朵）。

（3）请个别幼儿与教师一起随音乐做上述动作。

（4）将幼儿分为两组，一组扮作蝴蝶，一组扮作花朵，一起随音乐做上述动作。

请全体幼儿一起扮作蝴蝶，随音乐按前述方式飞舞，乐句结束处轻轻相互拥抱或抚摸。

3. 创意集锦

（1）可在幼儿熟悉音乐和动作后向幼儿提供纱巾（表示翅膀）和头饰（表示花冠）。

（2）可以提供小型串铃套在幼儿的手腕上，幼儿挥舞手臂时可以听见优美的沙沙声。

（3）可以提供盆花摆在教室里，让幼儿扮演蝴蝶"飞到"花盆边，做出与花亲热的动作。

（4）可以配合《我上幼儿园》的儿歌，体验自己已经习惯上幼儿园，就是成长了，从毛毛虫变成花蝴蝶啦！

（5）可以配合《未出壳的鸟雏的舞蹈》（毛毛虫的舞蹈）了解毛毛虫是怎样变成花蝴蝶的。理解什么叫成长，体验成长的自豪和快乐。

4. 温馨提示

（1）教学参考图（略）。

（2）在幼儿刚刚接触新的音乐和新的活动方式时，教师最好自己来哼唱乐曲的旋律。快慢、强弱、乐句的起伏与呼吸、乐句或乐段停顿时间的长短等，都应以幼儿能否体验和舒适反应为准，应该是由教师用音乐来跟随幼儿，而不是让幼儿来跟随音乐或跟随老师。

（3）在幼儿尚不熟悉新的音乐和新的活动方式时，最好不要让幼儿离开座位，以免幼儿过度兴奋，造成混乱。

（4）在幼儿尚不熟悉新的音乐和新的活动方式时，最好不要向幼儿发放纱巾和头饰，以免造成幼儿注意力分散，加重做动作的负担。

（5）刚开始时可能有些幼儿不愿或不会和他人交往，教师应该主动与这些幼儿交往。有些幼儿，特别是男孩在和别人进行身体接触时可能会很莽撞，容易引起其他幼儿的不满，教师应该注意正面引导。

（6）教师可以鼓励幼儿模仿自己的表演，也可以鼓励幼儿相互学习，更应该注意鼓励幼儿用自己独特的方式做"飞翔"或表示与朋友"相亲相爱"的动作。

（7）教师示范的双臂起伏的动作一般应该是：第一拍向上，第二拍向下，而且最好是柔和连贯的。如果幼儿对模仿这样的模式感到困难，导致不能对乐句结束的停顿做出从容的反应时，教师可下降一个难度层次，改为双臂自由运动或展开做翅膀状不运动，引导幼儿只注意结束处的呼吸、停顿和造型。

5. 背景知识

该乐曲是著名的小提琴协奏曲《梁山伯与祝英台》中的"化蝶"主题，具有典型的江苏、浙江民歌和戏曲委婉、清丽的风格。最初的演奏者是著名小提琴演奏家俞丽拿。世界上许多著名的小提琴演奏家来华访问时，都会专门演奏这首乐曲，以表达对中国音乐文化的敬意。

大指哥

1. 相关领域

健康、社会、美术。

2. 活动范例

大指哥。

（1）教师与幼儿一起玩活动手指的问候游戏，使幼儿能够逐步比较自如地将各个不同的手指——独立地伸出，并自由做出向他人问候或回复他人问候的姿态。

（2）教师用自己范唱的歌声为手指游戏活动伴奏。

（3）教师演唱问句，邀请全体幼儿加入演唱答句，共同用歌声为手指游戏活动伴奏。

（4）教师演唱问句，并同时不断邀请个别幼儿加入演唱答句，用自己的歌声为手指游戏活动伴奏。

（5）教师和个别幼儿轮流做志愿者，自行选择某一手指与集体进行演唱问答。

（6）跳邀请舞。教师站立在幼儿围坐成的半圆中间，假装闭上眼睛，唱某一幼儿的姓名并问"你在哪里"，该幼儿演唱答句。教师走过去用"啦啦啦"的歌声与该幼儿共舞（如拍拍手、转个圈等），并请全体幼儿一起加入伴唱。然后请该幼儿到座位上坐好，继续邀请下一位幼儿。教师也可以将邀请的角色传递给该幼儿，并指导、帮助幼儿继续邀请；待幼儿比较理解这种邀请方式后，还可以进一步转变为"累加式"的邀请：一人请另一人，两人分别再邀请，四人再继续……直至所有人都加入。

3. 创意集锦

（1）教学参考图（略）。

（2）教师可在自己的每个手指肚上画各不相同的快乐面孔。

（3）可在音乐活动之前进行美术欣赏活动，帮助幼儿认识自己的各个手指和它们的名称，熟悉它们的位置。

（4）在晨间接待活动或点名活动中用类似歌曲的游戏模式相互问候。

（5）教师可在活动后进行美术活动。用手指或手掌蘸颜色印画装饰自己的手或装饰教师提供的手的纸质模型（印染过的画纸可以做成个人成长档案的封面，装饰过的纸质模型可以用来装饰教室），或印染手套（印染后的手套可以用来表演或做韵律操时使用）。

（6）可以配合对动物或其他事物的认识以及创造性的体育锻炼活动。扮演寻找者的教师或幼儿喊道："×××，你在哪里？"幼儿就用一种表现该事物的动作移动到规定地点，并回答："我在这里，我在这里，你好不好？"扮演寻找者的人说："很好，很好，谢谢你！"活动可反复进行，寻找者和回答者可以不断更换。

（7）教师还可以将这一活动方式应用于学习该歌曲后很长一段时间中的日常问候、个别交流或集体活动中的集中注意环节。

4. 温馨提示

（1）在刚刚接触这种新的活动方式时，可能有许多幼儿需要时间来熟悉手指的名称和具体位置，而另外一些幼儿可能需要时间来锻炼自己的手指，以便使它们在自己需要时能舒适熟练地、独立地伸出来。因此，教师应该给这些有困难的幼儿足够的时间，并让没有困难的幼儿理解同伴需要时间的理由，学习用体谅的心情耐心等待。教师也可以引导幼儿分享同伴的有效策略，如根据教师的暗示提前准备或用另一只手帮忙等。

（2）在幼儿尚不熟悉新的对唱活动方式时，教师应先告诉幼儿自己"暗示"分工的手势，如做双手向外摊开是邀请手势，表示幼儿唱答句；一手指自己，表示是教师自己唱问句，幼儿应该安静倾听。

（3）在幼儿尚不熟悉新的邀请舞活动方式时，最好不要让幼儿离开座位，以免幼儿过度兴奋，造成混乱。教师最好邀请一位幼儿，共舞完毕之后，将之送回座位坐下，然后再去邀请第二位。

（4）刚开始可能有些幼儿不愿或不会和他人交往。教师应该特别注意主动与这些幼儿交往，使幼儿逐步理解用歌唱或类似歌唱的方式交往是一种幽默的沟通方式。

（5）跳邀请舞时，教师应鼓励幼儿模仿自己的动作进行表演，也可以鼓励幼儿相互学习，更应该鼓励幼儿用自己独特的方式来创造新动作。

（6）用累加的方式来跳邀请舞时，教师应在每次邀请的段落结束之后，先检查是否所有扮演邀请角色的幼儿都已经找到邀请对象了，如有人还没有找到邀请对象，应该等待、鼓励或具体帮助，然后再开始共舞的段落，以免一些有困难的幼儿会因为总是"跟不上"而造成个人的混乱，丧失信心和热情，最终可能还会造成整体上的混乱。

月亮婆婆喜欢我

1. 相关领域

科学、语言、社会

2. 活动范例

月亮，晚安。

层次一：侧重科学与语言。

（1）教师提供系列挂图，伴随宁静优美的音乐为幼儿讲述故事。

（2）教师鼓励并带领全体幼儿参与讲述故事中小熊所说的话。

（3）教师反复请不同的幼儿与自己一起表演。老师扮演月亮，幼儿扮演小熊（可戴头饰，以明确角色，增加趣味）表演外出时，幼儿跟老师走；表演回家时，教师跟幼儿走；表演睡觉时，全体幼儿说"晚安"，然后教师接着用哼鸣的方式演唱曲调"哄"小熊们入睡，最后教师用轻柔的语调说："晚安，小熊。"

层次二：侧重音乐与社会。

（1）教师请幼儿回忆家里的亲人是怎样表示喜欢他们的，并鼓励幼儿用动作来表现。

（2）教师一边唱歌一边表演相关的动作。

（3）教师与幼儿一起边唱歌边做动作。

（4）参照《月亮晚安》的故事表演方式，边唱歌边做"走走跟跟"的游戏。

层次三：侧重音乐与社会（交际舞蹈）。

（1）全体幼儿坐成一个大圆圈，一个幼儿扮演小熊，一个幼儿扮演月亮，其他幼儿扮演小树、花草。

（2）月亮在前面绕圈"飞"，小熊在后面绕圈走。第一遍歌曲唱完，在间奏处扮演月亮和小熊的幼儿与离自己最近的幼儿相互拥抱，把自己的头饰取下，戴在被邀请的幼儿头上，然后自己坐下来。唱第二遍歌曲时，小熊在前面绕圈走，月亮在后面绕圈"飞"。依照规则反复进行。

（3）若干遍之后，教师可以说："月亮，晚安！小熊，晚安！大家都晚安！"然后用哼鸣的方式歌唱，"哄"大家假装睡觉。

3. 创意集锦

（1）教师在讲述故事时可以使用挂图或某种立体的教具，帮助幼儿形象地感知小熊所看到的景象。教师在每次重复故事时，可鼓励幼儿提议一个新的事物，以便增加一个大家对之道晚安的对象。每次增加一个，逐步累加。每次结束时才说"月亮，晚安！小熊，晚安！大家都晚安！"

（2）教师在组织幼儿午睡时，可以用温柔的语气说："×××，午安！"也可以鼓励幼儿相互亲切地道午安，或教师引导全体幼儿由较大的声音逐步到较小的声音说午安，如教师说"窗帘"，幼儿说"午安"；教师再说"衣服"，幼儿再说"午安"……然后逐渐减弱减慢，暗示幼儿逐渐放松，进入休息的状态。

（3）教师在其他活动，比如体育活动或生活中也可以随意地编唱，并鼓励幼儿参与编唱，使幼儿体会到这样做可以使各种活动充满情趣。

4. 温馨提示

（1）教师和幼儿一起进行上述活动时应尽量注意使用温柔的语气和动作。

（2）为了避免幼儿忘记前一次说过的事物，可告诉幼儿：我们把这些东西一个一个地画在黑板或纸上，以后就不会忘记了。

（3）在角色表演活动中，只用两件头饰——小熊和月亮；在层次二的活动中不要给幼儿每人一个小熊头饰；在层次三的活动中不要给扮演花草树木的幼儿发头饰。头饰太多了，幼儿的注意力就会被头饰分散。教师只要请幼儿想象自己是某个事物就可以了，幼儿的注意力应该集中在自己所担任的角色以及角色之间的关系上。

（4）层次三的活动中，除了主要角色以外，其他幼儿最好是坐着。因为小班幼儿难以控制队形，难以长时间维持自己的注意力，体力上也比较容易疲劳。坐着游戏并等待更换角色对他们一般更为适合。

附故事：

月亮晚安

许卓娅　编

小熊要睡觉了。他抬起头，突然看见窗外的树梢上有一个圆圆的月亮。小熊对月亮说："你一定也要睡觉了！和我一起睡好吗？"

月亮可能听不见！小熊走出屋子，看见月亮已经飞到了前面的草堆上。小熊追着月亮边走边说："和我一起睡好吗？"

月亮可能听不见！小熊走过草堆，看见月亮已经飞到了前面的山岗上。小熊追着月亮边走边说："和我一起睡好吗？"

月亮可能听不见！小熊走上山岗，看见月亮已经飞到了前面的天空上。小熊想：月亮可能不想和我一起睡！

小熊走下山岗，看见月亮已经飞回到了山岗上。小熊走过草堆，看见月亮已经飞回到了草堆上。小熊走进屋子，看见月亮已经飞回到了窗外的树梢上。小熊想：月亮可能就是喜欢睡在树梢上的！

于是，小熊轻轻地对月亮说："月亮，晚安！"然后，他又轻轻地对鞋子说："鞋子，晚安！"最后，小熊在闭上眼睛的时候对自己说："小熊，晚安！大家都晚安！"

第二节

设计与指导激励幼儿自主拓展的音乐活动

📄 案例导入

王老师在为大班幼儿组织音乐活动时，发现孩子们的自主学习能力较强，同时，对不同领域的知识都比较感兴趣。于是，她准备设计一个激励幼儿自主拓展的音乐活动主题。

要求：如果你是王老师，你会如何设计呢？

🧩 知识讲解

20 世纪末，我国幼儿园的部分老师展开了激励幼儿自主拓展的教学设计的研究。这样设计能够更好地促进幼儿自主学习能力的发展，促进幼儿对不同学科知识融会贯通能力的发展。当然，教师掌握这一设计技术的前提是：幼儿具有对自主学习的深刻理解能力和不同的学科知识。

案例

多元智能角度，从音乐作品出发的主题拓展网络：斗牛士之歌（图 7-1）。

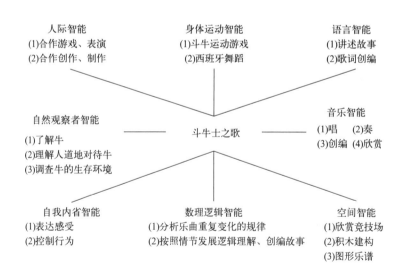

图7-1 "斗牛士之歌"拓展网络

领域角度，从音乐作品出发的主题拓展网络：胡桃夹子（图 7-2）。

通过以上案例可知，学习的网络不是通过答案而是通过"问题"展开的，因此，学习所研究的具体内容有许多种选择的可能性，也就是说，它不完全是"预设性的"，而更多是"生成性的"。用音乐表演的术语来说它是"即兴的"。

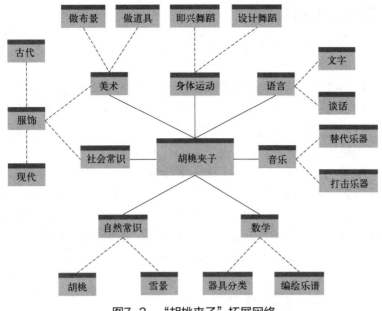

图7-2 "胡桃夹子"拓展网络

第三节
设计与指导融入幼儿一日生活的音乐活动

案例导入

幼儿园教师王老师发现，不论是在各种生活活动中，如散步、餐点、整理、盥洗，还是在各种活动的转接、等待过程中，如果播放一些音乐，孩子们都会很享受音乐。而在游戏和区角活动时，幼儿也经常自己哼唱歌曲，加入音乐。那么融入幼儿一日生活的音乐活动应该如何设计与指导呢？

要求：请设计一个融入幼儿一日生活的音乐活动。

知识讲解

实际上，无论是在朴素的远古，还是在相对繁杂的现代生活中，音乐舞蹈本身就是融合在人们的日常生活当中的。它既不是专属于职业表演人员的工作，也不专属于普通学校的学生学习。享受音乐舞蹈带来的即时快乐和持续成长，是每一个人的权利。而且在教育机构中，当某种学习需要来自日常生活的需要，又能够不断提升日常生活的这种需求时，学习便能够成为人的自主需要，成为人体验人生幸福的重要来源。因此，我们需要为幼儿在幼儿园的一日生活创设一种自然舒适的、熏陶性的"音乐教学设计"。这种"教"应该是"润物细无声"式的，而这种"学"也应该是在愉快的游戏中不知不觉进行的。

一、各种生活活动中的音乐

幼儿园的生活活动主要包括接待、离园、散步、午睡、餐点、整理、如厕、盥洗以及各种活动的转接、等待过程等。

在这样的一些生活环节中，教师提供音乐的方式可以有以下几种：一是使用专门录制的录音音乐，在特定时间里向全园播放，如在接待和离园的时间；二是使用专门录制的录音音乐，在特定时间里，在班级的活动室中播放，如午睡、餐点、整理活动等；三是教师自己或组织幼儿提供现场表演的音乐，如在散步以及各种活动的转接、等待过程中，教师可以自己弹琴、唱歌，鼓励幼儿唱歌或玩带有音乐性的游戏，也可以将个别幼儿发起的自发音乐活动的影响扩大到全班。总之，在这种活动设计中，教师应该特别关注"舒适"的体验，选择的音乐要适合特定的生活情境，而且背景音乐一般不适宜选择性质过于激昂的作品。此外，除了游戏性或分享性的音乐表演活动外，背景音乐的播放或现场表演时的音量也应控制在"不注意听，就听不见"的范围之内。

在托班和小班餐点前的洗手环节，教师一边帮助幼儿洗手，一边分享他们自己喜爱的洗手歌曲；或在整理场地、整理午睡床铺的环节，轻声地引导幼儿唱一首整理歌；或在散步的时候鼓励幼儿轮流选唱他们喜欢的歌；或在寄宿制幼儿园，傍晚到就寝前的一段时间里，分享各种与音乐有关的轻松有趣的活动等，都是很好的音乐教育设计。在提供这类音乐设计的情境中，教师自身对音乐的态度是至关重要的。如果教师仅仅用"尽责"的态度来对待这种教育设计，幼儿就会从教师的表现中体会到参与是一种必须履行的"责任"。如果教师也能够同时关注自己是否能够真正体验到快乐和幸福，并自然地将自己的心情流露出来，幼儿就可能会从教师的表现中体会到参与是一种值得追求的"幸福"。

二、晨间体育锻炼和运动会中的音乐

晨间体育锻炼是幼儿一日生活中最能够体现"朝气"的活动之一。在晨间体育锻炼开始前，教师需要提供比较振奋的音乐；在自由锻炼的时段中，教师只需要提供比较轻松愉快的音乐；在集体早操时段，教师应该根据幼儿的年龄和所做操节的特点提供相适宜的音乐，但结束早操活动前，一般采用具有放松性质的活动和音乐；在离开操场时宜提供轻快的行进音乐，为愉快而又有序的后续学习提供身心准备的良好暗示。

21世纪中国教育改革带来的进步是，幼儿园教师已经开始注意给幼儿提供"为自己创设"晨间体育音乐环境的机会，以便让幼儿能够有机会认识到自己可以并应该尽早成为音乐生活的主人。其中一些值得新教师借鉴的设计有：鼓励幼儿参与选择为活动所配的音乐；鼓励幼儿参与运动会音乐选用过程；鼓励幼儿参与早操内容的策划、音乐选择以及具体操节的创编；在操后律动、集体舞蹈或放松活动中给幼儿的即兴表现留出相应的空间，如A—B—A结构中一部分为整齐划一的设计动作，另一部分为即兴表演动作。在即兴表演活动中，幼儿可以自由结伴，自由动作，教师也可以随时向班级提供某种即兴的新活动建议。

三、游戏、区角活动中的音乐

在全班的集体游戏时段或幼儿园的区角活动时段，教师也可以向幼儿提供音乐教学设计。这种时段中的音乐教学设计与集体音乐活动的教学设计不同，它需要教师更多地提供环境的支持、设备的支持、资源的支持和情感的支持，在幼儿真正需要的时候才提供组织的支持或思路的支持。在主体性的，特别是在生成性的主题活动中，游戏时间和区角活动时间，也是幼儿对主题进行自由拓展和教师发现主题拓展新可能性的重要时间。

如在游戏时间里，教师可以支持幼儿在班级里和同伴分享他们通过参与社区活动，通过大众传媒获得的各种经典的或新设计的音乐游戏。在班级区域活动的"音乐角"或班级社会游戏时间的"小舞台"活动区，幼儿通过教师提供的设备和材料，开展他们自己的创作、排练、演出活动；也可以为达成教师建议的早操、运动会、节日汇演活动的特定任务目标，进行自我组织管理的创作和排练活动；还可以对生成课程中拓展出的需要进行进一步的探索。例如：新开张的商店需要开张音乐，家庭的生日聚会需要演出节目，茶文化主题中茶艺表演需要寻找一首合适的中国民间音乐，京剧主题中对不同行当的表演特点感兴趣的幼儿需要查找相关的影像资料，想学习"街舞"的幼儿需要自己多看几遍教师上课播放过的录像，或与志趣相投的伙伴分享自己带来的影像资料……

总之，融入幼儿园一日生活的音乐教学设计，需要尽可能给幼儿更多自主投入、自由选择、自我表达的机会。当然，这并不意味着"放任自流"。一方面，教师的热情支持和鼓励能够有效地维持和提高幼儿发起和延续幼儿自发活动的积极性；教师的引导和激励，能够有效地拓展幼儿的文化眼光和独创思路；教师平和的指点和善意的建议，能够有效地缓解活动中产生的人际矛盾，帮助幼儿摆脱组织协调活动的困境。另一方面，教师巧妙地引导还能够及时有效地帮助幼儿提高价值判断能力，提升艺术欣赏品位，避免低级庸俗文化对幼儿的侵蚀。

❀ 拓展训练

（1）在教师的指导下，先查阅各种现成的相关设计，再分成小组独立设计一个预设性的综合主题活动。

（2）以小组为单位选择某幼儿园新教师，依据事先设计的访谈提纲对其采访，请其谈谈：设计综合性、渗透性、生成性的音乐教育活动会遇到哪些困难？解决困难的可能策略有哪些？请作好详细记录，并在访谈结束后进行小组内和小组间的交流。

📄 学习总结

本章从三个方面介绍了幼儿园综合主题活动中音乐教育活动的设计与指导，分别是支持预设单元教育目标的音乐活动的设计与指导、激励幼儿自主拓展的音乐活动的设计与指导以及融入幼儿一日生活的音乐活动的设计与指导。

第八章
设计与指导亲子音乐活动

🌱 导学

在本章中你会学习到亲子音乐活动的设计理念与价值、亲子音乐活动的设计以及亲子音乐活动案例分析。

📋 学习目标

（1）掌握幼儿园亲子音乐活动的设计理念。
（2）能够设计幼儿园亲子音乐活动。
（3）树立正确的音乐教育观，体验幼儿园亲子音乐活动的重要价值。

思维导图

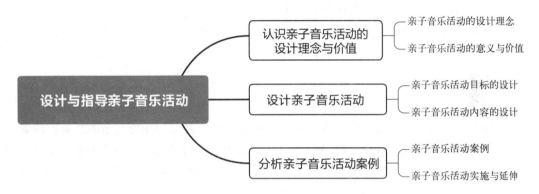

第一节
认识亲子音乐活动的设计理念与价值

✈ 案例导入

安安是 19 个月大的男孩。他的妈妈带着他去幼儿园参加亲子活动时，发现安安特别喜欢音乐，并享受音乐。安安的妈妈向老师提议，能不能单独组织一次亲子音乐活动。

要求：根据案例分析以下问题。

（1）你认为亲子音乐活动有什么价值呢？
（2）设计亲子音乐活动时应秉承怎样的设计理念？

✖ 知识讲解

亲子音乐活动，顾名思义，就是家长和幼儿一起参与的音乐活动。本项目主要从亲子音乐活动的设计理念、目标、内容、组织与实施、评价等角度来论述亲子音乐活动的设计。

一、亲子音乐活动的设计理念

亲子音乐活动的设计理念包含终身教育的理念和亲职教育的理念两个方面。

1. 终身教育的理念

终身教育是个体从生命运动的一开始到最后结束这段时间的不断发展，也包括在教育发展过程中的各个点与连续的各个阶段之间的紧密而有机的内在联系。从横向看，终身教育包括家庭、学校和社会等各个领域的教育，还包括自我教育；从纵向看，终身教育指贯穿于人一生的胎儿期、婴幼儿期、青少年期、成人期和老年期等各个阶段的教育。从教育内容看，终身教育包括科学文化教育、职业教育和生活教育等方面；从教育形式看，终身教育包括正规教育、非正规教育和非正式教育等。

终身教育的理念对亲子活动的启示是：作为成人的教师、家长和幼儿一样，是发展中的个体，在亲子音乐活动的过程中也需要持续地学习和发展。

2. 亲职教育的理念

亲职教育亦称家长教育，是指协助父母获得称职父母角色的经验，同时也包括协助那些打算成为父母的人士，使他们做好准备，能更有效地担当父母角色。亲职教育的理念认为做父母也是一种职业，需要不断地学习，从而成为更好的父母。亲子活动不同于幼儿园的教学活动，亲子活动中家长既是教育者，也是被教育的对象；亲子活动中，教师不仅要指导幼儿，还需要观察家长并对家长进行适宜的指导，从而实现亲职教育的目的。因此，亲职教育的理念也是幼儿园亲子音乐活动的指导理念。

二、亲子音乐活动的意义与价值

亲子音乐教育活动的意义与价值可以分为以下三点。

1. 激发幼儿更大的参与积极性

对于幼儿期的孩子来说，他们的独立意识还比较弱，对家长、对亲人的依赖性仍然比较强，家长走进课堂来，走到孩子的身边，他们的一举一动、一言一行对于幼儿来说都具有莫大的鼓舞和推动作用，幼儿的热情一下子就能被充分地调动起来。

2. 弥补单纯性幼儿园音乐活动中孩子们对亲情的渴望

幼儿虽进入幼儿园里，但是，对父母、对家人的眷恋之情依然很强，因此，适时开展亲子活动可以弥补幼儿的情感空间空缺，减缓幼儿的焦虑情绪，增强对集体生活的适应能力，尽快融洽地在集体中生活。

3. 帮助家长更好地认识和了解幼儿教育，增进沟通。

现在的家长大多以工作为重心，因此很多孩子都是由老人带着，在教育幼儿的问题上有着一定的隔阂，而亲子活动正好能增进家长和孩子之间的亲子情感，同时还能让家长了解幼儿教育，也愿意和幼儿园、老师沟通、协作，共同教育幼儿。

第二节
设计亲子音乐活动

📄 案例导入

"母鸭带小鸭"活动过程

——幼儿园小班音乐亲子活动

一、律动"小鸟飞"进场

二、集体舞蹈：欢乐舞

有那么多小动物欢迎我们，看看有些谁？你们开心吗？一起来跳个欢乐舞！

三、学编歌曲《母鸭带小鸭》

1. 听

（呷嘎嘎、呷嘎嘎……）母鸭带着小鸭也来了，我们一起来唱一唱。

（1）集体唱一遍歌曲《母鸭带小鸭》并讲评（分强弱唱）。

（2）再唱一遍歌曲。

2. 学编歌曲

动物园里会唱歌的小动物可多了，今天我们要来学个新本领，把这些小动物也编到《母鸭带小鸭》这首歌曲中来唱。一会儿在你们编的时候先讲一讲你编的小动物是谁？它是怎么唱歌的？它会干什么？

（1）幼儿示范编（请幼儿讲讲想给谁编？它怎么叫？会干些什么？然后念一念再唱一唱。）

（2）幼儿自由讨论创编，教师巡回指导。

（3）幼儿展示自己创编的歌曲（5~6组幼儿）。

教师及时给予肯定、鼓励，引导幼儿创编不同的歌词，体验成功的快乐。

四、集体律动

引导幼儿每人唱自己编的歌曲，可以加上自己喜欢的动作。

五、"走路"退场

动物园里还有许多好玩的地方，我们到别处去看看。

要求：根据案例分析以下问题。

（1）材料中的亲子音乐活动的活动过程分为几个流程？

（2）你认为材料中的音乐活动有何需要改进之处？

✦ 知识讲解

一、亲子音乐活动目标的设计

为了给予家长持续的、可反复利用的有效资源的支持，不断改善家长音乐教育的观念，并转变音乐教育的行为，保障幼儿园亲子音乐活动的顺利开展，亲子音乐活动目标不仅要有幼儿的发展目标，还要有家长的发展目标。

通过教师备课及具体的活动教案，每一次亲子音乐活动都会成为家长学习培训的教材，使家长获得持续的支持，并在每次活动中获得建议和指导。为此，可以将亲子音乐活动的教案目标分成两块：一是指向儿童的发展，二是指向家长的发展。根据目标来设计相应的教学环节和内容，从而实现教育目标。从目标到每一个活动环节都体现出对家长的指导，在指导幼儿学习的每个环节，都有一一对应的指导家长学习的环节；这样也便于每位教师在使用活动设计时，能清晰地了解每一环节的目的及对家长进行指导的方法。

二、亲子音乐活动内容的设计

亲子音乐活动的内容有不同的类型，幼儿园开展较多的是家长开放日的亲子音乐活动、节日亲子音乐活动以及亲子音乐游戏三种。

家长开放日的亲子音乐活动是根据各个年龄段幼儿的年龄特点和学习需要，精心选择适合的音乐活动。家长开放日活动中除了要展示幼儿音乐学习的内容和过程外，也通过对活动的指导帮助家长观察、了解幼儿音乐学习的特点，并邀请家长参与和幼儿一起游戏。如小班亲子音乐开放日活动"小茶壶"的活动中，教师出示茶壶，引导幼儿观察和表述茶壶的特征；然后示范唱歌曲，引导家长观察幼儿是否认真倾听和回答提问；接着教师引导幼儿创编动作表演，家长需要观察幼儿是否参与到创编和模仿动作中来；最后幼儿邀请家长一起表演。

节日亲子音乐活动（如儿童节）一般需要家长和幼儿一起参与，如小班的"六一"亲子音乐活动"口哨与小狗"是亲子集体舞，家长需要和幼儿一起学习和练习集体舞的动作和队形，然后教师带领家长和幼儿一起彩排，最后在儿童节活动中进行表演。

亲子音乐游戏往往是设计一些有趣的游戏内容，如在"抢椅子"的游戏中，家长抱着幼儿一起玩抢椅子，音乐开始，家长抱着幼儿围着椅子外圈走动，音乐停止要抢到椅子，没有抢到椅子的家庭被淘汰。

第三节
分析亲子音乐活动案例

✈ 案例导入

"动物走路"

——幼儿园小班音乐亲子活动

【活动目标】

（1）感知音乐的"轻与快""轻与慢"。

（2）感知音乐节奏，能够根据节奏做出相应动作。

（3）体会活动带来的乐趣。

【活动准备】

"猫和老鼠"视频片段、课件、头饰、玩具老鼠一只。

【活动过程】

一、歌表演——大猫、小猫

二、创设语言"小猫走路"情景，引导幼儿初步感知音乐的"慢"和"快"

教师：小猫请坐下（录音机里传出猫叫的声音），"老鼠来了，听"（放录音）。

（1）"听了这段音乐，你知道老鼠走得快还是走得慢？是轻还是重？"（引导幼儿说出：又轻又慢。）

"对，这音乐就像小乌龟走路一样又轻又慢，好，我们一起听着音乐学小乌龟慢慢走。"（带幼儿走一圈。）

（2）"再听！"（放录音。）"听了这段音乐，你知道老鼠走得快还是走得慢？"（幼儿：快。）

"对，这个音乐就像汽车那样快，谁会学老鼠快快跑？"（请2～3名幼儿表演。）

（3）"好，我们一起跟着音乐学老鼠快快跑！"（带幼儿走一圈。）

三、拓展练习，游戏体验音乐的快慢

（1）模仿小乌龟走路，练习在又轻又慢的音乐下开展游戏。"除了小乌龟走路又轻又慢，还有谁走路又轻又慢？"（幼儿：蚂蚁。）（放录音，教师引导幼儿听音乐模仿小鸡走路，提醒幼儿走得又轻又慢。）

（2）模仿小鸡走路，练习在又轻又快的音乐下开展游戏。"除了小老鼠走路又轻又快还有谁走路又轻又快？"（幼儿：小鸡、小鸟。）"好，看谁能听音乐走得又轻又快"。

（教师引导幼儿听音乐做一次小鸡走路的模仿动作。）

四、亲子游戏

教师：今天，小朋友们真棒，会听音乐做又轻又慢和又轻又快的动作。现在，请小朋友们和家长玩一个猫和老鼠的游戏，请小朋友扮小老鼠，家长做大猫。小老鼠们听音乐按节奏走路，音乐快小老鼠就要走得快；音乐慢，小老鼠就是走得慢，做错，大猫会捉住你。来请小老鼠们戴上头饰。（家长和幼儿一起游戏。）

五、退场

最后请小老鼠们跟随音乐退出活动场。

要求：根据案例分析以下问题。

（1）材料中教师设计了怎样的活动过程？

（2）你认为材料中的亲子音乐活动有何需要改进之处？

📚 案例与分析

一、亲子音乐活动案例

小班亲子操：洗澡

【设计意图】

人在幼儿时期对水总是有一种特殊的喜爱，而洗澡恰恰是孩子在日常生活中与水最为亲近的活动。本次活动围绕"水"的主题,以洗澡为背景设计本次亲子音乐律动活动。活动使幼儿与家长在轻松、愉快的氛围下将生活中的真实体验映射到亲子律动中,并给家长和幼儿留下创造的空间,发展幼儿想象力与创造力的同时,为构建亲密友好的亲子关系提供更多的可能。

【活动目标】

(1)幼儿与家长配合,听到歌曲中的重音时做出相应的动作。

(2)家长辅助幼儿大胆尝试创编,体验亲子创编的乐趣。

(3)家长和幼儿通过参与音乐游戏,在游戏中获得亲子互动的乐趣。

【活动准备】

音乐磁带、沐浴球。

【活动重点、难点】

(1)活动重点:听到歌曲中的重音时做出相应的动作。

(2)活动难点:初步尝试学习创编贴近孩子生活的舞蹈动作。

【活动过程】

"洗澡"活动过程见表8-1。

表8-1 "洗澡"活动过程

程序	进程
导入部分	1. 故事情景导入 教师:"噜啦啦,噜啦啦,小朋友你们听是什么声音啊?噢!原来是小乌龟宝宝在家里洗澡发出的声音呢!它呀!哼着音乐在开心地洗澡呐!可爱的香皂泡泡,像美人鱼一样在它的身上快乐地游来游去。噜啦啦,噜啦啦,小乌龟宝宝拿着沐浴球,上冲冲下洗洗,左搓搓右揉揉。它啊!还调皮地伸出小手和泡泡握手呢!不一会儿工夫就把身上洗得干干净净啦!我们的小乌龟可真是一个爱干净的好宝宝。小朋友们想不想做一个爱干净的好宝宝呢?那今天我们就和爸爸妈妈一起来洗洗澡吧。"
基本部分	2. 亲子操表演 (1)播放音乐,让家长与幼儿一起欣赏,初步感知乐曲中的重音。两位教师面对面站好,随音乐示范具体动作,激发家长和幼儿表演的兴趣。 (2)教师带领家长与幼儿随着音乐做洗澡的舞蹈动作。 (3)让家长与幼儿自主地跟随音乐完成完整的舞蹈动作。 (4)请家长与幼儿尝试创编动作,引导家长与幼儿美化动作
结束部分	3. 活动结束 结束音乐活动,家长与幼儿拥抱后回到自己的座位上

【总结与提升】

洗澡是幼儿已有的生活经验,整个活动以游戏贯穿,教师辅助家长引导幼儿结合生活经验创编各种洗澡的动作,营造了良好的亲子互动氛围,有利于幼儿养成良好的卫生习惯,同时也使得亲子关系在活动中得到进一步的巩固和加深。

附游戏动作:

1~2小节家长与幼儿牵手向右转圈;

3~4小节家长与幼儿往左转圈,面对面站定;

5~6小节双手握拳在胸前转圈,听到重音时双手做呼喊状;

7~8小节做同5~6小节一样的动作;

9~10小节右手做搓澡状,两拍一下;

11~12小节左手做搓澡状,两拍一下;

13~14小节双手举过头顶做屋顶状;

15～16 小节双手移至胸前做祈祷状；

17～18 小节做同 9～10 小节一样的动作；

19～20 小节做同 11～12 小节一样的动作；

21～24 小节家长原地模仿美人鱼，孩子变成小鱼围着家长游一圈；

25～26 小节家长与幼儿面对面站定，双手同时做搓动状，上面两拍，下面两拍，左边两拍，右边两边，在胸前拍手三下，家长与幼儿握手一下；

27～28 小节家长与幼儿面对面站定，双手同时做搓动状，上面两拍，下面两拍，左边两拍，右边两边，双手轻拍胸前三下，双手又腰面对面点头；

29～30 小节双手握拳在胸前转圈，听到重音时家长与幼儿击掌；

31～32 小节双手握拳在胸前转圈，听到重音时家长与幼儿击掌；

结尾部分家长与幼儿拥抱。

中班亲子韵律活动：无尾熊抱抱

【设计意图】

《无尾熊抱抱》是一首节奏分明、欢快、工整的乐曲，符合中班幼儿活泼好动的年龄特点。本次韵律活动既能锻炼幼儿的音乐感受力、想象力及创造力，也能让幼儿和家长在轻松、诙谐、紧凑的曲风中快乐地游戏，享受亲子韵律带来的快乐。

【活动目标】

（1）感知乐曲欢快、活泼的旋律和诙谐的风格。

（2）根据歌词自主创编表演动作。

（3）跟随音乐与家长合作表演，体验亲子律动的快乐。

【活动准备】

（1）物质准备：音乐《无尾熊抱抱》、棒棒糖鼓、小丑鼻子、铃鼓。

（2）经验准备：认识无尾熊，并能准确说出名称。

【活动重点、难点】

（1）活动重点：感受乐曲的风格和情绪，根据歌词创编开心逗乐的动作。

（2）活动难点：模仿舞蹈动作，跟随音乐与爸爸妈妈合作表演。

【活动过程】

"无尾熊抱抱"活动过程见表 8-2。

表8-2 "无尾熊抱抱"活动过程

程序	进程
导入部分	1. 故事导入，引导幼儿初步感受歌曲内容与音乐形象 教师戴上小丑鼻子讲述故事，引导幼儿倾听无尾熊的形象特点（没有尾巴，爱吃树叶，爱睡觉）。 提问：故事里说的是谁啊？它喜欢干些什么？你觉得它有哪些有趣的地方？
基本部分	2. 聆听音乐，感受音乐情绪，展示歌词内容 播放音乐，引导幼儿感受欢快的音乐情绪。 逐句梳理歌词内容，整理与动作相关的歌词，教师进行动作示范。 3. 教师随音乐示范动作，幼儿和家长模仿动作进行表演
结束部分	4. 引导幼儿和家长自主创编动作进行表演

【故事参考】

啊哈，大家好！我是无尾熊，我全身上下都是灰色的，我有一个黑色的大鼻子，一双黑色的小眼睛和一个小巧的嘴巴，非常可爱。我又叫树熊、树袋熊、无尾熊，也叫考拉。

哈哈，这些名字都好玩吧？

哇哦，出太阳了！我无尾熊最爱晒太阳了。换个位置，顺便来一把桉树叶填肚子。怎么样？这食物够让你目瞪口呆的吧？它可是打遍天下无敌手的毒药——桉树叶。虽说桉树叶有六百多种，但只有玫瑰桉树叶才是我的最爱，其他种类的桉树叶我才不稀罕呢！我是出了名的大胃王，每天吃一千克左右的玫瑰桉树叶对我来说简直就是"小菜一碟"。可惜这东西好像营养不够，吃得多，力气却不见长，我还是整天没精打采，白天只能蹲在树上打盹呀打盹……直到晚上才会做做伸展运动，在树上溜达溜达。

我抱，我抱，我就是喜欢抱！怎么着？"天生的抱抱团"可不是浪得虚名。要是把我关进空屋子，不让我抱树，我会抓狂的。你知道吗？除了刚生下来住在妈妈的育儿袋里，我基本就是抱在大树上的。而且我还特别稀罕坐着呢，找个大树杈，一屁股坐下，两手紧紧地搂着大树，逍遥又自在……欧耶，这可是我最经典的动作！可惜这一坐，就把我可爱的尾巴给坐掉了……看我的屁股，光秃秃的，没尾巴。其实，很久之前，我可是有尾巴的。坐多了，尾巴就退化成了"坐垫"，我也就成了"无尾熊"，真悲哀！小朋友可不要学我呀，平时可要多加锻炼哟！

【总结与提升】

在本次活动中，教师通过故事、扮演、游戏等多种形式，让幼儿在欢快的音乐过程中感知音乐诙谐的风格。整个活动始终以游戏化的方式进行，创造轻松、自由的学习氛围，让幼儿有机会自己边唱边创编动作。家长与幼儿共同扮演无尾熊，充分展示了音乐的形象，同时能让家长与孩子体验合作表演所带来的成就感。

附游戏动作：

间奏音乐和爸爸或妈妈跳着转圆圈；

1～2小节根据歌词做搞笑可爱的动作；

3小节伸出手和爸爸妈妈手拉手；

4～6小节跳着背对背，扭动屁股；

7～8小节双手绕圈转动，和爸爸或妈妈一起跳跳和抱抱。

附歌曲：

间奏：哎呀呀呀呀呀呀咿呀哎呀呀呀呀呀咿呀……

（1）你正在看我吗？看到我的眼睛吗？

（2）看到我的鼻子吗？看到我的耳朵吗？

（3）如果你要做朋友，请你伸出你的手。

（4）你还在看我吗？看到我的尾巴吗？

（5）没有尾巴对不对？因为我是无尾熊。

（6）不管是胖还是瘦，喜欢青菜喜欢肉。

（7）Everybody

BI LI BI LI BA LE LOU

BA LA BA LA BA LE LOU

无尾熊要跳跳。

（8）BI LI BI LI BA LE LOU

BA LA BA LA BA LE LOU

无尾熊要抱抱。

大班亲子音乐活动：Cups

【设计意图】

《Cups》是英国的一首通俗歌曲，其独特之处在于采用击杯声作为基础的节奏和伴奏，4/4 拍的节奏十分轻快、灵动，富有韵味。在表演中以敲击杯子的方式演奏歌曲十分新奇，多人互换杯子的形式也十分适合用来设计亲子音乐游戏的内容。卡农式的杯子互换既能锻炼孩子的反应能力和协调能力，同时也能增进亲子间的互动，加深亲子间的情感和默契。

【活动目标】

（1）感知音乐节奏的韵律。

（2）熟记每个节拍对应的动作，在教师的引导下随音乐与爸爸妈妈完成杯子互换。

（3）跟随音乐初步体验卡农式的杯子互换，与他人协调完成表演，体验亲子音乐游戏的乐趣。

【活动准备】

（1）物质准备：开阔的场地；两个一模一样的盒子，人手一个杯子。

（2）经验准备：幼儿已初步了解《Cups》的基本节奏。

【活动重点、难点】

（1）活动重点：能跟随音乐节奏较为熟练地掌握敲击方法，感受 4/4 拍节奏的特点。

（2）活动难点：协调、稳定地使用杯子敲击节奏，较为准确、平稳地跟随音乐完成杯子间的互换。

【活动过程】

"Cups"活动过程见表 8-3。

表8-3 "Cups"活动过程

程序	进程
导入部分	1. 魔术展示导入，引出道具杯子 （1）出示两个一模一样的盒子，让幼儿逐一观察，观察时教师用一个盒子吸引幼儿注意，助教将杯子放入另一个盒子里，教师施展"魔法"。 （2）施展"魔法"后将两个盒子拆开，请幼儿观察，引出游戏道具。 提问：哇，里面有什么啊？为什么会有杯子呢？那老师的杯子是用来干什么的呢？ 小结：老师的这个魔法瞒不过聪明的小朋友，那今天我们就请杯子来和我们玩好玩的游戏好吗？
基本部分	2. 教师示范玩法，感受较慢的 4/4 拍稳定节奏 （1）教师围成内圈，边讲解边示范基本动作，请家长和幼儿跟着一起学。 基本动作：拍一下手——右手把杯子拿起来，再用杯口拍一下手，最后把杯子放在右手边的爸爸妈妈前面。视幼儿接受情况教 2~3 遍，熟练为止。 （2）家长和幼儿一起跟着节拍来玩一次卡农式的杯子互换。过程中教师注意观察，及时发现幼儿所犯的错误并予以纠正。 3. 随音乐表演 （1）指导语：刚刚我听到老师的杯子好像在悄悄地说"老师的游戏这么简单，一学就会了。"我想小朋友们这么聪明，肯定也学会了。那现在老师就加大难度，请仔细观察老师是怎么玩的。 （2）教师随较快的音乐节奏示范玩法，请幼儿感受节奏并观察动作。示范时在前奏与间奏加入拍手与拍腿的声势准备动作，并在动作开始前四拍给予"准备开始"的明确提示。请幼儿不用杯子尝试进行表演。 （3）感受音乐本身的节拍和节奏，区分 A 段与 B 段（前奏、间奏与主歌、附歌），尝试将杯子击打替换成其他动作进行创编，如请幼儿在 A 段时拍手或拍腿，B 段和爸爸妈妈自主创编动作进行律动游戏。 （4）随音乐表演卡农式杯子互换。 游戏中如果幼儿出现失误，提醒幼儿继续游戏，游戏结束之后再总结失误的原因以及解决的方法。再次进行游戏，可重复 2~3 次。游戏中要提醒家长引导、帮助孩子进行游戏
结束部分	4. 活动结束 请幼儿帮爸爸妈妈收拾杯子，教师总结幼儿游戏情况并予以鼓励或表扬

【总结与提升】

（1）本活动在导入环节以"魔术"的形式呈现，能有效吸引幼儿的注意，激发幼儿的兴趣，让幼儿与家长迅速融入活动。

（2）幼儿在感知音乐与练习动作时，采用了由慢到快、由片到全的方法，让幼儿能够在较短的时间内接受、消化音乐节奏与相应的动作。

（3）卡农式的杯子互换，既锻炼了幼儿的专注能力、节奏认知能力与听辨能力，也挑战了幼儿的协调能力，让幼儿在欢快的音乐节奏中增进亲子情感。

（4）在本次活动的基础上，可以选择不同节奏的音乐或创编新的动作手法，生成新的亲子音乐节奏活动。

二、亲子音乐活动实施延伸

1. 亲子音乐活动的实施

亲子音乐活动实施的每一环节贯穿对幼儿和家长的指导。

在实施课程时，教师不仅要在实施前向家长介绍亲子活动大环节的安排和每一个环节对幼儿的教育作用，帮助家长提高对每一个环节活动价值的了解。而且在幼儿学习每个环节之前，都必须先告知家长此环节对于幼儿的发展价值是什么，告知家长幼儿的发展状态可能是怎样的，帮助家长明确从哪些方面去观察幼儿。在幼儿学习之后，教师应告知家长幼儿每个行为表现对应的发展状态是怎样的，面对这样的发展状态，家长可以做什么、怎么做，并告知家长不应该做什么。通过在活动的多个环节中与家长的互动，努力实现教师与家长在活动理念与活动行为方面的优化。

2. 亲子音乐活动的延伸

亲子音乐活动要努力做到向家庭的延伸，并给家长举一反三的线索。

亲子音乐活动开展的频率毕竟是少数的。为了提高亲子活动的价值，教师一致认为亲子活动需要考虑向家庭延伸的可能性，使家长在参与过一次亲子活动后能做到举一反三，并在家庭中进行延伸和拓展。因此，教师在亲子音乐活动的设计和实施中需要给家长举一反三的线索。

⚙ 拓展训练

（1）幼儿园亲子音乐活动的设计理念包含哪几方面？

（2）幼儿园亲子音乐活动的目标如何设计？

（3）请设计一个幼儿园亲子音乐活动。

📄 学习总结

本章以亲子音乐活动的设计与指导核心，介绍了亲子音乐活动的设计理念、亲子音乐活动的意义与价值，亲子音乐活动目标与内容的设计以及亲子音乐活动案例分析。

参考文献

［1］许卓娅. 学前儿童音乐教育［M］. 北京：人民教育出版社，2010.

［2］谈亦文. 幼儿园音乐教育活动指导［M］. 北京：人民教育出版社，2011.

［3］王秀萍. 幼儿园音乐领域教育精要：关键经验与活动指导［M］. 北京：教育科学出版社，2015.

［4］许卓娅. 幼儿园音乐教育活动丛书　欣赏活动［M］. 南京：南京师范大学出版社，2015.

［5］许卓娅. 幼儿园音乐教育活动丛书　打击乐器演奏活动［M］. 南京：南京师范大学出版社，2015.

［6］许卓娅. 幼儿园音乐教育活动丛书　歌唱活动［M］. 南京：南京师范大学出版社，2015.

［7］许卓娅. 幼儿园音乐教育活动丛书　韵律活动［M］. 南京：南京师范大学出版社，2015.

［8］黄双雷 巫莉. 幼儿园音乐教育活动设计与指导［M］. 北京：人民邮电出版社，2018.